U0746739

PEIYU YUWEN HEXIN SUYANG DE
CAOZUO FANGFALUN

培育语文核心素养的
操作方法论

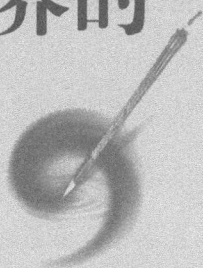

熊纪涛 ◎ 著

安徽师范大学出版社
ANHUI NORMAL UNIVERSITY PRESS
·芜湖·

图书在版编目(CIP)数据

培育语文核心素养的操作方法论 / 熊纪涛著.—芜湖:安徽师范大学出版社,2024.7
ISBN 978-7-5676-6717-4

Ⅰ.①培… Ⅱ.①熊… Ⅲ.①语文教学—教学研究 Ⅳ.①H193

中国国家版本馆CIP数据核字(2024)第062678号

培育语文核心素养的操作方法论

熊纪涛◎著

责任编辑:赵传慧　　　　　　责任校对:李晴晴
装帧设计:张德宝　姚　远　　责任印制:桑国磊
出版发行:安徽师范大学出版社
　　　　　芜湖市北京中路2号安徽师范大学赭山校区　邮政编码:241000
网　　　址:http://www.ahnupress.com/
发 行 部:0553-3883578　5910327　5910310(传真)
印　　刷:苏州市古得堡数码印刷有限公司
版　　次:2024年7月第1版
印　　次:2024年7月第1次印刷
规　　格:700 mm×1000 mm　1/16
印　　张:16.5
字　　数:268千字
书　　号:978-7-5676-6717-4
定　　价:55.00元

凡发现图书有质量问题,请与我社联系(联系电话:0553-5910315)

目　录

第三篇　培育语文学科核心素养的运作机制

第四篇　培育语文学科核心素养的有效路径

第一篇

培育语文学科核心素养的

教学准备

- □ "望闻问切"解文本
- □ 抓住写法秘妙解文本
- □ "一字立骨"解文本
- □ 实现文本解读深入化的三种方式
- □ 数据统计创造文本解读新视角
- □ 落实语文核心素养的教学目标和情境设置

"望闻问切"解文本

语文备课最基础的工作是解读文本，语文教学设计最基础的工作还是解读文本，可以说，解读文本是语文教师的基本功和看家本领。就语文教师所要解读的文本来说，文本是用祖国语言文字及标点符号建构的，有其内在肌理，也有其外部形式。自然而然，语文教师解读文本的方法，也应从祖国的语言文字里产生，抓住祖国语言文字的形式结构、思维内核、审美特质和文化价值来解读。

古代文论说"披文入情""沿波讨源""缘景明情"，都表明文本是一个有机的生命整体，字、词、句、段以及标点符号，由思想情感一脉贯穿，解读者通过玩味语词、标点及其形式等，可以走进语意文心。在某种意义上言，文本是作者用言语形式呈现的精神生命，是一个文质彬彬的生命体。文本用语言文字及标点符号来表情达意，有其外形和样式，是容易望得见的；有其声韵、旋律甚至节奏，是可以聆听到的；有其表达意图和目的，是需要叩问的；有其思路和脉络，自然是要把握才能切中的。用"望闻问切"解读文本，就是从文本中字、词、句、段、篇等外部表征、组合方式来入手，探求和品味写法秘妙、文本主旨、写作意图和格调情趣。

在解读文本的过程中，"望闻问切"，具体应该怎么做呢？也就是说，面对字、词、句、段、篇，怎么望？怎么闻？怎么问？怎么切？下面，就按照望闻问切的顺序来阐述。

一、望：观察文本形式

望是用眼观察，抓住外部特点，推断其内部思想情感的变化。就文本解读来说，望就是观察言语形式，必须格外关注语言文字及标点符号的形式有特点的地方。这样的地方，往往是作者语言建构与运用的创造性的体现，这是显见之处。当然，还有隐秘之处，那就是语言文字及标点符号平中见奇的地方，正如王安石所言"看似寻常最奇崛，成如容易却艰辛"，这样的地方可能更见作者的功力，同样也是作者语言建构与运用具有创造性的地方。不过，跟显见之处相比，这就更需要教师拥有深厚的素养和功底，方可慧眼独具，于平淡之中见新奇，在寻常背后味真意。

先说字词。古往今来，炼字炼词的说法不绝于书，留下很多佳话，例如贾岛的"推敲"、王安石的"绿"、晏殊的"闹"、张先的"张三影"等，不胜枚举。这都是广为人知的事例。问题是，怎样才能发现文本中并不广为人知的好字妙词。例如《鸿门宴》中同样是喊人的动词，两处用字不一样。第一处："樊哙从良坐。坐须臾，沛公起如厕，因招樊哙出。"第二处："沛公已出，项王使都尉陈平召沛公。"前一处用的是"招"，后一处用的是"召"，表面上动作很相似，其实语境含义截然不同。"招"是用手悄悄地喊人，相当于冲着人摆摆手把人叫走，不仅动作幅度小，而且力求避免发出声音；"召"是郑重其事地喊人，相当于点名叫人，可能声音还很大，颇有广而告之的意味。同样是喊人，用字却不同，个中缘由是什么呢？那就是在鸿门宴这场斗争中，沛公和项王在地位、心态和话语权上的不同。利用字形的相似解字说文，所求的效果就是要说当事人的心理，成为作者的知音，让作者引为知己。再如《背影》的开头："我与父亲不相见已二年余了，我最不能忘记的是他的背影。"其中的"已"字，一旦删掉，意味就相差很多；"不相见"和"分别"表面上意思相近，但感情和意图却截然不同。在语文学习中，学生对这样的地方常常自认为一望而知，其实是一无所知或所知甚少。教师的文本解读，就是要引导学生明白自己所知甚少，从所知甚少走向所知甚多，从所知甚浅走向所知甚深。除了利用形近字、近义词，还可利用同音字、异形字、反义词以及词语的超常搭配等，实现"缘字明情""沿词讨意"。

再说句段。句段的形式特点丰富，丝毫不亚于字词。例如《鸿门宴》的两个语句有着相同的句式，但因为用词不同，情感意味就大为不同。第一句是"项王则受璧，置之坐上"，第二句是"亚父受玉斗，置之地"，两句都是

"受……置……"，项王和亚父的做法形成了鲜明的对比。项王将玉璧放在座上，珍爱之意浮现其间；亚父将玉斗扔在地上，厌恶之情显而易见。所以，下文写道"拔剑撞而破之，曰：'唉！竖子不足与谋！'"这个充满盛怒的语句，足以看出亚父范增的情感和态度，当初他把玉斗扔在地上，就已经表明了他对项羽的气愤和失望。再如《春》中写雨的名句："看，像牛毛，像花针，像细丝，密密地斜织着，人家屋顶上全笼着一层薄烟。"这句话，不只是使用了比喻的修辞手法，也不只是使用了相同的句式，有着排比的艺术效果，更重要的是，"看"是一个字，像抬头、仰头之类的动作一样干脆利索；"像牛毛，像花针，像细丝"都是三字句，形容春雨又细又小的形状，一点一点地落下来；"密密地斜织着"是六个字，字数多了、语句变长了，给人的感受是春雨下得时间一长就慢慢密集起来；"人家屋顶上全笼着一层薄烟"是十二个字，完全是一派烟雨迷蒙的样子。这样的语段形式，是十分耐人寻味的。把这句话变成诗歌文体的语段形式，同样也是别有一番风味的：

　　看，

　　像牛毛，

　　像花针，

　　像细丝，

　　密密地斜织着，

　　人家屋顶上全笼着一层薄烟。

语段本身蕴涵的诗意，经过文体变形，就散发出来了，诗意相当浓郁。从形式来说，这就是句长、句数、句式的艺术魅力。语段是介于字词和篇章之间的中介形式，向下缩略就是字词，向上扩展就是篇章。语段的逻辑，跟字词的逻辑、篇章的逻辑往往一致。所以，重视语段，可以小味字词，大品篇章。

观察字词、语段乃至篇章等言语形式，是由表及里解读文本的重要思维路径。语文学科的学习和思维，跟其他学科有所不同，其他学科大多只关注"意"，即说了什么，可以称之为"得意忘言"，而语文学科除了关注"意"，明白说了什么，还要关注"言"，这样的言说形式可以称为"言意并重"，即要"得意"，更要"得言"。文本作为言语成品，都是有意味的形式。歌德说过：内容人人看得见，涵义只有有心之人得之，形式对大多数人是一秘密。[1]文本解读，失去了对言语形式的关注，可能就失去了一半的空间和收获。

二、闻：听嗅文本声气

闻是用耳鼻来感受，听声音嗅气味，体察其内部思想情感的变化。聆听声音、嗅辨气味，比起望形观色之类的功夫，要深厚得多，非有心人不能得之。在某种程度上，望观文本的外部形态，多用眼睛就够了，而闻声嗅味，则要用心灵之眼才行。唯其如此，方可发现形式的秘密。字词是有声音的，语句也是有声音的，文本虽是无声之文字，但实乃作者心声之言说，是喜怒哀乐、起起伏伏、或断或续的言说。所以说，文字里有声音。当然，文字里除了有声音，还有气味。这都需要切己体察。

先说字词。字词能传达作者心声，其内里蕴含着声音平仄、调门高低、语音长短等方面的变化。在《项脊轩志》中，作者回忆祖母站在项脊轩门口，"以手阖门，自语曰：'吾家读书久不效，儿之成，则可待乎！'顷之，持一象笏至，曰：'此吾祖太常公宣德间执此以朝，他日汝当用之！'"作者自己说："瞻顾遗迹，如在昨日，令人长号不自禁。"这里的"长号"，便是传达作者心声的典型代表。朗读或诵读至此，一定要拖长声音，还要带着哭腔，不然不足以传达作者因亲族龃龉、家族衰败、久读却无功名而号啕大哭、久郁成悲、恸哭失控的心情。再如《鸟鸣涧》中的："人闲桂花落，夜静春山空。"诗句可谓字字珠玑，"落"字虽然是动词，但诵读时却不能读音过重，应当柔声轻轻地读，不然不能传达出"闲"，再者，因为桂花的花朵非常微小，诗人在静寂中才能够听到桂花落下的声音；"空"字并不空，衬托出夜的静谧、山的空寂、人的空闲，更重要的是，弥漫着一股桂花的香气，寂无人声，唯独桂花的清香一阵阵扑鼻而来。字词里是藏有声音的，也是蕴含气味的。若忽视字词的声音和气味，就不能感作者所感、闻作者所闻。

---

[1]宗白华.常人欣赏文艺的形式〔J〕.中华活页文选（教师版），2008（10）：26-27.

再说句段。句段的长度比字词要长，表达的作者心灵的声音更为丰富立体化，可谓字词声音的交响曲。例如《项脊轩志》中写家中老妪回忆作者母亲的情形："汝姊在吾怀，呱呱而泣；娘以指叩门扉曰：'儿寒乎？欲食乎？'吾从板外相为应答。"其中的"儿寒乎？欲食乎？"这两句话，句式相同，句尾字都是"乎"这个语气词，写出了母亲关爱作者时那种慈爱、微笑和轻柔的语气、声调和意态。所以，作者接着就写道："语未毕，余泣，妪亦泣。"想必这两句话的声音在作者心中久久回荡。同样是作者写哭泣的语句，声音是不一样的，解读时须谛听，方可品出情味的差异。"汝姊在吾怀，呱呱而泣"，是婴儿的哭泣，是童稚天真之音，而"语未毕，余泣，妪亦泣"则是成年人的哭泣，是悲叹沧桑之音。朗读时，当有所差异，方可还原作者的心境与心声。再如《〈论语〉十二章》中："子曰：'贤哉，回也！一箪食，一瓢饮，在陋巷，人不堪其忧，回也不改其乐。贤哉，回也！'"在这一章中，"贤哉，回也！"出现两次，可见这个语句不一般，但不少教师只将其看成是反复手法的运用。其实，这是远远不够的。我们完全可以把这段话看成是孔子跟弟子的交谈或点评，具有一定的言语交际情境，孔子在讲话的开头和结尾各说一次，语气、音长、声调等方面是不一样的。开头直接赞叹，是干脆响亮的，是直观判断的结论，中间是陈述值得赞叹的具体理据，讲得令人陶醉、沉浸其中，语调是柔和舒缓、抑扬顿挫的。讲话结束再次赞叹是作总结，是直观判断和理性分析之大成，令人由衷敬佩，调门就不由自主地调高了，对当时的听话者予以鞭策和激励。作者以文传情，教师以声传情，学生便在教师用声音还原作者情感的过程中，感同身受、实现心领神会。

文字是无声的语言，因作者、文体、语体等不同，文本有了各种各样的语气、音长和声调。作者选字遣词、推敲字句，不只是斟酌语义，还常常着眼平仄等声韵效果。叶圣陶先生说："说理的文章大概只需论理地读，叙事叙情的文章最好还要'美读'。所谓美读，就是把作者的情感在读的时候传达出来。这无非如孟子所说的'以意逆志'，设身处地，激昂处还他个激昂，委宛处还他个委宛，诸如此类。""美读得其法，不但了解作者说些什么，而且与作者的心灵相感通了，无论兴味方面或是受用方面都有莫大的收获。"①文本在作者那里原本是有声音的，只有聆听文本的声音，才算是尊重了文本和文本的作者。当然，还要嗅辨文本散发的气味。闻声闻味，是解读文本的必修课。

三、问：叩问文本旨趣

问是用问题探测，推断其内部思想情感的变化。就文本解读来说，问既有口头语言的叩问，也有心灵的叩问。这种功夫，丝毫不亚于对文本听音嗅味。文本是用语言文字呈现的思想情感结晶，并非作者的无病呻吟，基本上都是作者围绕问题而写的，戏剧有矛盾，杂文有问题，小说有故事，演讲有目的，诗歌有旨意，有价值的文章皆是思而有得、有问而写。即使实用类文体说明文，也要解决一个问题，那就是把复杂的事物说清楚，使深奥的问题变浅易。文本的创造，在本质上是以少量有限的语言文字，表现立体多彩的大千世界，这本身就是一个问题和矛盾。被选入教材的课文，其作者都是处理这个问题和矛盾的高手。解读文本，就要抓住问题，叩问作者：用字词、句段，想表达什么？为什么用这样的字词、句段来表达？

先说字词。在文本中，不是所有的字词都紧扣着主旨，因为有的字词是起铺垫作用的，目的是凸显关键字词，正如有的句段是为主旨句段而铺垫一样。这就启示着我们解读文本应抓住关键字词，反复敲打叩问，甚至可以作为课眼，实现一字立骨、一词解文。例如《登高》这首诗中的"浊酒"，作者说"百年多病独登台"，又说"艰难苦恨繁霜鬓，潦倒新停浊酒杯"，"百年多病"却还长期喝"浊酒"，这不是问题吗？"艰难苦恨繁霜鬓"却刚刚停掉"浊酒杯"，这不也是问题吗？这"浊酒"无论喝还是不喝，都事关诗歌的主旨意趣，那就是年衰多病、感时伤世、流落他乡的悲苦忧叹。这是杜甫的"酒"，虽是"浊酒"想喝却不喝了。李白也有自己的"酒"，虽是"清酒"，很醇美但也不喝了。《行路难（其一）》起句便说："金樽清酒斗十千，玉盘珍羞直万钱。"这是说清醇的美酒很值钱，接着却说"停杯投箸不能食"，这不是问题吗？眼

---

①叶圣陶，中国教育科学研究院.叶圣陶语文教育论集［M］.北京：教育科学出版社，2015：92.

前有美酒却不想饮，这流露出诗人怀才不遇、饮食不安的悲愤。再如《琵琶行（并序）》中说"予出官二年，恬然自安"，诗人作为京官被贬为地方官，出京两年就真是宁静安适、心态平和吗？这一问题不也关联着诗人的旨趣吗？《济南的冬天》写道："因为这样慈善的冬天，干啥还希望别的呢！"这句话用"慈善"形容冬天，而通常来说"慈善"并不被用于形容山水树木等自然事物，这种超常规用法不正反映了作者的旨趣吗？叩问字词，既有像"酒"这样普遍常用的字词，也有像"慈善"这样用法特殊的字词。抓住每一句话，叩问敲打，总能叩出一些内在的问题，敲出一些心灵的声音。

再说句段。在文本解读中，句段蕴含的问题比字词更集中，甚至更直白。可以说，作者有时候就是故意把问题抛给读者，引起读者深思求索的。如《雨霖铃（寒蝉凄切）》的结句说："便纵有千种风情，更与何人说？"所谓"千种风情"，却不知说给何人，这不是有意引发读者追问吗？《声声慢（寻寻觅觅）》的结句说："这次第，怎一个愁字了得！"这是词人一声深长的叹问，一个"愁"字不能说尽情感，言外之意是还有很多愁，那愁都是什么呢？词人有意把问题抛向读者，使读者深长思之。《武陵春（风住尘香花已尽）》的结句说："只恐双溪舴艋舟，载不动许多愁。"词人也是想引起读者思考：这愁连舴艋舟都载不动，让愁从无形化为有形，究竟会有多少愁呢？最为直白的是，《虞美人（春花秋月何时了）》用设问作结："问君能有几多愁？恰似一江春水向东流。"目的就是引发思考：心中总共会有多少愁呢？当然，更多的是文本中潜藏着问题和矛盾的句段。例如《从百草园到三味书屋》的标题，可以更换为"从三味书屋到百草园"吗？再如《社戏》的结尾："真的，一直到现在，我实在再没有吃到那夜似的好豆，——也不再看到那夜似的好戏了。"问题是，文中用"我有些疲倦了"，"其余的也打起呵欠来"，"双喜终于熬不住了"，"回转船头，架起橹，骂着老旦"，那作者所看的戏真是一生中最好的戏吗？这些问题，像一个个钩子一样，勾着读者走进文章，因问深味旨趣。

解读文本，应是带着问题和思考的阅读，而不是泛泛而读、浏览。先秦教育经典《学记》说，"善待问者如撞钟，叩之以小者则小鸣，叩之以大者则大鸣"，指出了学贵有疑的重要性。孟子说"尽信书，不如无书"，教师解读文本应善疑，"小疑则小进，大疑则大进。疑者觉悟之机也，一番觉悟，一番长进"①。解读文本，是一个不断追问、反复叩问的过程。叶圣陶说："回想的时候，最好多多设问。文中讲的若是道理，问问是怎样的道理？用什么方法论证这个道理？文中讲的若是人物，问问是怎样的人物？用怎样的笔墨表现这个人物？"②问题是研读文本的探针，唯有不断提出问题、发现问题，才能探测文本核心，明悟旨意和玩赏趣味。

四、切：切中文本意脉

切是触摸体验，推断其内部思想情感的变化。在解读文本中，所谓的触摸是一种形象的说法，意在摸准文脉、切中命脉。文本的叙述，是按照一定的理路或脉络行进的，所以有题眼、文眼、线索、脉络句、写作思路等相关说法。解读文本，从整个文本的一脉贯穿或是一脉相承的角度，寻找标题、篇首、篇中、篇末等处能够体现文本意脉的字词、语句或段落。当然，在起初寻找把握时，较为费时费力，然而解读开来却事半功倍，玩味一个字词、吟味一个语句或赏析一个段落，都将获益匪浅。因为这是对准文本内核切口，不断往里掘进而挖出的一口"深井"，如同吊桶打水取之不竭。在某种意义上，解读文本就是围绕文本和作者打一口属于自己的"深井"。解读，解开秘妙，读出自己，方可称得上始入佳境。

先说字词。文本的意脉，显隐不一，需要不断揣摩、悉心体会。其中，有些文本的核心字词，能够贯穿全文，从文题到篇首，再到篇中和篇末。这一点，很像一个字词经纬全文，一字立骨和一词属文。例如《反对党八股》这篇课文就有代表性，用"党八股"说透了文风存在的问题，然后逐一批驳。当然，这篇课文也可以说是用"反对"一词建构了全文，一共"反对"了文风存在的八种问题，最后用"党八股"总其名而为其画像。《与妻书》这封书信，以"汝"称呼妻子，从头至尾以对话形式，倾诉衷肠，写成了全篇。再如《从

①九思.三平斋读书录［M］.北京：北京出版社，2018：200.
②叶圣陶，中国教育科学研究院.叶圣陶语文教育论集［M］.北京：教育科学出版社，2015：92.

百草园到三味书屋》这篇课文，第一自然段的末句"但那时却是我的乐园"，"乐园"就是文脉上的一个关键之点，沿此阅读下文，很多乐景乐事都会相继映入眼帘。《猫》这篇课文，用"猫"这个字贯穿了全文，写了第一只猫、第二只猫、第三只猫，顺序分明，事件、人物和情感水乳交融。《赫尔墨斯和雕像者》这篇寓言，用"添头""白送"这两个精妙之词，讽刺赫尔墨斯，让赫尔墨斯感受其自视甚高的定位和雕像只能作为赠品的反差，为寓言结尾的哲理语句警策世人而作了预先提示。在解读时，抓住这两个词，就能直击文本核心。触摸文本，目的是切中文本命脉，对词语自然应当玩味不已，品味其与文章脉络、主旨演进或写作思路的关系，最终把长文读短、厚书读薄。

再说句段。句段和字词相比，跟文章脉络的关联度更为明显一些，所以有文眼、总论点、主旨句、脉络句、主旨段等说法。例如《故都的秋》篇首作者写自己从杭州赶上青岛，又从青岛赶上北平，"也不过想饱尝一尝这'秋'，这故都的秋味"。然而第二段从头至尾全写江南之秋，这看似偏离文题和主旨，其实是宕开一笔，意在凸显对北国的秋，尤其是故都的秋的热爱，避免了意脉直流而下，取得了以宾陪主、摇曳多姿的艺术效果。《荷塘月色》开篇说："这几天心里颇不宁静。"这句话向来被认为是文眼，牵动全文的情感脉络。其实，第三自然段中"这一片天地好像是我的；我也像超出了平常的自己，到了另一世界里"，这句话又何尝不是体现情意脉络的语句呢？既写出了自己对荷塘世界和日常生活世界区别的感受，又能体现这篇散文的个性特质。郁达夫在《中国新文学大系·散文二集·导言》里写道："现代的散文之最大特征，是每一个作家的每一篇散文里所表现的个性，比从前的任何散文都来得强"①，而《荷塘月色》恰恰写出了作者此时此地此刻的感受，这是任何人到那里都寻找不到的感受。再如《植树的牧羊人》首段末句："如果他慷慨无私，不图回报，还给这世界留下了许多，那就可以肯定地说，这是一个难得的好人。"这是在引导读者关注和思考：文题中所说的牧羊人是这样难得的好人吗？更令人称赞的是，末段末句说："他做到了只有上天才能做到的事。"这句话评价牧羊人，比好人还要好，好到什么程度呢？好到惊为天人。前后对照，首尾呼应，且有

---

① 刘锡庆.中国现当代散文欣赏［J］.中学语文教学，2002（1）：58.

发展和升华，这不就是文章的发展脉络吗？

文本是作者精心营构的精神世界，早就为读者准备了一些出入口和路径，等待有心人触摸并开启心灵之门。叶圣陶说："看整篇文章，要看明白作者的思路。思想是有一条路的，一句一句，一段一段，都是有路的，这条路，好文章的作者是决不乱走的。"[①]作为解读者，应反复"触摸"词语语段，"拈捏"一个字词，"搓揉"一个语句，捋顺一个段落，这样才能把握文心跳动的脉搏。

有必要说明的是，标点符号常常并不独立使用，总是和语言文字的使用紧密捆绑在一起，但这不妨碍我们采用"望闻问切"的方法，从标点符号着手而深入解读文本。例如《安塞腰鼓》这篇课文的全文字数，包括标点符号在内，不到1100字，但是叹号就用了26个，密度之大令人惊叹！下面节选三个语段，作以讨论：

> 愈捶愈烈！形体成了沉重而又纷飞的思绪！
>
> 愈捶愈烈！思绪中不存任何隐秘！
>
> 愈捶愈烈！痛苦和欢乐，生活和梦幻，摆脱和追求，都在这舞姿和鼓点中，交织！旋转！凝聚！奔突！辐射！翻飞！升华！人，成了茫茫一片；声，成了茫茫一片……

前两个段落，每段都是两句，也都是短句，叹号上面的一竖和下面的一点，像极了鼓槌和鼓槌从空中骤落捶鼓所形成的鼓点。

第三自然段中的"交织！旋转！凝聚！奔突！辐射！翻飞！升华！"连续用了七个双音节词，每个词后面都是感叹号。望其形式，闻其声响，这多像万千鼓槌骤捶鼓面、整齐而又震天响的节奏啊！短促！有力！

问其旨趣，热烈奔腾，对安塞腰鼓洋溢着赞美之情。再切其脉搏，这七个一连串的动词和感叹号，令人置身于炽热灼人的氛围中，生命激荡的热情如排山倒海一般不可阻遏，奏出了强烈的生命律动。最后又用"人，成了茫茫一

---

①叶圣陶，中国教育科学研究院.叶圣陶语文教育论集［M］.北京：教育科学出版社，2015：107.

片；声，成了茫茫一片……"这两个句式相同的语句，把读者带入一种鼓槌纷落如骤雨砸地的感觉中，茫茫一片，省略号更加重了这种迷茫茫之感，令人消失于场面中，最终跟场面彻底融为一体。无论是感叹号，还是省略号，跟语句是那样的水乳交融，令人赞叹。从某种角度来说，标点符号也是一种独特的语言，有着语言文字不可替代的意味和效果，若能恰切地利用，可以呈现出语言文字所不具有的精彩。

文本创作是作者播种语言文字而绽放艺术之花，文本解读是读者咀嚼语言文字而品味艺术之果。文本解读，自然有其方法和技能、视角和路径，应当兼顾"眼高""手低"，既要于宏观高处着眼，"作者思有路，遵路斯识真"，也要于微观低处入手，"一字未宜忽，语语悟其神"。总之，解读文本的所有钥匙，都系在文本语言（标点符号也是一种语言）这根绳子上。

（原文发表于《中学语文》2021年第2期，收入本书时有改动。）

抓住写法秘妙解文本

——小说《林教头风雪山神庙》中的"无巧不成书"

小说教学教什么？很多时候，人物、情节和环境这三个要素几乎成了所有小说教学的内容。具体表现则是，只要是小说，不分古今中外，不论文本个性，其教学就用三要素"一刀切、一锅煮"。其实，用小说的方式教小说，抓住文本的个性教文本，做到循体而教，方可引导学生学会阅读小说。西方现代小说要用西方现代小说的写法来教，中国古典小说要用中国古典小说的写法来教，这才是语文教师的专业做法。

《林教头风雪山神庙》选自中国古典小说《水浒传》。《水浒传》是章回体小说。文学史家指出，章回体小说由宋元时期的讲史话本发展而来。宋元话本篇幅一般都很长，艺人在表演时必须分为若干次才能讲完，每讲一次就相当于后来章回体小说中的一回。在每次演述前，艺人要用题目向听众揭示主要内容，这就是章回体小说回目的起源。章回体小说中经常出现的"话说"和"看官"等字样，可以明显看出它与话本之间的继承关系。《三国演义》《水浒传》等章回体小说，都是在话本的基础上由作家加工改写而成的。每回开头常用"话说""且说"等起叙，每回结束常用"欲知后事如何，且听下文分解"之类的收束语，"说时迟那时快""无巧不成书"等语言，都是说书人、评话人常用的术语和行话。所以，教师在教学《林教头风雪山神庙》时，从这些术语和行话入手，就能抓住文本中章回体小说的独特性，教学生认识章回体小说的特点、学会阅读章回体小说的某种方法，这不失为一种好的教学价值的考量、判断和选择。

"无巧不成书"，是中国文学特有的表达和说法，甚至可以说是中国古代小说理论与批评的独有创造。纽约州立大学奥尔巴尼分校东亚研究系教授何瞻说："很多年前，当我在研究生院学习中国语言与文学的时候，我遇到了这样一个表达——无巧不成书。正如大家知道的，这个短语是一个条件形式的语法结构（如果……那么……）。这个表达的意思是一件事或一次经历的发生完全是偶然的。在英语当中并没有意义完全等同的表达方式。"①在笔者看来，教学《林教头风雪山神庙》，采用章回体小说理论、话本以及说书研究的相关成果，比采用当代叙事学理论的研究成果更能凸显中华优秀传统文化的"文化理解与传承""审美鉴赏与创造"。

从多年教学《林教头风雪山神庙》的实际状况来看，若继续沿用三要素的模式，显见弊端有二：一是学生耳熟能详，可能生厌；二是忽视文本个性，缺乏深度。那么，根据《林教头风雪山神庙》的文本个性选择教学点，创新小说阅读教学，则成为必由之路。《林教头风雪山神庙》作为小说，其文本个性是非常突出的，可供选择的教学点很多。然而，课堂时间是有限的，采用解写法教学，其"无巧不成书"的写法就可以作为教学点，这样教学《林教头风雪山神庙》不再仅仅围绕三要素展开，或可令人耳目一新，又能蕴含中国古典小说的意趣。

一、文艺理论中"无巧不成书"

"无巧不成书"就是巧合，也是评书中常见的剪裁手法之一。因为评书中人物众多，关系复杂，线索多元，头绪纷繁，所以常用巧合的方法剪裁情节，牵引人物，使得结构紧凑，人物性格突出。所谓"无巧不成书"，就是把具有偶然性的因素编织在一起，构成富于变化、饶有趣味的情节。比如曹操煮酒论英雄，刘备闻言落箸，恰与骤起惊雷巧合；假李逵剪径（拦路抢劫）恰逢真李逵，真李逵觅食又巧遇假李逵之妻。这些情节都是善于运用巧合来增加故事的曲折性和趣味性，使其更具有吸引力。②

评书中巧的情节不但出乎听众的意料，从而带来新奇感；而且对于"无巧不成书"的"书"来说，巧合甚至能够贯穿全书始终，牢牢地吸引住听众。事或因巧而起，或因巧而终；人或因巧而亡，或因巧而生。巧合既有时间上的

---

①何瞻，吴健.无巧不成书：我的故事［J］.中美人文学刊，2017（1）：99.

②晓然.评书中的"无巧不成书"是什么意思［J］.中国工会财会，2015（7）：56.

巧合，地点上的巧合，人与人关系上的巧合，也有人与一定的社会的和自然的环境之间的巧合等。俗话说"不是冤家不聚头""来得早不如来得巧"就是这种情况的反映。但巧合应当既出乎意料，又在情理之中，不能为巧而巧，故弄玄虚。这就需要说书人巧作安排，巧作构思，尤其是在情节设置上注意伏笔和悬念的使用，做到前后照应，疏而不漏。①

"无巧不成书"的写法，其实就是巧合手法。福州评话传承人曾宝燕说："评话艺人和听众共同总结出一条规律，那就是'无巧不成书'。充分研究事物发展的偶然性，在构思中，充分注意偶然性的作用，从许多经过提炼、集中的偶然性中体现出事物本质的必然来，以巧缀书，以巧成书，在情理之中，收到意料之外的效果，这是评话艺术的一大特色。"②著名剧作家曹禺在谈自己的创作经验时说："老实说，一部《雷雨》全都是巧合。明明是巧合，是作者编的，又要让人看戏时觉不出是巧合，相信生活逻辑的依据以及人物性格，人与人之间的关系的必然性来。"③文学艺术作品中的巧合，是作家对现实生活中的内在必然的提炼，用浓缩的偶然形态来表现，创造出更为真实、更为强烈的艺术效果。

二、《林教头风雪山神庙》中的"无巧不成书"

就源于话本的《水浒传》这本章回体小说来说，《林教头风雪山神庙》作为其中的经典名篇，"无巧不成书"都体现在什么地方呢？下面，就按照课文的写作顺序，寻找"无巧不成书"的写法，体味其艺术效果。

（一）小说开篇中的"无巧不成书"

"话说当日林冲正闲走间，忽然背后人叫。回头看时，却认得是酒生儿李小二。""林冲道：'小二哥！你如何也在这里？'"两人的相遇，是典型的"无巧不成书"。套用作家张爱玲形容爱情机缘的那句话："没有早一步，也没有晚

①晓然.评书中的"无巧不成书"是什么意思［J］.中国工会财会，2015（7）：57.
②曾宝燕.无巧不成书［J］.福建艺术，1998（3）：14.
③李开明.巧合技法细探［J］.语文教学与研究，2015（4）：49.

一步，刚巧赶上了，那也没有别的话可说，唯有轻轻地问一声：'噢，你也在这里吗？'"林冲和李小二的相遇，似乎也是注定，所谓"有缘千里来相会，无缘对面不相逢"，所谓"一叶浮萍归大海，人生何处不相逢"，即是如此。

其实，从写作的角度来说，这恰是巧合手法的运用。林冲被发配到沧州，根本没有想到李小二在此营生，更没有想到"闲走间"还能偶遇李小二。所以，"小二哥！你如何也在这里？"应读出林冲的惊喜之感。林冲和李小二的偶遇，乃是作者精心安排的结果。这种巧合，叫作奇遇性的巧合，是在特定环境中人物的偶然巧遇，以便揭示人物之间的关系，从而推动情节的发展。奇遇性的巧合是其他各类巧合的基础。如果安排成林冲叫李小二，而不是李小二叫林冲，那写法就不妙了。李小二经营茶酒店，已经有很长时间，三教九流都要接待，识别来来往往的路人颇有眼力。而林冲此前是禁军教头，在这方面显然不如李小二，加上人生地不熟，先叫李小二是有违情理的。可见，即使是两人偶遇，谁先主动打招呼，也都是作者精心设计过的。

李小二夫妻经营茶酒店，本身就是一个集大成的巧合之处。李小二说："主人家有个女儿，就招了小人做女婿。如今丈人丈母都死了，只剩得小人夫妻两个，权在营前开了个茶酒店。"这句话有两处巧合。巧合是一种"黏合剂"，可以把互不相关的人物联系起来，把互不关联的故事贯穿起来，从而构成完整统一的艺术画面和连续发展的故事情节。

其一，李小二被主人家招为女婿，然后丈人丈母都死了，这是作者精心安排的巧合。否则，即使丈人丈母都活着，也可能是耳聋眼瞎，甚至卧床不起，或者送到老家，不再做买卖，以免后面李小二安排妻子偷听时有阻碍。作者直接写"如今丈人丈母都死了"，可以说俭省至极。金圣叹在《第五才子书施耐庵水浒传》中批注道："随手省去"，即着眼于写主次人物的详略和情节发展的需要。

其二，茶酒店开在营前，营前就是牢城营前，这个选址也是作者的精心安排。选在牢城营前开店，大有讲究：一是人来人往，顾客多，生意就会好；二是便于打听各种消息，从探营的人到营里的人都能搜集消息。到了后面，李小二听到有关林冲的消息，莫不与茶酒店有关。这就像作家老舍话剧《茶馆》中的裕泰茶馆，各色人等纷纷登台上演，是社会的窗口和缩影。李小二叫妻子拜见恩人，"两口儿欢喜道：'我夫妻二人正没个亲眷，今日得恩人到来，便是从天降下。'"碰巧李小二的妻子贤惠仁义，林冲能够暂时在李小二的茶酒店歇脚，否则，林冲歇脚、李小二安排妻子偷听等情节，都不可能发生。

李小二善于观察顾客，留心顾客的一言一行，可谓眼中有活。"忽一日，李小二正在门前安排菜蔬下饭，只见一个人闪将进来，酒店里坐下；随后又一人闪入来。看时，前面那个人是军官打扮，后面这个走卒模样，跟着也来坐下。"这一处，说其是巧合，是因为刚好碰到李小二是个有心人，善于察言观色，看到这两个来客的动作都是"闪"，可谓细致入微。否则，就不可能有下文的偷听、夫妻对话、向林冲传话等情节。巧合，有利于表现生动的故事情节。

夫妻两人讲述自己察言观色的感受和判断，堪称"无巧不成书"的典型。听出"这两个人，语言声音是东京人"，这也是巧合，因为李小二曾在东京生活过，还曾经受到林冲的接济。但是李小二说自己"只听得差拨口里呐出一句'高太尉'三个字来"，没有多听出一个词、一句话，这就不能不说其是巧合了。重要的是，李小二还说："这人莫不与林教头身上有些干碍？"这就更能说明，李小二只听得"高太尉"三个字是作者的有意安排。金圣叹批注道："只点'高太尉'三字，详略正好。"

同样是有意去偷听，李小二的妻子听了一个时辰，只听到："都在我身上，好歹要结果他性命。"这次偷听，同样是没有多听出一个词、一句话。这既可以印证李小二听到"高太尉"三字属于作者的精心安排，也可以印证李小二的妻子听到这句话同样属于作者的精心安排。从"无巧不成书"的巧合类型来说，这属于对照性的巧合。作者使用对照性的巧合，目的是在情节推进过程中让人物和事件形成鲜明的对照。由于文学作品要求集中性，需将形象和事物典型化，而巧合就是满足这种要求和需要的一种集中手段。一些需要对照突出的人和事，就可以通过"巧合"而得到合理的表现。

（二）情节发展中的"无巧不成书"

小说写陆谦等人饮酒用餐结束："管营、差拨先去了，次后那两个低着头也去了。"碰巧的是，林冲这时还没有进来："转背没多时，只见林冲走将入店里来"，这可谓阴差阳错，林冲跟陷害他的那几个人擦肩而过。巧合，不仅要设计碰巧遇到，还要设计碰巧错过，这样能制造悬念，使情节更曲折动人。设置强烈的悬念，是巧合的一个重要作用。由于双方擦肩而过，没有正面交锋，这实际上给读者留下了一个很大的悬念：双方什么时候能够正面交锋呢？

林冲离开李小二家，前街后巷地寻仇，当晚无事；次日天明起来，又去沧州城里城外、小街夹巷寻了一日，牢城营里都没动静；街上寻了三五日，也没有丝毫仇人的消息。如果说这是"有心栽花花不开"，那么后来林冲在山神庙门口无意中听到仇人在密谋，就是"无心插柳柳成荫"。作者故意让存在矛盾冲突的双方错开时间、错开地点，不发生正面交锋，制造悬念，能引起读者的兴趣。巧合有碰巧遇到，还有碰巧错过。所以，林冲寻仇，一连几天都寻不到仇人，这也是一种巧合。当然，这还是一种情节发展和情绪积累的蓄势，是为了让林冲寻到仇人时猛烈爆发。

一连几天，林冲一直寻找仇家，天气也一直都很好，然而，等到林冲要去草料场的时候，天气就陡然生变："正是严冬天气，彤云密布，朔风渐起，却早纷纷扬扬卷下一天大雪来。"这难道不是一种巧合吗？作者为什么要在林冲去草料场的时候写天降大雪呢？因为下文所写的情节，没有风雪就无法展开，情节的逻辑自然也无法自圆其说。所以说林冲去草料场，就碰巧下大雪，不仅是因为回目是"林教头风雪山神庙"中带有"风雪"两字，更是因为作者描写典型的自然环境的需要，要用特定的环境为人物搭设一个活动的背景和舞台。这种巧合描写了典型的环境，以便借此塑造典型的人物形象。

老军引着林冲来到草料场，做好看管交接后，收拾行李准备离开时说："火盆、锅子、碗、碟，都借与你。"然后，又指着挂在墙壁上的大葫芦，对林冲说："你若买酒吃时，只出草场投东大路去，三二里便有市井。"此处提到的物件：火盆、锅子、碗、碟、葫芦，都有其作用。火盆除了供烤火之外，还可以供锅子烧水、做饭用，碗、碟可用于盛装汤饭菜肴，葫芦则是作喝酒之用。从生活常理来说，寒冬季节用这些物品，是自然而然的事情，似乎也不必着意思考。但是，从写作意图上说，这几种物件集中在一起，是不是作者有意设置的巧合呢？

将包裹、被褥放在床上，林冲就坐下生火，从屋后的一堆柴炭里拿几块，生在地炉里，这时候火盆和锅子就派上了用场。然后，林冲仰面看草屋，看到"四下里崩坏了，又被朔风吹撼"，令人联想到寒风大雪之程度。再仔细推想，正是说书人常说的"屋漏偏遭连阴雨，漏船又遇顶头风"，这不正是一种巧合吗？虽烤了一下火却仍感到身上寒冷，林冲就寻思："二里路外有那市井，何不去沽些酒来吃？"这时候，葫芦也派上了用场。

林冲用花枪挑着酒葫芦，径到酒店，"主人道：'客人那里来？'林冲道：'你认得这个葫芦么？'主人看了道：'这葫芦是草料场老军的。'林冲道：'原来如此。'"林冲之所以说"原来如此"，是因为他悟到了老军离开时给他指看葫芦的缘由。在这番对话中，这个葫芦的作用不可小觑，一是当场让林冲享受到了"草料场看守大哥"的待遇，店主烫酒切肉来招待林冲，这写得很有情义；二是将店主人的盘问和林冲的答话精简到最少，减少了无关紧要的对话，让情节变得紧凑。所以金圣叹批注道："一来省，二来趣。"可谓切中肯綮，不刊之论。

在林冲回到草场时，两间草屋已被雪压倒了。草屋从四下里崩坏到被雪压倒，风雪之大可见一斑。问题的关键是，林冲担心火盆内的火炭燃烧起来，"探半身入去摸时，火盆内火种都被雪水浸灭了"，此时天色已黑，将林冲逼得无处取暖、睡觉。如果林冲烧水，锅子可能还要架在火盆上，这就更说明火盆的火可能不是那么好熄灭的。在林冲买酒来回之间，草屋被雪压倒，十分凑巧。这一巧合正是作者的有意安排，意在将林冲逼得只好离开草料场。在文艺作品中，巧合是一种"催化剂"，用一连串的奇遇及误会、突转等意外事件，促使人物性格发生变化，深化作品的主题思想。

作者写了火盆、锅子、碗、碟，每种物件或显或隐都有作用，但是为什么不写筷子呢？因为筷子不重要，属于那种可写可不写的物件，不写，反而凸显详略得当之法。所以，作者集中笔墨只写五种物件，从表面来看是一种巧合，其实也是作者精心设计的结果，可用它们来贯穿情节，推动情节发展。在文艺创作中，巧合手法是一种"过滤器"，能把生活中的许多杂质加以过滤、净化，从而集中地反映生活的矛盾冲突，展示出波澜曲折、动人心弦的场面。

在全文中，李小二开茶酒店是一个集大成的巧合之处，林冲夜宿山神庙则是另一个集大成的巧合之处。

在买酒的路上，林冲"行不上半里多路，看见一所古庙"，当时"顶礼道：'神明庇佑！改日来烧纸钱'"。这可谓凑巧。在回到草料场时，林冲看到草屋倒塌、火盆熄火，想起古庙可以安身，"我且去那里宿一夜"。这仍可谓凑巧。林冲入庙门，"团团看来，又没邻舍，又无庙主"，但也绝非破败不堪、荒芜颓圮之庙，这样林冲就可以躲避风雪、随意歇息、吃肉下酒。这还可谓是凑巧。更凑巧的是，林冲把门掩上，又用大石头顶靠门，不久差拨、陆谦和富安都来到庙门外。这对林冲来说，既如清代小说《济公全传》中说的"是福不是祸，是祸躲不过"，无论如何林冲都要面对仇家的谋害；又如明代小说《警世通言》中说的"踏破铁鞋无觅处，得来全不费工夫"，林冲多日找不到的仇人竟然在此遇到。这里的巧遇，使矛盾激化，气氛陡然紧张，造成波澜。

最凑巧的是，作者写的那块大石头神妙至极。一是林冲用大石头来顶门，林冲不仅要搬得动，而且大石头还要有重量，能够顶住狂风劲吹的庙门。二是大石头顶着门，林冲就不能开门看草料场起火，只得从壁缝里才能看到。三是差拨、陆谦和富安"用手推门，却被石头靠住了，再也推不开"，可见大石头的重量不轻，足以显示林冲在力气上胜过了这三人。四是林冲想要杀掉差拨、陆谦和富安，就要出门，"轻轻把石头掇开"，这时候大石头还不能太重，否则，就无法"轻轻""掇开"，很可能打草惊蛇而引起三个人的警觉。大石头既要能被林冲搬得动去靠门，还要在靠门时被三个人推不开，更要在林冲准备杀敌开门前能被"轻轻""掇开"，这该有多凑巧，何其难也。大石头的写作难度系数最高，堪称巧中之巧。

林冲骂道："奸贼，我与你自幼相交，今日倒来害我！怎不干你事？且吃我一刀！"然后，林冲扯开陆谦衣服，剜出心肝并提在手里。这既是前面蓄势的结果，也是小说情节发展的高潮，还是矛盾的消失和悬念的解开。从写法来看，林冲杀掉陆谦，还要说"自幼相交"那一席话，使结局出人意料，这其实就是一种巧合。陆谦和林冲是自幼相识，可谓总角之交，但最终变成了仇敌，那是因为两人愿望是完全相反的。这样的巧合，称为交互性的巧合，也可称为"反巧合"，即甲所做的事情与乙所希望的相反，而乙所做的事情又与甲所希望的相反。在文艺作品中，使用"反巧合"，往往可以构成尖锐的矛盾冲突，使情节曲折多变，引人入胜。

杀掉差拨、陆谦和富安后，林冲"将三个人头发结做一处，提入庙里来，都摆在山神面前供桌上"，这非常耐人寻味。林冲为什么要结起三个人头提到庙里，还要摆到供桌上？因为这是山神庙，"殿上塑一尊金甲山神，两边一个判官，一个小鬼"，在林冲心目中有着特殊的意义。正如林冲在沽酒途中看见古庙，顶礼说道："神明庇佑，改日来烧纸钱。"动作是"顶礼"，愿望是"神明庇佑"，想法是"改日来烧纸钱"，这说明林冲是多么渴望没有贼人陷害，能够获得公平和正义啊！在民间，判官的职责就是判明善恶，惩恶扬善。林冲杀掉三人后，将三个人头结起来摆在山神前供桌上，目的就是希望山神审判这三人陷害他的罪行。山神庙没有庙主，但又没有破败颓圮，恰好有山神和供桌，而且林冲就在这惩恶扬善的山神庙里杀掉仇人，难道这还不是作者的精心设计吗？因此，作者选择山神庙这个地点，让林冲杀掉仇人，完全是有意安排的巧合。这里的巧合，可以使矛盾冲突得到合理的解决和解释。

（三）小说结尾中的"无巧不成书"

林冲"将葫芦里冷酒都吃尽了，被与葫芦都丢了不要"。为什么丢掉的是葫芦与被子，而不是花枪和解腕尖刀？为什么不写林冲丢掉草料场的钥匙？

在小说结尾，物件之间之所以有种种阴差阳错的巧合，其背后的原因就在于物件的去留取决于作者的选择，亦即小说写法的需要。因为林冲即使拿着钥匙，也已经无法回到草料场，所以丢掉钥匙这个事情，写不写都无关紧要。而丢掉葫芦，是因为葫芦已经完成了使命和任务，如果林冲继续拿着葫芦，在投东的路上势必会招惹更多人的注意，对他投东十分不利；丢掉被子，是因为被子也已经完成了使命和任务，林冲准备投东，注定是一路奔走，被子也派不上用场了。无论如何，武器是不能丢的。花枪乃是林冲看家本领林家枪法的绝门武器，一旦丢掉，焉能防身御敌？所以，在篇末作者就写了林冲"提了枪，便出庙门投东去"，以花枪为代表的武器是不能丢掉的。

从《林教头风雪山神庙》中"无巧不成书"的写法可以看出，中国古典小说名著，尤其是章回体小说名著，"无巧不成书"的写法有着不同的表现形式，探究和追索起来可以使人产生"哦，原来是这么回事"的顿悟和"太妙了"的赞叹，非常有利于提升学生学习语文的兴趣，提高语文素养和智慧。

（原文发表于《语文月刊》2020年第7期，收入本书时有改动。）

"一字立骨"解文本

——骈体铭文《陋室铭》中的"雅"

《陋室铭》读罢掩卷，不觉室陋，却倍感室雅，一言以蔽之：名为陋室，实乃雅居。室内室外，风景如画，人物往来，可谓一派雅人深致。"这篇仅八十一字的短文，向来以立意新颖，布局严整，语言精巧著称。"①作教学解读，须从字词句篇的角度领悟至此，方可看出其文有何妙处、妙在何处、何以为妙。

一、雅意：全文意脉

"古人作文一篇，定有一篇之主脑。主脑非他，即作者立言之本意也。"此是李渔在《闲情偶寄》中对词曲创作的结构的总结，亦是各种体类文章创作的基本规律。据此读解《陋室铭》，刘禹锡写作的"本意"，"立意新颖"且能聚焦成点，以"陋"衬"雅"，化"陋"为"雅"，把"雅意"立为《陋室铭》的"主脑"。"雅意"贯穿全文，是全文的意脉。

请看全文的意脉：

> 山低谓陋，有仙谓雅。——化陋为雅
>
> 水浅谓陋，有龙谓雅。——化陋为雅
>
> 室窄谓陋，有德谓雅。——化陋为雅
>
> 苔痕阶绿谓雅，草色帘青谓雅。——正面写雅
>
> 鸿儒谈笑谓雅，往来白丁谓陋。——以雅压陋
>
> 调素琴谓雅，阅金经谓雅。——正面写雅

---

① 褚斌杰.中国古代文体概论［M］.北京：北京大学出版社，1984：397.

丝竹乱耳谓陋，案牍劳形谓陋。——以陋写雅

南阳诸葛庐谓雅，西蜀子云亭谓雅。——化陋为雅

孔子云谓雅，何陋之有谓雅。——化陋为雅

从整体上把握全文意脉后，下面进行逐句分析。开篇"山不在高，有仙则名。水不在深，有龙则灵"，是作者抒发情志"斯是陋室，惟吾德馨"的前奏。朱熹在《诗集传》中说："兴者，先言他物以引起所咏之辞也"，正如"关关雎鸠，在河之洲；窈窕淑女，君子好逑"，此即"兴"之手法。只是前者先言山水，依托山水起兴，继而写到人；后者先言水鸟，托借水鸟起兴，继而写到人。同时，"山不在高，有仙则名。水不在深，有龙则灵"建构了一种逻辑，"山—仙""水—龙"，前者属于环境，后者则是生活于其中的生命体，并且后者对前者起到提升作用。"斯是陋室，惟吾德馨"，"室—人"也是这个模式，前者为环境，后者为其中的生命体，后者对前者有提升作用。"山—仙""水—龙""室—人"有着一致的逻辑，"仙雅""灵雅""德雅"，这其实就是类比，此所谓"比者，以彼物比此物也"（朱熹《诗集传》）。"比""兴"，是中国历史上最早的诗歌总集《诗经》中诗歌开篇常用的写法，这是一种经典的诗文意脉的模式，足见《陋室铭》意脉的历史文化渊源。

按理说，"山—仙""水—龙""室—人"这样的意脉是很顺畅的，然而，意脉过于顺畅会造成直线前进、平铺直叙或僵化板结。所以，作者实际所写的语句是有变化的："斯是陋室，惟吾德馨"，这句就跟前面的语句有着句式的不同。将这句话的意思，代入前面语句的句式：（　）不在（　），有（　）则（　），应当是：室不在华，有德则馨。虽然也可形成排比句，但这样却容易造成语句僵化板滞。更重要的是，《陋室铭》的文类体式是箴铭文中的"器物居室铭"，"乃是一种警戒性文字""题写或勒刻在身边日常器物或居室"[①]。修改后的语句"室不在华，有德则馨"，没有了"吾"，仅仅有"德"，就弱化或淡化了这种文体所具有的自警、自勉、自励之意，而成为一般性的抒情之句。"斯是陋室，惟吾德馨"，是作者修身立德而从内心发出的最强音。这样既跟其前语句

---

①褚斌杰.中国古代文体概论［M］.北京：北京大学出版社，1984：395.

保持内在逻辑一致，又能从语句形式上造成一种变化，还能引起读者注意，指向文体功能，其效果可谓一石多鸟。

"苔痕上阶绿，草色入帘青。"具体写室外环境，"上"字充满动感，表现青苔的勃勃生机；"入"字很强势，写出了草色青光绿意逼人的感觉，由不得你不看，青光绿意是直入门帘、窗帘，从根本上说是直入眼帘，换成"映""照"等仄声字动词就没有这种效果。青苔绿草，葱茏青翠，这样的环境赏心悦目、怡人心神，堪称是一种"清雅"。

"谈笑有鸿儒，往来无白丁"，所谓"景""物"之美皆在于人之审视，此即"生活不是缺少美，而是缺少发现美的眼睛"，这就从此前的写景转到了写人上。作者用"鸿儒之交""谈笑风生"的画面感，意在对环境清幽、绿意葱茏，甚至地点偏僻作肯定，此所谓景人相得益彰。这两句写人的集体活动，聚焦于交往对象，让读者可通过作者的"鸿儒"朋友圈看其为人品质层次：住在室内之人是"吾"，由外入室之人是"鸿儒"。更关键的是，作者用了对比的写法，认为与鸿儒谈笑是何等高雅有趣的事情，令人精神愉悦，认为"白丁"是志不同道不合之人，对这类人则一概杜绝，界限分明，就是要一边倒，干脆得很。古人谓高朋满座、胜友如云为雅集，"陋室"就是雅集之所，鸿儒谈笑可谓雅趣盈室。这是"趣雅"。

"可以调素琴，阅金经"也是人的活动，聚焦于"吾"，古人所谓"慎独"，就是看自己单独一人时做些什么，能否严格要求自己、自我约束。跟前文的"鸿儒之交"的雅集社交活动不同，这完全是另一个层面，是个人层面的审视。调素琴奏清音，阅金经修雅心，此所谓雅事也。"无丝竹之乱耳，无案牍之劳形"，作者通过否定"丝竹""案牍"等自己眼中的俗音俗务，肯定和强调"调素琴""阅金经"是修心的雅事。一词言之，"事雅"。

"南阳诸葛庐，西蜀子云亭。"回到了居室上，聚焦于古圣先贤的居室。这不仅强化了前文所写"陋室"的人和活动，而且通过引经据典，强调了"居室"因人而名，扣合了开篇山因仙彰、水因龙显、室因人著的逻辑。这是古圣先贤的"雅居"。然后，以"孔子云：何陋之有"的发问对"南阳诸葛庐，西蜀子云亭"作结，而且暗扣前文"斯是陋室，惟吾德馨"，"鸿儒"祖师之言，可谓余音袅袅，不绝于耳。此诚可谓"言雅"。同样是引经据典，"南阳诸葛庐，西蜀子云亭"侧重于行，"孔子云：何陋之有"侧重于言，自警、自勉、自励之意显现。先写行，再写言，言行合一，岂不妙哉?! 行文至此，自见"意雅"。

二、雅人：修德自好

《陋室铭》"雅意"的背后，是一个有着雅心的"雅人"。"雅人"的出场，无论是节奏，还是方式，用一个字形容，非雅莫属。前文已述，其出场采用了"比""兴"手法，自是一番风雅。其实，作者以山水作比起兴，也是有着儒家君子文化渊源的。子曰："知者乐水，仁者乐山。知者动，仁者静。知者乐，仁者寿。"（《论语·雍也》）子曰："君子道者三，我无能焉：仁者不忧，知者不惑，勇者不惧。"（《论语·宪问》）仁、智、勇是君子品德和"三达德"的要义，《陋室铭》开篇就用山水寄寓三者中其二，这何尝不是一种君子比德的暗写呢? 开篇就已经悄悄开启了君子慕德、厚德、修德的前奏。

"斯是陋室，惟吾德馨"的背后站着一个人，他并未直接露面，而是含蓄地立在那里。读这两句，使人感到颇有诗人王昌龄"一片冰心在玉壶"、作家巴金"掏出心来"的妙意。西方学者布封说"风格即人"，中国古代文论说"文如其人"，为人为文是具有高度统一性的。以这种写法出场，何尝不是一种含蓄呢? 所谓"谦谦君子，温润如玉"，含蓄乃其应有之义。不过，这种含蓄的方式，同样起到确定情感基调的作用，恰如《琵琶行（并序）》所写的"转轴拨弦三两声，未成曲调先有情"，含蓄并不阻碍情感态度的流露。源于《诗经》风雅的写法，含蓄式的出场节奏与风格，尽显为人为文的君子之风。

常言道，居必择邻，交必择友。这话放到君子身上是最合适的。荀子言："君子居必择乡，游必就士，所以防邪僻而近中正也。"（《荀子·劝学》）认为君子选择好地方居住，以便接近和结交有德才者，防止德行衰颓。"苔痕上阶绿，草色入帘青"，点明了"陋室"环境清静幽雅，正是君子择居的结果，旨在修养德行。曾子曰："君子以文会友，以友辅仁。"（《论语·颜渊》）君子通过文章学问聚会朋友，借此增进仁德。"谈笑有鸿儒，往来无白丁"，就是结交良友的写照，"鸿儒谈笑"可使人想象高朋满座、嘉言懿行的盛景；"往来无白丁"则用极化的情感态度，写出自己交往朋友一边倒的倾向，无德者不可交，无才者也不交。之所以如此极端化，个中缘由就是君子要修德进业，即所谓"以文会友，以友辅仁"。诚如孔子所说"古之学者为己，今之学者为人"（《论语·宪问》），君子治学交友都是为了修养自己。

慎独是君子修德的重要时机和门径。君子像太阳，心胸坦荡荡，人前人后一个样；小人像月亮，初一十五不一样，人前人后两个样。君子在独自一人而无别人监视时，照样能做到表里如一，严守本分，不做坏事，绝不自欺，此所谓"故君子慎其独也"。（《中庸》）刘禹锡在"陋室"里的"慎独"，做得非常好，"可以调素琴，阅金经"，弹琴读经不饮酒，丝毫没有形骸放浪的可能性，这就是君子修德的好模样。就古人来说，陶渊明是志向高洁的代表，以田园风光的诗意著称，抚弄"无弦琴"，"好读书不求甚解"，"造饮辄尽，期在必醉"。相形之下，在君子文质方面，刘氏可能还胜过陶氏一筹，人生也不乏诗意。"无丝竹之乱耳，无案牍之劳形"，也是一种极化的写法，极言"丝竹"和"案牍"对身心的折磨，通过否定式的写法，写出了安居陋室、调素琴、阅金经而修养身心的惬意。这使人想到孔子盛赞颜回的言语："贤哉，回也！一箪食，一瓢饮，在陋巷，人不堪其忧，回也不改其乐。贤哉，回也！"（《〈论语〉十二章》）刘禹锡的陋室之乐，流淌着颜回陋巷之乐的精神血脉，不正是"孔颜乐处"的生动体现吗？

为了说明"陋巷之乐"的精神承传代不乏人，刘禹锡举出"南阳诸葛庐，西蜀子云亭"，再回到眼前自己所居的陋室，建构了一个长达千年的历史文化时空，意在表明这种君子精神是一脉相传的。"孔子云：何陋之有？"这一结尾，也能够充分印证这一点。其出处是《论语·子罕》："子欲居九夷。或曰：'陋，如之何？'子曰：'君子居之，何陋之有？'"刘禹锡的引用是非常具有艺术性的，首先，没有直接援引颜回陋巷这个典故，可能自觉其意过于显露直白；其次，没有完整地引用孔子的话语，省略"君子居之"而避免了自谓君子的标榜。就是这个选择性的摘引，表明了刘禹锡勉励自己要做君子，而不是标榜自己要做君子，其君子精神可见一斑。回到这句话中，试想：若是加上作者的自谓，完整地引用孔子的语句，根据刘禹锡被贬朗州、连州、和州等其中一地的遭际，可以形成排比句："南阳诸葛庐，西蜀子云亭，连州梦得室。"反问句："孔子云：君子居之，何陋之有？"这样还是含蓄蕴藉、谦谦君子的语气吗？《陋室铭》的行文达意，其言语的分寸，是相当讲究雅致的。此即"雅人深致"。

三、雅韵：朗朗上口

诵读《陋室铭》，声韵动听，朗朗上口，非常雅致。这种感受和效果，源于其文整中见散，多为骈句，使用押韵的修辞手法。通过语句分行、标注韵脚的形式，可以呈现这一特点：

> 《陋室铭》
> 山不在高，有仙则名。
> 水不在深，有龙则灵。
> 斯是陋室，惟吾德馨。
> 苔痕上阶绿，草色入帘青。
> 谈笑有鸿儒，往来无白丁。
> 可以调素琴，阅金经。
> 无丝竹之乱耳，无案牍之劳形。
> 南阳诸葛庐，西蜀子云亭。
> 孔子云：何陋之有？

有必要说明的是，上面标注的韵脚用字，其韵母均为"ing"，归入"青东韵"，从平仄的角度看，全为平声字，其声响效果为泠泠作响的节律，清音袅袅的余韵，富有音乐性。其发声原理是："ing"是后鼻音韵母，发音时舌尖放在下齿龈，舌面隆起，上下牙接近闭合，鼻腔共鸣成声，与"英""璎""鹰""膺"等字发音相似，拖着长音时稍打开口腔。若是押韵"ang"，划为"江阳韵"，虽然其跟"ing"所在的"青东韵"都是洪亮级韵脚，但"青东韵"的声响效果只是显得昂扬，而"江阳韵"的声响效果却显得特别响亮。其原因就在于韵母"ang"属鼻音字，但比"青东韵"的音位靠前，"昂"音口形略显宽大，例如"光""芒""黄""放""浪""旺"等韵脚用字，无论是平声字还是仄声字，其发音都特别响亮，传达的情绪也更加高昂。

其结尾"何陋之有"的"有"，韵脚是"ou"，归入"谋求韵"，其发声部位是双唇，呈撮口状，加长了发音管体，口形深了，音位稍后，缺乏洪亮度。由于其属于柔和级别的韵脚，响亮程度根本比不上洪亮级别的韵脚，不如"ing"所在的"青东韵"，更不如"ang"所在的"江阳韵"。然而，"谋求韵"的声响效果是悠扬绵长的，"有"是仄声字，稍用拖音，即可感受到"何陋之有"中"之"字介入的舒缓而陶醉、"有"字韵脚的仄转而悠长，两者共同促成结尾这个问句余音袅袅，悠扬绵长。

四、雅句：渊源有自

佳句是有句式的，或自创句式而成千古名句，或化用前人句式而推陈出新。从句式的角度来看，《陋室铭》多为典雅的句式。《陋室铭》的语句，除了公认的整散相间和多用骈句的特点之外，其句式还有着民族语言历史传承、庄雅文体语体基因等方面的渊源，应辨章学术、考镜源流。

《陋室铭》的开头，表达了"在仙不在山，在龙不在水"的意思，关于其句式，学者孙思旺认为："若将开头四句浓缩还原，便是一种'在 A 不在 B'式的经典表述。这种表述模式通常用来指明，易见的外在属性与不易见的内在属性之间何者为决定性因素，从而使事物的意义所在与问题的解决途径简明扼要地彰显出来。"[①]这种句式是一种古老的经典句式和意义认知模式，在史籍经典中屡见不鲜。例如：《左传》记载楚庄王"问鼎之大小轻重"，周王特使王孙满回答"在德不在鼎"。《国语》记载"楚人固请先歃"以争长，晋叔向力主退让，并劝上卿赵武"霸王之势，在德不在先歃"。《史记》记载魏武侯夸示魏有山河之固，吴起则答"在德不在险"。"刘禹锡向以用典严肃著称，他的类似

①孙思旺.《陋室铭》作者问题释证［J］.文史哲，2017（1）：135.

表述显然是从《左传》等书化用而来。"刘禹锡任连州刺史时，嗜名书生曹璟，因遍干"东诸侯"未果来见，欲"依名山以扬其声，将挂帻于南岳"，其被刘禹锡棒喝"在己不在山"。①由此可见，开头句式有其意义、认知价值、民族语言基因和历史文化渊源。

从文章类别体式的角度看，前四句有着《诗经》"比""兴"的渊源，具有四言体诗歌句式的特点。"斯是陋室，惟吾德馨"，其句式则非常特殊。

其一，其句字法，跟《诗经》《楚辞》的用字有些关联。就"斯"来说，例如"秩秩斯干"（《斯干》）、"朋酒斯飨"（《七月》）等，其字法不难在《诗经》中找到渊源。就"惟"来说，其跟"维""唯"长期混用，直到近代"维"字才退出竞争，确定自己的专属职责。《尚书》只用"惟"，使用次数高达647次；《诗经》用"维"263次，用"唯"2次，用"惟"1次；《孟子》用"惟"43次，用"维"和"唯"各1次，以《尚书》《孟子》用"惟"为最，且呈一边倒的形势。②《陋室铭》的"惟"字句，很难说不受《尚书》《孟子》等儒家经典的影响。就"吾"来说，跟"我"同义，但《诗经》多用"我"，《楚辞》多用"吾"，《孟子》"吾""我"兼用，"惟吾德馨"中"吾"字法就有可能受《楚辞》等影响较大。

其二，其句意思可能出自《尚书》。例如《尚书·周书·君陈》中言："至治馨香，感于神明。黍稷非馨，明德惟馨尔。""斯谋斯猷，惟我后之德。""臣人咸若时，惟良显哉！"《左传》中的《宫之奇谏假道》，对此语句多有征引化用。从《尚书·周书·君陈》来看，"斯"的字法和句式、"惟"字句式，跟"斯是陋室，惟吾德馨"关联更为紧密。在"黍稷非馨，明德惟馨尔"中，"惟""德""馨"三字连用是一个明显标志，此句的意思是黍稷谷物没有香气，而内心美德才有香气，表达了一种"在德不在物"的价值判断，符合前文所述的"在A不在B"的经典句式和意义认知模式。

其三，这两句紧承前四句，为了使用"比""兴"，在某种程度上必须跟前文语句的句式、字数保持一致性。

---

①孙思旺.《陋室铭》作者问题释证［J］.文史哲，2017（1）：135.
②杜冰梅.《左传》之"唯"、"惟"、"维"［J］.语言科学，2007（3）：103.

综合《尚书·周书·君陈》中上述语句的思想内容、字词用法，并结合《诗经》四言体诗歌句式以及《楚辞》等"吾"字用法，这应当是作者融通提炼、自铸伟词的结果。其句式的经典性因素，可见一斑。当然，其从诗歌句式、古文句式化生而来的句式特点，也是非常明确的。

再看下面四句，是非常庄雅的句式，通过变形和比较得出这种认识。在将其分行变形后，跟其他诗歌作以比较，即可看出规律。如下表所示：

表1　诗文诗句对比表

诗文标题	陋室铭	送灵澈上人	江雪	行宫	逢雪宿芙蓉山主人
诗文诗句	苔痕上阶绿，	苍苍竹林寺，	千山鸟飞绝，	寥落古行宫，	日暮苍山远，
	草色入帘青。	杳杳钟声晚。	万径人踪灭。	宫花寂寞红。	天寒白屋贫。
	谈笑有鸿儒，	荷笠带斜阳，	孤舟蓑笠翁，	白头宫女在，	柴门闻犬吠，
	往来无白丁。	青山独归远。	独钓寒江雪。	闲坐说玄宗。	风雪夜归人。

将刘禹锡所作四句，跟其他四首诗歌对比阅读，不仅视点一致，而且结构、写法和句式也都非常近似。一是结构近同，前两句先写景物，后两句再后写人物。二是写法相似，句句皆景，富有画面感，且有分工：前两句为静景，只有《送灵澈上人》例外，后两句为动景，只有《江雪》例外，动静结合的写法是非常明显的。三是句式颇同，刘禹锡的四句均为对偶句，其他诗歌也使用对偶句式，例如"苍苍竹林寺，杳杳钟声晚"接近宽对，"千山鸟飞绝，万径人踪灭""日暮苍山远，天寒白屋贫"堪称工对。可见这四句颇有五言绝句的句式特点，或者是五言律诗中的颔联与颈联的特点。这意味着其语句采用了诗歌的句式，是没有多少争议的。在古代诗歌研究中有"诗庄词媚曲谐"的说法，这是有其道理的。周围环境和人物交往，用诗歌的句式来写，显得相当庄雅，不如此不足以表达这种感受。

从"可以调素琴，阅金经"开始，作者有意使用散文句式，一改其前基本上使用诗歌句式的习惯。《陋室铭》作为"器物居室铭"，毕竟是散文，有一些语句使用散文的句式，才是当行本色。"可以"，就是使用散文句式的标志。作者用"可以"暗示自己有多种选择，有选择安排生活的自由，即所谓"随心所欲不逾矩"。到今天，我们还能从"可以"这两个字中读出浓郁的生活气息，其散文化语句的魅力是遮掩不住的。作者将"调素琴""阅金经"两项内容在字数上加以调整而制造差异，用"可以"领起两句，作为全文中间过渡的语句。其前多是对偶句式，其后除了结句，也是对偶句式，"可以"的行文作用是显而易见的。当然，这也改变不了两句之中内在的对比脉络，将对偶的内容散文化，打破语句对偶一连很长造成的板结，使全文更顺畅。

行文继续保持散文句式的状态："无丝竹之乱耳，无案牍之劳形"。两句字数虽然相等，但其形式仍为散文的句式。从语句内容上说，去掉"之"字，语句的意思没有多少变化，但"无丝竹乱耳，无案牍劳形"却有五言诗句式之嫌。"之"字，在此无实义，也不具有语法功能，用在主谓之间取消句子的独立性，主要就是为了将这两句变成使用散文句式的语句，起到舒缓语句节奏、拖长语气的作用。作者使用散文的句式，目的是凸显自己的轻松与惬意。其用"之"字舒缓节奏和语气，就是为了传达心情恬静惬意这个意图。

"南阳诸葛庐，西蜀子云亭"这两句既是对偶的句式，也是诗歌的句式。作者行文从散文的句式转为诗歌的句式，乃是"诗庄词媚曲谐"使然。用诗歌的句式，表达对古圣先贤的景仰和赞叹，心中庄雅的情意和感觉，自不待言。"孔子云：何陋之有？"分别为三字句和四字句，字数并不相等，其散文的句式特点，是非常明显的。需要说明的是，"何陋之有"是《论语》这部语录体散文中的名句。这是孔子创造的句式，也是流传千古的经典句式，还将继续流传下去。作者援引《论语》语句是动了一番心思的：将原句中的"曰"改为"云"，并省略其中"君子居之"，笔墨经济而且蕴藉含蓄。当时读书人都熟悉这两句，但作者制造了一种熟悉而又陌生的感觉，具有陌生化的效果。更为关键的是，"孔子""何陋之有"能够开启当时读书人的联想想象机制和还原复位机制，在联想想象和还原复位中，能够使读者读出更多的情意，也即所谓"言有尽而意无穷"。这一问句，确实是经典句式，"之"字既是宾语前置的标志，也具有舒缓语句节奏和语气的效果。若改为："有何陋？"舒缓悠长的语气顿失，显得格外急切，显然与作者意图相悖，省略主语的"谓宾"句式，缺乏应有的艺术效果。所以，作者用"何陋之有"作结，其不尽之意和味外之旨，如同钟磬之声入耳入心，有如"万籁此俱寂，但余钟磬音"的策励警醒和舒缓悠长。

总体来说，作者身为怀有雅心的雅人修德自好，立雅意作"主脑"，并将其一以贯之形成了全文的意脉。文章作法，雅人深致，名为"陋室"，实乃雅舍。全文用韵脚一主一次，既体现作者自我警醒、自我策励的写作意图，也具有朗朗上口、昂扬悠长的声响效果。《陋室铭》的句式渊源有自，既有诗歌句式，也用散文句式，各随其意，时而庄雅昂扬，时而惬意悠长，堪称一曲雅美的乐章。

（原文发表于《读写月报》2022年第17期，收入本书时有改动。）

实现文本解读深入化的三种方式

文本解读，源于读，读而解。应用文学的方式理解文学作品、鉴赏文学作品，而非标签式地套解和政治化地肢解。这是语文教师的看家本领和拿手活，也是很多语文教育前辈令人钦佩的"坐功"所在。孙绍振先生说："这种过硬功夫的特点，就是于细微处见精神，越是细微，越是尖端，越是有学术水平。"[①]怎样在阅读中做到"细微处见精神"呢？从字、词、句、篇、章的逻辑性来看，可以通过以下三种方式对文本进行深入细致地解读。

一、在缝隙处缝合

当下不少教师在解读文本时，拘泥于通过教参等资料来知晓中心思想和主要情感，而不能借着缝隙将思维的触角伸进文本，然后收回触角再缝合诸多断裂之处，结果只能是走马观花地浏览。讲课时只好给学生说些似是而非的感受，或者贴一些虚空浮泛的结论标签，始终不能引人入胜、指点迷津。

文本为李煜《虞美人》。

［解读一］

提炼出意象：春花、秋月、故国、明月、雕栏、玉砌等。结合作者简介和时代背景，本词是亡国之后所写的绝命词，所以春花、秋月代表的美景越美，作者的心情越悲痛，是以乐景写悲情。故国、明月、雕栏、玉砌，都是作者的想象和回忆，作者此时受到囚禁，不仅失去了往昔帝王的生活，而且也失去了人身的自由。这样解读，是理性分析化的路子，找到的都是所谓的内在联系，却摒弃了细节性的个人化情感体

[①]李志云.中学语文名师研究［M］.武汉：华中师范大学出版社，2021：92.

验。这种整体感知近似贴标签，讲课如同看着教参照本宣科，味同嚼蜡，生命的体验和人性的感触得不到唤醒，因此，即使学生记住了理性分析的结论，也只是一个标签式的死知识。可以说，这种解读虽抓住了文本的筋骨，但由于缺乏血肉的支撑，导致素养的熏陶、能力的提高和方法的验证都很难得到有效的落实。

[解读二]

"春花秋月何时了?"和"问君能有几多愁? 恰似一江春水向东流!"这两句一首一尾，去掉中间诗句，两句不相接，呈现出断裂。既然断裂，那就缝合。春花、春水，都是作者眼前实景吗? 非也。联系写作时间，这首绝命词写于七八月间作者生日之际，根本不是实景。表达了作者实情吗? 是啊。春花秋月，太美了，什么时候是个尽头呢? 为什么要盼望结束? 国破家亡、心痛，乃有此语。联系杜甫诗句"花近高楼伤客心""感时花溅泪"，可知花朵愈娇美，作者心情就越沉痛。所谓乐景写哀情之反衬即是如此。为什么开头作者已说希望春花秋月结束"了"，而在结尾却道春水"流"不止? 前后虽矛盾，情感却一致。既然花儿不解人愁，唯有寄愁于春水，取水流动、绵延不绝之相似性，化愁无形为有形，意境独步千古。诗人椎心泣血、痛彻心扉的情感，近乎绝望而又挣扎的心态，在缝隙处悄然流淌出来，千百年来浸透一代代读者的心灵。

言语缝隙处就是细节。只要悉心品味，自能发现他人不曾注意的风景。缝补文本的缝隙，黏合剂就是情感。从细节切入，用情感揣摩诗文必会有斩获。

二、在紧密处插针

文本紧密处常常会形成一个情感的集中爆发点，所以解读时应将情感之针插进细密的语词中，感知丰富而深刻的情感。在通过细节走入文本时，应尽力循着作者创作心路的轨迹，深入而浅出，进而领悟文本整体的内涵，而非以理论推理，或者为感情验证找论据。

文本为朱自清《背影》。

[解读一] 作者写父亲买橘子，可谓以小见大。买橘子本就是一件平常的小事，生活中相当常见，为什么会被一代名家朱自清写在笔下，从而成就一篇传世佳作呢？作者并不是因为父亲做了什么惊天动地的大事，才认为其背影高大，而是因为那种默默付出的关爱而感动。这样解读，我们能看到一些细节，甚至会注意父亲买橘子时的一系列动作，但是仍然过于粗疏。这一系列动作本是文思绵密、用情深厚之处，结果未能深入而匆匆读过，导致解读成了一种在平面上滑行的文本分析和理论推演，使读者情感体验浮于面上。

[解读二]

作者写父亲时，距离正好不远不近，看到并写下父亲的整个动作过程：蹒跚地走、慢慢探身、两手攀着、两脚再向上缩、肥胖的身子向左微倾等。这一系列动词的运用和动作描写，让父亲的形象逐渐显现我们眼前，虽远却清晰。文本也提到和父亲面对面、肩并肩接触，基本是从"正面"来写父亲，我认为那写的不是背影，而是认识。背影就是从背面写身影。此处言语紧密，每个动作都可以看出这种强调和衔接，"蹒跚"与"走"、"慢慢"与"探身"、"两手"与"攀着"、"两脚"与"向上缩"等，密不透风。凡有动词，必有修饰，紧紧相依。正是这种紧密显示了一种情致：父亲买一次橘子，太艰难了！买一次橘子给"我"吃，已是如此奔波和辛劳。为了养育我，父亲这一生何尝不是如此！《诗经·蓼莪》云："哀哀父母，生我劬劳。"古诗今文相映，可成互文。

紧密处可窥细节。想要探得细节的深义，唯有用情感作针，挑去文本中那些欲盖弥彰的言词，再用心灵触摸语词下面的生命，感受文本世界弥漫的喜怒哀乐思，最终才能沉浸其中而深味。

三、在矛盾处用心

文本通常会借助修辞手法、表达方式等文学的手段，并寄予深意和味外之旨。那么，是将修辞手法、表达方式等这些手段作为重点，还是探寻这些施展手段的文本自身内在的矛盾？我们要抓住这些手段，更要在施展手段的文本内部下功夫。所以，在文本解读与教学中，必须照顾到知识和能力、情感态度价值观的有机结合，而不能只顾着知识而忽视情感的深切体验，以致错失语文本来应有的丰富、厚重和精彩。

　　文本为辛弃疾《丑奴儿·书博山道中壁》。

　　[解读一]抓住"反复"，强调修辞的作用。分析下阕"欲说还休"和上阕"爱上层楼"形成的对举，解说反复修辞在文本结构中的意义，举例让学生体验"反复"的修辞效果，形成能力迁移。联系作者的身世，揭示词作主旨："少年不识愁滋味"意味着充满豪情，而到老年壮志仍然难酬，个中滋味难以言表。如此解读，就忽略了反复修辞之句本身的矛盾，显得不够深入，缺乏细致的心理探察和深刻的情感体验。

　　[解读二]

　　"欲说还休，欲说还休，却道天凉好个秋！"文本中语词反复，反复中又有矛盾，尤其是"欲说"与"还休"形成矛盾。欲言又止，言说什么，又为什么休止？仅仅是因为"天凉"就是"好秋"？或者说，仅仅只是说天气时节的状况？文本内存在矛盾。联系辛弃疾《西江月》："明月别枝惊鹊，清风半夜鸣蝉。稻花香里说丰年，听取蛙声一片。七八个星天外，两三点雨山前。"同样是关于天气时节的诗句，后者说得多欢欣多爽快！这又形成一次矛盾——文本与文本的矛盾。虽然这是文本的外部矛盾，但却是属于同一个作者情感世界的矛盾。因此，"欲说还休"的心结在辛弃疾的人生遭际中得到破解，情感体验就变得既深且广。

语言是思维的外壳。言辞矛盾就是情感的矛盾，是生命遭际中心灵的投射。抓住矛盾，用心体悟，个中滋味丝缕尽现。在《菩萨蛮》中韦庄说"未老莫还乡，还乡须断肠"，在《破阵子》中辛弃疾说"赢得生前身后名。可怜白发生"，在《背影》中朱自清说"真是太聪明了"等句，皆为此类。

缝补缝隙、密处插针、发现矛盾应都是一种功夫。针对文本细节的解读，孙绍振先生说：于细微处见精神，越是细微，越是尖端，越是有学术水平。这样，我们便可拒绝标签，见微知著，感触心命。同时，我还想接着孙先生的话说：细节以小见大，但我们并不迷失在细节里。因为在细节中，我们要感触的是整个精神和生命，寻找生命与生命的会通。无论时空如何阻隔，但求放下歧异，而得理解与共鸣。

细节让我们从一块石头里看到风景，从一粒沙子里发现灵魂。孙绍振先生还说："不管在中学还是大学课堂上，经典文本的微观解读都是难点，也是弱点。"[①]我深信，从细节可以潜入生命，可以改善语文教学的品质。假如教师带着学生走进一座田园，学生不仅能习得草木鸟兽虫鱼的知识，而且能在细节中惊叹天地造物的神奇，学会诗意地赏味生活，即学生在求知、习技、学艺、悟道中，把这座田园变成自己的精神乐园。这座田园就是美好的语文。

（原文发表于《中学语文教学参考》2015年第Z2期，收入本书时有改动。）

---

①李志云.中学语文名师研究［M］.武汉：华中师范大学出版社，2021：91.

数据统计创造文本解读新视角

——高中语文教材中宋词豪放与婉约风格差异的实证研究

文本解读，一般都被认为是理论分析，或者是理性思辨，似乎根本用不到统计学以及量化分析等方法。其实不然，在文本解读时，采用数据统计不仅能够创造教学研究的新视角，而且能够为同学们分类梳理提供动手操作的机会，基于教材课文的语言本身来培养学生探究思考的意识和发现规律的能力。关于宋词风格的认知和验证，就可以作这方面的尝试，师生一起动手开展统计，对其开展实证研究。

一般认为，豪放和婉约是词的两种典型风格。两者之间的差异，除了可以用诵读、表演等视听结合的形式传达外，还可以采用数据统计的形式对意象作以比较揭示，这有利于开展语文项目式学习和培养学生的实证研究意识。下面，就以统编教材普通高中语文必修上册第9课《念奴娇·赤壁怀古》《永遇乐·京口北固亭怀古》《声声慢（寻寻觅觅）》为例，聚焦意象，分析豪放和婉约风格的差异。数据统计的角度，主要有题材偏好度、意象的密度、时间的跨度、空间的广度、意象巨细度、意象的硬度和动作的力度等（如表1所示）。

需要说明的是，在一些统计角度上，析出的数据可能会存在一定的争议，但争议的空间不大，并不影响结论的性质。例如：《念奴娇·赤壁怀古》中的意象，风流人物和豪杰、故垒和赤壁等是不是可以同时统计？《永遇乐·京口北固亭怀古》中的意象，应该把"元嘉草草"所涉"刘义隆"、"封狼居胥"所涉"霍去病"等历史人物也都统计在内？其实，《声声慢（寻寻觅觅）》中的意象数量基本没有争议，而《念奴娇·赤壁怀古》和《永遇乐·京口北固亭怀古》这两首词分别多统计两三个意象，并不影响最终的结论。再如：《念奴娇·赤壁怀古》非要选择"穿""拍""卷""飞""灭"这五个动词吗？《永遇乐·京口北固亭怀古》非要选择"打""吹""吞""封""顾"这五个动词吗？

事实上，可选的动词还有一些，但是从动作的力度角度进行统计，就是要在
"力度""强度"上选出最典型的动词，实现每首词"动作的力度"的巅峰对
决，决出强弱之别。其余角度，若有一些争议，也大抵与这两类情况近似，对
所得出的结论并不构成决定性的影响。

表1　词作风格要素统计表

项目	《念奴娇·赤壁怀古》	《永遇乐·京口北固亭怀古》	《声声慢(寻寻觅觅)》
题材偏好度	偏于历史兴亡、报国壮志等,典型体现点选3个:千古风流人物(豪杰)、故垒、樯橹	偏于军情国事、报国壮志等,典型体现点选3个:英雄、金戈、铁马	多写男女恋情、离情闺愁等,典型体现点选3个:秋雁、窗儿、细雨
意象的密度 (意象的数量/文本的字数)	意象:18个 大江、浪、风流人物(豪杰)、故垒(赤壁)、公瑾(周郎)、乱石、天空、惊涛、江岸、雪、江山、小乔、羽扇、纶巾、樯橹、华发、酒樽、江月 字数:100字 密度:18/100=18%	意象:17个 江山、英雄(孙仲谋)、舞榭歌台、风流、风雨、斜阳、草树、寄奴、金戈、铁马、虎、狼居胥、扬州路、佛狸祠、神鸦、社鼓、廉颇 字数:104字 密度:17/104=16.3%	意象:8个 淡酒、晚风、秋雁、黄花、窗儿、梧桐、细雨、黄昏 字数:97字 密度:8/97=8.2%
时间的跨度	千古;三国(周瑜)到北宋(苏轼),时间跨度:1000年左右	千古;三国(孙仲谋)、东晋(刘裕)、南朝(刘义隆)、汉朝(霍去病)、战国(廉颇)到南宋(辛弃疾),时间跨度:超过1000年	一天(乍暖还寒时候);晚、黄昏(这次第),时间跨度:秋季的1天
空间的广度	典型体现点选4个:大江、江山、江月、战船(樯橹)	典型体现点选5个:江山、斜阳草树、巷陌、狼居胥、扬州路	典型体现点选4个:秋雁、庭院(满地黄花堆积)、窗户(守着窗儿)、梧桐

项目	《念奴娇·赤壁怀古》	《永遇乐·京口北固亭怀古》	《声声慢(寻寻觅觅)》
意象巨细度	典型体现点选6个：乱石、天空、江岸、战船(樯橹)、酒樽、江月	典型体现点选5个：舞榭歌台、斜阳草树、金戈、铁马、狼居胥山	典型体现点选5个：淡酒(杯盏)、黄花、窗儿、梧桐、细雨
意象的硬度	典型体现点选5个：故垒(赤壁)、乱石、江岸、樯橹、酒樽	典型体现点选5个：舞榭歌台、草树、金戈、铁马、狼居胥山	典型体现点选5个：秋雁、黄花、窗儿、梧桐、细雨
动作的力度	典型体现点选5个：穿、拍、卷、飞、灭	典型体现点选5个：打、吹、吞、封、顾	典型体现点选5个：将息、过、堆积、摘、守

根据上表，对数据作以比较，具体过程如下。

在题材偏好度上，《念奴娇·赤壁怀古》中的"豪杰""故垒""樯橹"等意象和《永遇乐·京口北固亭怀古》中的"英雄""金戈""铁马"等意象都明显涉及战争和英雄等宏大、壮阔、崇高的题材，而《声声慢（寻寻觅觅）》中的"秋雁""窗儿""细雨"等意象，则明显涉及离情别绪、闺阁愁思等哀婉、凄凉和柔美的题材。这是豪放和婉约两种典型风格在主题和取材上的偏好差异。

在意象的数量上，《念奴娇·赤壁怀古》《永遇乐·京口北固亭怀古》的意象数量分别为18个、17个，而《声声慢（寻寻觅觅）》的意象数量只有8个。就单首词的意象总量来看，前者大约是后者的两倍。就意象的密度来看，《念奴娇·赤壁怀古》文本中意象的密集度为18%，《永遇乐·京口北固亭怀古》为16.3%，《声声慢（寻寻觅觅）》为8.2%，《念奴娇·赤壁怀古》和《永遇乐·京口北固亭怀古》都远远超过《声声慢（寻寻觅觅）》。意象密集能够给人更为复杂的冲击力，展示更为广阔的意境。

在时间的跨度上，《念奴娇·赤壁怀古》和《永遇乐·京口北固亭怀古》的用典，分别涉及周瑜、孙权，均为三国时期的历史人物，词人借古伤今的时间跨度都是1000年左右。尤其是《永遇乐·京口北固亭怀古》的用典，涉及西汉名将霍去病，词人怀古伤今的时间跨度远远超过了1000年。而《声声慢（寻寻觅觅）》的时间跨度却很短，只是"乍暖还寒时候"中的一天，特别是"黄昏""怎生得黑"这个从傍晚到天黑的时间段。宋词意境深远宏阔的程度，跟词作本身的时间跨度是紧密相关的，词作涉及的时间跨度越长，诗人的眼界也就越宏阔，词作本身的意境也就更为深远广阔。据此分析，《念奴娇·赤壁怀古》《永遇乐·京口北固亭怀古》均为纵观古今并纵论古今之词，时长均在千年左右，抒发词人的千古愁情，其豪放词风亦可见一斑；而《声声慢（寻寻觅觅）》则限于一季之一日，时间虽短却使人感到度日如年，情感更加积郁一己之内心，其婉约词风也可由此展现。

在空间的广度上，通过对典型体现点的比较可知，《念奴娇·赤壁怀古》和《永遇乐·京口北固亭怀古》均为俯仰天地之词，俯瞰江山、心游万仞，空间之大不仅表现为自然空间之大，还表现为词人心灵空间之大，可以说词人的眼界、心界和词作的境界都十分宏阔。而《声声慢（寻寻觅觅）》则立足"满地黄花堆积"的庭院，"守着窗儿"的天空，听闻"雁过也"，虽也俯仰天地，但俯瞰的对象是庭院里的黄花、仰观的对象是窗户大小的天空，词作涉及的自然空间显然为一隅，词人的视界、心界和词作的境界都无法用宏阔来形容。就词作意境的宏阔程度而言，《念奴娇·赤壁怀古》《永遇乐·京口北固亭怀古》这两首词意境的雄阔壮美，是远远超过《声声慢（寻寻觅觅）》的，这极为鲜明地体现着宋词中豪放和婉约这两种典型词风的差异。

在意象巨细度上，《念奴娇·赤壁怀古》《永遇乐·京口北固亭怀古》中的意象，例如"樯橹""金戈""铁马"等形体都较大，而《声声慢（寻寻觅觅）》中的意象，只有"梧桐"意象形体较大，"黄花""细雨"等意象形体都明显较小。虽然《念奴娇·赤壁怀古》涉及酒樽，《声声慢（寻寻觅觅）》也涉及杯盏；《永遇乐·京口北固亭怀古》涉及草树，《声声慢（寻寻觅觅）》也涉及梧桐树，似乎都有交叉重叠之处，但这并不妨碍《念奴娇·赤壁怀古》《永遇乐·京口北固亭怀古》中意象的形体普遍大于《声声慢（寻寻觅觅）》中意象的形体。就表中选择的典型体现点来说，《念奴娇·赤壁怀古》《永遇乐·京口北固亭怀古》多数意象形体巨大，而《声声慢（寻寻觅觅）》多数意象形体细小，两者形成了强烈的反差。

在意象的硬度上，根据所选的5个典型体现点，《念奴娇·赤壁怀古》《永遇乐·京口北固亭怀古》这两首词的意象所涉及的物体的硬度，普遍超过了《声声慢（寻寻觅觅）》中的意象所涉及的物体的硬度。尤其是《念奴娇·赤壁怀古》中的"故垒""乱石"，《永遇乐·京口北固亭怀古》中的"金戈""狼居胥山"，是《声声慢（寻寻觅觅）》中"窗儿""梧桐"这两个最硬的物体也无法相比的。众所周知，词风的形成是多种因素促成的，意象所涉及的物体的硬度，是其中不可忽略的一个重要因素，而一首词中多数意象所涉及的物体的硬度，也是一首词艺术风格偏于婉约还是倾向豪放的一道分水岭。

在动作的力度上，每首词都选了5个典型体现点，基本上涵盖了一首词中最强力之处，而且动作幅度大。《念奴娇·赤壁怀古》中的"穿""拍""卷""飞""灭"，《永遇乐·京口北固亭怀古》中的"打""吹""吞""封""顾"，都是很有力度的动词，而《声声慢（寻寻觅觅）》中的"将息""过""堆积""摘""守"的力度则显得极柔弱，而且动作幅度小。从"豪放""婉约"的字面之义来看，"豪放"本身就散发出强壮有力之美，而"婉约"本身则蕴涵着娇弱柔婉之美，《念奴娇·赤壁怀古》《永遇乐·京口北固亭怀古》跟《声声慢（寻寻觅觅）》都很好地体现了各自词风所内蕴的特质。

基于数据的实证研究，有利于将"豪放""婉约"词风差异从大致清晰但不易言说、难以操作的认识变成寻找文本内证数据的研究过程和实证结论，这不仅有利于学生更加细致立体地把握《念奴娇·赤壁怀古》《永遇乐·京口北固亭怀古》之所以成为宋词中豪放词代表作，《声声慢（寻寻觅觅）》之所以成为宋词中婉约词代表作的根本所在，而且有利于学生运用所学的知识和坚实的证据向别人阐述、解释和论证宋词豪放与婉约风格的差异，从而在运用中将所学知识转化为能力素养。

（原文发表于《语文月刊》2023年第1期，收入本书时有改动。）

落实语文核心素养的教学目标和情境设置

众所周知，教学目标既是一堂课的预期目标，也是一堂课的预期结果；是一堂课的出发点，也是一堂课的落脚点。遗憾的是，教学目标往往成为课堂教学遗忘的起点。事实上，语文课堂教学落实语文核心素养的起点就是教学目标，因为只有教学目标体现或指向语文核心素养，语文课堂教学才有可能有效落实语文核心素养。否则，没有目标，或目标中没有融入语文核心素养，语文核心素养也就不可能在课堂中真正落实。

目前，关于教学目标的研究，成果相当丰富。例如：布卢姆的教育目标分类学、马杰的行为目标理论、马扎诺的教育目标分类学等。这意味着落实语文核心素养的教学目标，可以用多种形式来表达。不过，根据落实语文核心素养的教学实践来看，"四要素"结构的教学目标既能抓住教学内容，又能注重行为、条件和标准，兼有"具体明确""可观测""可操作"的特点，是一种行之有效的设计形式和呈现形式。

一、"四要素"教学目标的框架和解释

关于构成教学目标的四个要素，不同的研究者构建了不同的框架、作了不同的解释。"具体地说，行为目标陈述的基本要素有四个：行为主体、行为动词、行为条件和表现程度"[①]，这是一种框架和解释。拟定可测量目标的简便方法中包含四个要素：内容、行为、条件和标准，这是另一种框架和解释。在某种程度上说，两者有着一致性，例如行为、条件等。对教学目标来说，在同样简便的情况下，其要素只要能够指向清晰、具体、明确的学习结果，就是相对理想的框架结构。在行为主体的实际操作中，后者更有利于确保在教学过程

---

① 崔允漷.教学目标：不该被遗忘的教学起点［J］.人民教育，2004（Z2）：18.

中形成清晰、明确的学习成果。

在实践操作中，教学目标的四要素有其具体明确的内涵。关于内容，一要足够具体，让读者能够理解学科内容；二要确保描述的内容清晰易懂，让读者能够不用查阅具体材料就能理解；三要足够普遍，所强调的知识和技能都很重要并适用于多种情况。关于行为，指明学生具体做什么事的学习行为，用哪些动词来写出学生的行为表现。关于条件，即学生学习行为实施的环境、情况和场景，可以使学生的学习内容变得更加具体。关于标准，明确目标可接受的表现水平、掌握的程度和预期的熟练程度，通过学生达到的水平来判断是否完成了教学目标。[①]

为了更加清晰、具体地展示"四要素"教学目标的成分和结构形式，教师在拟定教学目标时可以使用模板，进一步确保"四要素"都被涵盖其中。将模板浓缩为一个陈述句，即：什么人将会在什么情况下做或说什么事情到什么程度。这对每个要素都进行了标记和描述，以期为拟定可测量的目标提供框架。用图表的形式呈现，如表1所示。[②]

表1　拟定教学目标的模板和框架表

要素	行为	内容	标准	条件
	什么人将会做/说	什么事情	到什么程度	在什么情况下
描述词	可被观察的动词	具体而普遍	准确性、熟练性或一致性	背景或提供的东西

二、基于课程标准和教材的教学目标研制

统编普通高中语文教材，是根据《普通高中语文课程标准（2017年版2020年修订）》等课程与教学的国家权威文件，由教育部组织编写的最新教材。其编写和投入使用，肩负着落实语文核心素养的使命。这意味着统编教材课文，尤其是新增课文，承载着落实语文核心素养的使命。所以，挖掘课文的

①普赖斯，纳尔逊.有效教学设计：帮助每个学生都获得成功［M］.李文岩，刘佳琪，梁陶英，等译.4版.北京：中国人民大学出版社，2016：22.

②普赖斯，纳尔逊.有效教学设计：帮助每个学生都获得成功［M］.李文岩，刘佳琪，梁陶英，等译.4版.北京：中国人民大学出版社，2016：25.

教学价值，有利于落实语文核心素养的教学目标，以便采用"四要素"结构叙写教学目标。

《反对党八股》是统编教材普通高中语文必修上册第11课，属于新增课文，肩负着落实语文学科核心素养的使命。课文后的"学习提示"说："《反对党八股》是毛泽东于1942年2月8日在延安干部会上的讲话。"这指出了课文的两大特点：其一，是革命领袖的作品；其二，按照文体种类应属演讲类作品。根据《普通高中语文课程标准（2017年版2020年修订）》分析：其一，按照作家作品，《反对党八股》可归入"中国革命传统作品研习"学习任务群；其二，按照演讲文体，《反对党八股》可归入"实用性阅读与交流"学习任务群。那么，《反对党八股》应该归入哪个学习任务群呢？

研读教材中的"单元导语"："要准确把握作者的观点和态度，关注作者思考问题的角度，学习他们有针对性地表达观点的方法；学会发现问题，从合适的角度以恰当的方式阐述自己的看法。"这明确地指出了《反对党八股》的学习任务。其实，单元导语之所以如此说明，就是因为抓住了《反对党八股》对时政问题进行议论说理的特点。《反对党八股》作为讲话成文发表后，已经被当作政论文的范本。将单元导语和两个学习任务群的内容作以比对，相形之下，"中国革命传统作品研习"学习任务群的有关说明，跟《反对党八股》的学习任务较为一致。

"中国革命传统作品研习"学习任务群指出："旨在阅读和研讨语言典范、论辩深刻、时代精神突出的革命传统作品，深入体会革命志士以及广大群众为民族解放事业英勇奋斗、百折不挠的革命精神和革命人格……进一步发展语言运用能力、思维能力和审美鉴赏能力；陶冶性情，坚定志向，形成正确的世界观、人生观和价值观。""阅读阐发革命精神的优秀论文与杂文，特别注意选择具有理论高度和引领作用的论著，分析其中论证的逻辑性和深刻性，体会革命理论著作严密逻辑和崇高精神有机结合的特点，提高理性思维水平。""阅读关于革命传统的新闻、通讯、报告、演讲、访谈、述评等实用性文体的优秀作品，联系思想实际和亲身见闻，以正确的价值观，深入理解其内容，学习其写作手法。"①这都说明了学习《反对党八股》的课程标准。然而，课程标准并不等于学习目标或教学目标，必须将其进一步具体化和细化，才有可能变成学习目标或教学目标。

具体细化课程标准，应结合教材中"单元学习任务"的相关内容："《反对党八股》主张'我们应当禁绝一切空话'，坚决而不留余地。""本单元的文章以说理为主，运用了多种说理方式，语言也各有特色……《反对党八股》为党八股画像，态度鲜明而又诙谐幽默。""本单元课文，大都运用了对比的方法说理；《劝学》《反对党八股》《拿来主义》都运用了比喻的方法说理。从课文中分别找出典型的例子，分析对比和比喻的方法在阐发观点上的作用。""本单元的文章大都针对现实问题发表议论，往往先批判错误，然后有针对性地提出自己的主张。阅读这些文章，看看文中列举了哪些错误现象，作者又是如何层层辩驳剖析，并给出'药方'的。"这里面既有学习任务，也有学习目标，将其和课程标准作以比对和对接，可以提炼出三点：一是学习批驳立论的写法，深刻剖析现象问题并提出观点；二是学习对比、比喻等说理方法，生动形象地阐发观点；三是学习态度鲜明而又诙谐幽默的语言风格，增强演讲观点的针对性和现实意义。

将《反对党八股》的学习内容提炼为三点，然后要统筹考虑学情、课时、情境等因素，才能将其转化为落实核心素养的教学目标。若不考虑学情、课时等因素，只是将上述三点内容直接作为教学目标，一股脑地给学生罗列出来，显然缺乏指向核心素养的言语实践性学习情境，那么学生的学习仍将陷入应试主义的泥沼，这很有可能导致语文核心素养无法有效落实。所以，为了有效落实语文核心素养，教学目标不仅需要按照"四要素"结构重新设计，而且需要统筹学情、课时和情境等因素，最终整合设计成一个考虑学情、切分课时而又能有效落实语文核心素养的教学目标。

---

① 中华人民共和国教育部.普通高中语文课程标准：2017年版2020年修订［M］.北京：人民教育出版社，2020：22.

三、落实语文核心素养的教学目标和情境设置

在某种意义上，根据课程标准和教材所研制的教学目标，只是落实语文核心素养的教学目标的雏形或胚胎，缺乏落实语文核心素养的情境，跟以往所见的"双基教学"中的"基础知识和基本技能"、"三维目标"中的"知识与技能"都有着一定的相似性。这意味着教师应将核心素养融入其中，将其转化为落实核心素养的教学目标。否则，教师直接将其当作教学目标，不仅不符合"四要素"结构，而且容易滑入只注重知识与技能的应试主义泥沼或变为题海战术，最终悬置语文核心素养而无法使其真正在课堂中落实。

先说学情。学生的学习基础为一般水平，能够独立读完课文，圈画课文中的生词、难句，复述"党八股"的定义。这些学习任务，建议放在课前预习环节，在上课前十分钟检测和评价，便于掌握学情，一旦学情发生变化就可及时调整教学目标，还可以使学生认识到课前预习的重要作用。

后说课时。学生学习课文，完成前文所述的三点内容，一个课时无法满足，建议两个课时比较稳妥，尽量使所有的学生都能获得发展与提升。第一课时，建议教师检查学生预习情况，然后指导学生学习针对问题提出观点的写法，引导学生观察社会现实，模仿运用这种写法并作出评价。第二课时，建议教师指导学生找出使用对比、比喻的说理方法的文段，将其删改成不使用对比、比喻的说理方法的语句，说出两者在语言形式和表达效果上的差异，然后，根据上一节课所写的语段，加入运用对比、比喻的说理方法的语句和一些口语词汇，说出添加后的实际效果。

再说叙写。通过研读课程标准和教材，提炼了主要的学习内容，又考虑了学情和课时等因素，此时即可按照"四要素"结构陈述并写出教学目标，形成完整而规范的教学目标。有必要说明的是，教学目标中行为主体即学习者，是学生，而非教师。教学目标描述了教师想要学生学习什么，以及如何得知他们是否学到了这些知识。教师在制定和表述教学目标时，要根据学生将要做的事情来拟定目标，而不是教师将要做什么。只有观察学生的一些行为，教师才能知道教学目标是否完成。至于情境问题，就可在完整而规范的教学目标的基础

上，再作考虑。

第一课时的教学目标：

（1）学生会写出"瘪三""蹩脚""檄文"三个词语，字形正确，独立完成。

（2）学生会用一两句话复述"党八股"定义。

（3）学生会圈画《反对党八股》所批判问题现象的语句，说明其写法。

（4）学生会仿照"党八股"命名自己所说的班级中的不良现象和风气。

在本课时教学目标中，行为主体都是学生，"四要素"齐全而规范，"内容"是具体明确的学习内容，"行为"是可操作性、可观测的动作或任务执行，"条件"是动作行为的环境场景，"标准"是足够具体甚至可以量化的表现水平。当然，有时候为了简练，在不引发歧义的情况下，可以省略"学生"和"会"等词语，也可以调整有关要素的顺序，形成精要的表述。例如：用一两句话复述"党八股"定义；仿照"党八股"命名自己所在班级中的多种不良现象和风气。

第二课时的教学目标：

（1）读出使用对比、比喻说理方法的语段，用两三句话说出将其删改成普通语句的效果差异。

（2）定义对比、比喻的说理方法，举例说明自己学会运用对比、比喻说理方法。

（3）写出使用对比、比喻说理方法的语句，应包括"……跟……相比""……和……比较"的正反事例和"……像……""……是……"之类的打比方的语句。

这样叙写教学目标，就把学生的学习行为和学习结果呈现出来了，教师能够借助学生的学习行为、学习结果，来判断学生的学习是否达成了目标。

末说情境。情境，是一种符合社会现实并有可能发生的假定性任务。其特点是，这种假定性任务遵循社会现实的发展逻辑，为促进学生的知识运用、技能形成、认知能力迁移而设置的拟真语境，并非凭空想象、违背现实逻辑而不可能发生的虚假任务。下面就分课时，逐一设置具体情境。情境的设置，彰显了语文课程是"学习祖国语言文字运用的综合性、实践性课程"的性质。"语文课程应引导学生在真实的语言运用情境中，通过自主的语言实践活动，积累言语经验，把握祖国语言文字的特点和运用规律，加深对祖国语言文字的理解与热爱，培养运用祖国语言文字的能力"[①]；"使课程内容情境化，促进学科核心素养的落实"[②]。

为了保证在教学目标中落实语文核心素养，必须设置相应的情境，以促成教学活动。通过情境的立体性、多维性和复杂性，促进学生将静态的显性知识变成动态的隐性知识，形成基于公共知识、显性知识而又生长出个体知识、隐性知识的新型综合态知识，避免学生陷入知识无限积累却无法学以致用的境地，降低他们虽拥有大量知识但却明显低能的可能性。"素养之所以是对知识、能力、态度的统整与融合，是因为素养是人在真实情境中做出某种行为的能力或素质，而任何行为，都不是单一维度的知识、技能、态度所能支撑的，需要三者统合方能达成。"[③]据此来看，语文核心素养在情境中生成和涵育，其实质是形成了一种可迁移、可融通的言语能力和言语智慧。在涵盖"内容、行为、条件和标准"四要素的基础上，教学目标有了情境设置的对接和匹配，这也为落实语文核心素养自然增加了一重保障。尤其是情境专以教学目标为核心而设置，既蕴含语文学习的专业方法又符合学生的认知规律，落实语文核心素养的效果是不言而喻的。鉴于此，在划分课时的前提下，将教学目标浓缩成符合"四要素"框架的简要陈述句，对其逐一设置相适配的情境，并考虑侧重于落实核心素养的何种方面，这可形成语文核心素养相应的落实路径（参见表2)，便于检查课时、教学目标和情境设置的对应性。当然，这也可以称之为语文核心素养生成路径。所谓落实，无非是教师着眼于国家课程标准层面，通过语文教材和语文课堂而落实；所谓生成，无非是教师着眼于教材和课堂教学层

---

①中华人民共和国教育部.普通高中语文课程标准：2017年版2020年修订［M］.北京：人民教育出版社，2020：1.

②中华人民共和国教育部.普通高中语文课程标准：2017年版2020年修订［M］.北京：人民教育出版社，2020：4.

③褚宏启.核心素养的国际视野与中国立场：21世纪中国的国民素质提升与教育目标转型［J］.教育研究，2016，37（11）：9.

面，最终培养学生达到国家课程标准，两者说法虽异，实乃殊途同归。就教学目标的设计来说，之所以如此操作，是因为通过这种内在逻辑的一致性的架构分析，最终能增强落实语文核心素养的实效性。

表2　语文核心素养生成路径表

课时	教学目标	情境设置	核心素养（具体表现之处）
第一课时	1.写出"瘪三""蹩脚""檄文"三个词语，字形正确，独立完成； 2.用一两句话复述"党八股"定义	每个同学都是语文教师的小助手，根据教师提供的标准，帮助检查预习情况	语言建构与运用（通过主动的积累、梳理和整合，逐步掌握祖国语言文字特点及其运用规律，形成个体言语经验）
	3.圈画《反对党八股》所批判问题现象的语句，说明其写法	你作为读高中的学长学姐，以《反对党八股》为例，向初中的学弟学妹解说论说文针对问题现象提出观点的写法	思维发展与提升（获得形象思维和逻辑思维的发展，促进深刻性的思维品质的提升）
	4.仿照"党八股"命名自己所说的班级中的不良现象和风气	为了召开班风学风主题班会，班主任要求每个同学观察班级中一些值得注意的问题现象，仿照"党八股"为这些问题现象命名，每种问题现象用一句话概括	语言建构与运用（发展在具体语言情境中正确有效地运用祖国语言文字进行交流沟通的能力）；思维发展与提升（获得形象思维和逻辑思维的发展，促进深刻性、批判性思维品质的提升）；审美鉴赏与创造（通过审美体验、评价等活动形成正确的审美意识、健康向上的审美情趣与鉴赏品位）
第二课时	1.读出使用对比、比喻说理方法的语段，用两三句话说出将其删改成普通语句的效果差异	初中学弟学妹请教读高中的你：将《反对党八股》中使用对比、比喻说理方法的语段删改成普通语句，说出两者在表达效果上的差异	语言建构与运用（发展在具体语言情境中正确有效地运用祖国语言文字进行交流沟通的能力）

课时	教学目标	情境设置	核心素养(具体表现之处)
第二课时	2.定义对比、比喻的说理方法,举例说明自己学会运用对比、比喻说理方法	请你画出《反对党八股》中使用对比、比喻说理方法的语句以及口语词汇,为学弟学妹解说对比、比喻的说理方法以及口语词汇	思维发展与提升(通过语言运用,获得直觉思维、形象思维、逻辑思维、创造思维的发展)
	3.写出使用对比、比喻说理方法的语句,应包括"……跟……相比""……和……比较"的正反事例和"……像……""……是……"之类的打比方的语句	为了召开班风学风主题班会,班主任要求每个同学用对比和比喻的说理方法解说自己所概述的每种问题现象,效果是使同学们听了就有可能发笑	语言建构与运用(发展在具体语言情境中正确有效地运用祖国语言文字进行交流沟通的能力);思维发展与提升(获得形象思维和逻辑思维的发展,促进深刻性、批判性思维品质的提升);审美鉴赏与创造(通过审美体验、评价等活动形成正确的审美意识、健康向上的审美情趣与鉴赏品位)

"语言建构与运用是语文学科核心素养的基础,在语文课程中,学生的思维发展与提升、审美鉴赏与创造、文化传承与理解,都是以语言的建构与运用为基础,并在学生个体言语经验发展过程中得以实现的。"[1]将语文教学过程和环节转换为一系列的情境,无疑是一种积极的言语实践活动建构,这也是语文教师根据课标、利用教材并基于学情,所进行的一种"语用产品"的开发,旨在落实语文核心素养。

在表2中,按照"四要素"叙写的教学目标和相适切的情境设置是分开的,之所以这样分开列表,是因为教学目标的表述除了"具体明确""可观测""可操作"之外,还应当追求语言的简洁凝练,以便学生在学习过程中更好地记忆、对照和指导自己的学习。当然,语文教师将教学目标和情境合二为一,也是完全可以的,不过,这可能造成教学目标的冗长,不便于让所有学生一眼

---

[1]中华人民共和国教育部.普通高中语文课程标准:2017年版2020年修订[M].北京:人民教育出版社,2020:5.

看懂、一下子就能记住。无论如何，教师只要制定好"具体明确""可观测""可操作"的教学目标，带领学生走入情境，语文核心素养就有可能摆脱被悬空的境地，落地课堂也将变成一种扎扎实实的情境化学习过程。

（原文发表于《教学与管理》2022年第16期，收入本书时有改动。）

第（二）篇

培育语文学科核心素养的专业方法

语文教学专业方法意识的学理透视

把语文课上成语文课，语文教师就要用语文的方法教语文，而不能用数学的方法、物理的方法、化学的方法或其他方法教语文。否则，语文教师就会种了别人的田，荒了自家的地，把语文课上成德育课、历史课等其他课。作为一名语文教师，具有强烈的语文教学专业方法意识，努力提炼语文教学专业方法，才能更好地完成学科育人、立德树人的使命。

修炼语文教学专业方法意识，无论是对作为专业技术人员的语文教师来说，还是对接受语文教育教学的学生来说，其重要性都是不言而喻的。修炼语文教学专业方法意识，需要语文教师对语文教学专业方法的外界和语文教学本身进行察觉和关注，由表及里地认识、实践和总结，最终形成稳定、均衡而有内涵支撑的语文专业方法意识。

一、专业敏感：语文教学专业方法意识的表征

语文教学专业方法意识不是一个标签式的概念，而是语文教师对语文教学的敏感。这种敏感的背后，是大量默会隐性的知识、经验和体悟，更是基于语文教学动态情况的敏锐直觉判断和基于学科属性的自动化处理能力。

语文教学专业方法意识是一种专业敏感，贯穿文本解读到教学设计再到培养学生等这一系列过程，就像语文教师所熟知的语感一样。在语文教学中，强烈的专业方法意识是语文教师长期实践与自觉涵养的结果，也是衡量语文教师专业素养水准的一个重要标志。

二、思维提炼：语文教学专业方法意识的深层

专业敏感是语文教学专业方法意识的表征。例如："这样教很好，我就是

说不出为什么该这样教。""我感觉这样教效果不太好，但你让我说该怎样教，我也不知道。"其实，专业敏感的程度也是有高低之分的。所谓"跟着感觉走，幸福到永久"，这一说法的前提是拥有比较强烈的感觉；所谓"跟着感觉走，时有时没有"，这一说法的实质是感觉具有很大的不确定性；所谓"总想跟着感觉走，就怕一点感觉都没有"，这一说法的意思是感觉存在不均衡性。就语文教学专业方法意识来说，要想消除专业敏感的不稳定性和不均衡性，就要扎根大量默会隐性的知识、经验和体悟，依据学理进行语文教学专业方法的梳理、提炼和分类，形成少量明确而可以言说的知识、术语和理论。

（一）言语实践是生发语文教学专业方法意识的根本

语文教学的核心任务是培养学生学得运用祖国语言文字的能力，这就要求语文教学必须植根祖国语言文字的特点及规律的实践，这也是语文教学专业方法得以存在的根本。一旦脱离了祖国语言文字的特点及规律的实践，就失去了语文教学专业方法存在之根。在语文教学中，学生不仅要听、说，更要读、写，最好是听、说、读、写一应俱全，像戏曲表演的唱、念、做、打一样。虽然每节课的听、说、读、写会有所侧重，但决不能都是教师一讲到底，学生一听到底。依托教材课本，抓住汉字汉语汉文的特点和规律，让学生在解字品词、言语论文、读书作文的言语实践中提高能力，才是修炼语文教学专业方法意识的根本所在。

（二）文体思维是提炼语文教学专业方法意识的规约

语文教学，离不开教材课本。目前，教材课本采用文选的形式编写。课本里所收的，选文中入选的，都是单篇短什，没有长篇巨著。其实，无论是单篇文章还是长篇巨著，都是按照文体写成的言语成品，基本都是文体特征鲜明的代表作。文体是作者运用语言文字完成作品必须遵循的操作范式和审美规则，有其内在思维的规定性。作者不会将古体诗写成杂文，也不会将戏剧写成小说，文体错位是致命的错误。当然，文学创作可能适度打破文体常规，散文、小说可以出现诗化的语言，这种文体的适度越轨并非文体的完全错位。所谓用散文的方式教散文、用小说的方式教小说、用寓言的方式教寓言等，都是语文教学专业方法意识和文体思维交互作用的结果。

（三）写作行为是通往语文教学专业方法意识的桥梁

语文教学的主要凭借，是教材中的选文。选文作为言语成品，主要是作者写作行为的结果（说唱作品是用口头语言写作）。在古往今来的写作行为中，特别是经典作家写作行为中的佳话、经验和规律不胜枚举，例如贾岛的"推敲"，卢延让的"苦吟"，曹雪芹说的"批阅十载，增删五次"，刘熙载《艺概》中的"炼篇、炼章、炼句、炼字"，福楼拜和莫泊桑的"唯一的词"，鲁迅的"故事新编"，还有"换字换词""同题写作"以及"改写""改编"等。写作是作者运用语言文字的实践，在阅读课文时还原或模拟作者的写作行为，更能体验到课文语言文字的精妙以及作者运用语言文字时的思维逻辑、言语意图和实践智慧。所以，语文教学要把写作行为当成一座桥梁，引导学生在具体的写作行为中，还原、模拟和体验作者写作时的心理和情感。

从专业敏感的表征到专业方法形成路径再到专业方法体系，形成了语文教学专业方法意识的架构。外层是专业敏感表征，内核是专业方法体系，联结两者的是专业方法形成路径，这使语文教学专业方法意识从感觉的散点走向理性的建构，表征和内涵互相支撑，具有强烈、稳定和均衡的特征，为语文教师的教学行为、语文课堂的教学质量长期保持专业高位水平提供了一定的保障。

三、增强实效：语文教学专业方法意识的生命

修炼语文教学专业方法意识的直接目的是提高语文教师教学行为的专业性，用语文的方法教语文，最终目的是提高学生学习语文的质量效益。一种教学方法不能提高语文教学的实效，不能让学生受益，无论是在学理上还是在实践上，都是说不通的。若非教师素养的问题，这样的方法就应当少用或不用。

语文教师若具有强烈的专业方法意识，就可以灵活处理教材等教学凭借和资源，既可以利用一篇完整的课文来教，也可以利用一字一词一句来教学，还

可以利用一整本书来教学，都能使自己的教学行为显示出较强的专业性，使语文课堂充满浓浓的语文味儿。

在语文教学中，语文教师拥有强烈的专业方法意识，经过反复实践、提炼和总结，就可形成一套属于自己的专业方法体系，教学一字一词、一句一段、一篇一本，都能选择适切的专业方法，甚至能够选用专业方法，效果都很不错。这用目前非常流行的同课异构来说，就是一个人的同课异构，也可称为"一课多案""一课多教""一文多教"等。下面，就以《散步》这篇课文的标题为例，阐述用专业方法教学生学习语文的思路。

案例一

[屏幕显示]

让我们一起走进美文《散步》。那里有——

师：让我们一起走进美文《散步》，那里有——请看书，思考：有什么？

（学生默读，思考问题）

师：好吧，一句话简说。

生1：那里有我、我的母亲、我的妻子和儿子，还有菜花、桑树和鱼塘。

师：这位同学的发言说了课文中有我们一家人。还说了背景，有美好的春天的景色。他一下子就把人和景概括出来了。

生2：有我们一家人，有南方初春的田野，还有我们一家人温暖的爱。

师：还有亲情！也就是这位同学所说的温暖的爱。

生3：有我们一家人，有美美的春天，有我们一家人在美美春天里的活动。

师：还有美美地散步。

生4：（迟疑地）还有诗意？

师：还有诗意！这个诗意表现在两个方面，一个是文章本身的表述有诗意，一个是文中的故事有诗意。

生5：它里面写了一种很微妙的母子关系。比如"她现在很听我的话，就像我小时候很听她的话一样"，这种母子关系是很微妙的细节。

师：很细腻的母子之情，还有祖孙之情等。

师：谢谢同学们。这个环节，我们就大致了解了一下课文的意思。①

这是节选自余映潮老师2012年教学的课例，直接利用标题，引导学生用一句话的形式概括全文大意，为学习整篇课文打下了基础。从语文教学专业方法意识的角度说，这种专业方法是缩写法，从标题开始读全文，将全文浓缩为一句话，相当简洁平实。缩写法是从作者写作行为中生长出来的，语文教学中的概说、概括、概写、简说、简述、简介等说写活动，其实都是缩写法的变式和应用。

案例二

[屏幕显示]

建议你这样理解文意：

试着给文章再拟一个标题，并说明你的标题能够表示你读出了课文的味道。

师：大家看，老师并没有这样说——"这个标题表示你读出了课文的主题"，而是说——"这个标题表示你读出了课文的味道"，这个"味道"要通过你拟的标题来表现。好，请大家想一想。

（学生考虑片刻，纷纷举手）

生1：我拟的标题是"分歧"。

师：你是抓住了课文里的波澜、故事里面的一个曲折，来表示你读出的课文的味道。

---

①余映潮.余映潮中学语文散文名篇教学实录及评点［M］.武汉：长江文艺出版社，2017：15-16.

生2：我认为可以拟标题"美"，因为课文很美，里面有爱。

师："美"字也可以表示你读出的课文的味道。但是从这个标题看，表现的范围大了点，可以给这个标题加个限制。

生3：可以用"关爱"两个字，因为这一家人都互相关爱着。

师：关爱之美——有三代人浓浓的亲情。

生4：我拟的是"温情的春天"。

师：有诗意。春天暗示一种生命力，一种暖意。

生5：可以把标题拟为"大路还是小路"。因为一个分歧更能表现决定的重要性、更能体现责任感。

师："大路还是小路"，建议你把"还是"两个字去掉。

生6：我拟的是"爱，责任"。

师："爱，责任"，很新颖。

生6：因为这篇文章表现了三代人浓浓的爱和"我"的责任重大。

师：中年人的责任感。

师：好，大家说了一些。我们再来看看大屏幕。

[教师根据屏幕显示讲解]

如："三代同行"这个标题，课文中对此就表现得很充分："我们在田野上散步：我，我的母亲，我的妻子和儿子"。"前面也是妈妈和儿子，后面也是妈妈和儿子"。这是从人物的角度、故事的角度来命题。

如：幸福的家庭，亲情无边，分歧，大路小路，责任，背起整个世界，春意，呵护，生命，小事情深，选择，温馨瞬间……

师：上面这些标题都是可以的。但是让我们把目光回到"散步"两个字上，这么多标题比较一下，老师认为还是"散步"好。为什么？哪个同学帮我来论述"还是'散步'好"？①

这是节选自余映潮老师2006年教学的课例，利用标题引导学生拟写标题，品读全文的意思和情味。从语文教学专业方法意识的角度说，这种专业方法是

---

① 余映潮，周丽.《散步》课堂教学实录及评点［J］.中学语文，2007（5）：33-34.

删改法，通过换标题的形式训练学生品读全文，用自己的理解来概说文意，有利于学生将印象感知等直观感受升华为理性认识。

案例三

［屏幕显示］

为标题添加字词，前面、后面或前后同时，任选位置。

（　　）散步（　　）

师： 下面阅读全文，在标题的前面或者后面添加合适的字词，在前后同时添加字词也可以。

（学生默读全文，思考问题）

师： 请同学们说说自己创造的标题，并说明理由。

生1： 一家人的散步。因为课文开头说："我们在田野上散步：我，我的母亲，我的妻子和儿子。"这是一家人在散步。

生2： 美好的散步。因为田野的风光很美，一家人亲情也很美好。

师： 真是一家人美好的散步。在标题前面添加字词，你们开了个好头。另外两种形式，请同学们来说，并谈谈理由。

生3： 散步的温馨。因为一家人很和谐，散步的场景非常温馨。

师： 是啊！散步有分歧，但更有爱意。消除了分歧，一家人的散步更温馨。

生4： 我和家人散步的感受。课文写了"我"和家人散步的经过，都是"我"看到和想到的。

师： 标题变长了，涵盖的内容就比较全面，就是情味淡了一些。

生5： 在田野散步春游。因为这是在春天，田野上一片生机，是一家人的小春游。

师： 田野，散步，春游，都是美词雅词，充满诗意啊！

……

师： 大家创造的标题和说明，是对文章大意的概括。可见大家都读懂了文章，那么作者为什么只用"散步"这两个字作为标题呢？

这是一位笔者设计的模拟环节①，意在阐述利用标题所开展的活动，对学生进行扎实的语言学用训练。针对原文标题添加字词，引导学生阅读文章并说明理由，能够促进学生快速阅读全文并概说全文意思，这相当于语文教师指导学生整体感知文本的一个抓手。从语文教学专业方法意识的角度说，这种专业方法是扩写法，其实质就是通过扩写标题，促使学生整体理解课文，通过具体的比较欣赏原文标题的妙处。

案例四

[屏幕显示]

现在，你就是作家本人，用三五句话写散步结束的场景和感受。

后记：散步结束，我们回到家里……

（学生思考并写作）

师：好，请同学们说一说你们写的后记。

生1：我坐在书桌前，拿出草稿纸，回想散步的经过、母亲的疼爱、妻子的理解、儿子的可爱，我百感交集。是啊，家庭和美就是人生的莫大幸福。

师：从家庭幸福的角度续写，把握了作者心中的情意。

生2：儿子倒了一杯水，端给母亲。妻子看到了，笑呵呵地说："儿子心疼奶奶，真是越来越懂事了啊！"我微笑着点点头，心里像喝了蜜一样甜。

师：后记有故事，好像还得再写几句才能结尾。

生3：刚进门，儿子赶紧拿了画笔和画板，喃喃自语："我要画一幅画，就画咱们一家人散步。"母亲说："你画吧，奶奶就等着瞧瞧啊！"过了半小时，儿子的简笔画完成了。画面是我背着母亲，妻子背着他。

①按照教学设计，写出实施的结果，形成具有教学过程细节的教学详案，本文所用即其中的一个环节或活动。这种教学详案在青蓝工程、师徒结对以及公开课研磨等活动中较为常见，便于教师比较预期设计过程和实际生成过程之间的差异，从而在教学的设计与实施中积累经验、把握规律，加速专业成长。下文所举环节类似，不再说明。

妻子说:"画得真不错,取个什么题目呢?"我答:"散步"。儿子大喊一声:"好!"母亲和妻子都笑了。

师: 你让文学和艺术互通,妙用文章标题来点题,又用画面以景结情,耐人寻味。

这也是笔者设计的模拟环节,目的是引导学生借助标题进行续写,除了把握文章大意,还要学会描写画面场景并叙述感受,将原文中的写作手法学以致用。从语文教学专业方法意识的角度说,这种专业方法是续写法,将学生引入读懂原文写法并运用原文写法的活动中,在写作行为和体验中提高语言文字的应用能力。

案例五

[屏幕显示]

按照句式,用一句话总结学习《散步》的感受和收获。

散步,不仅仅是……,更是……

示例:散步,不仅仅是走路,更是欣赏一路的风景。

(学生思考并写作)

师: 请同学们交流自己的感受和收获。

生 1: 散步,不仅仅是一家人走路的过程,更是一家人满满的幸福。

生 2: 散步,不仅仅是看一路的风景,更是三代人亲情的写照。

师: 两句都有递进的意味,前一句具体后一句抽象,一升华情味就出来了。

设计这一模拟环节,旨在呈现利用标题总结学习课文感受的思路,使学生学会运用造句的方式,将直观、感性的认识有条不紊地表达出来,尤其是学会用递进关系的句式来抒发情感。用造句法教学,句式就像钩子一样,让学生自己表达出心中的感受、体悟和智慧。从语文教学专业方法意识的角度说,这种专业方法是造句法，其实质是引导学生关注和学用典型而高频的句式写句说话，切实提升语言表达能力，以"语言建构与运用"为基，推进"思维发展与提升""审美鉴赏与创造"。

案例六

［屏幕显示］

列出一篇学过的课文，用下列句式说明你对文章写法的总结，能够触类旁通、迁移应用。

《××××》中的"××××"是标题，是贯穿全文的线索，是作者的情感聚焦点，架起了作者和读者情思相通的桥梁。

示例：《散步》中的"散步"是标题，是贯穿全文的线索，是作者的情感聚焦点，架起了作者和读者情思相通的桥梁。

（学生思考）

师：同学们学过的抒情散文很多，特别是标题很短的美文，用刚学过的课文和小学的课文都可以。

生1：《春》中的"春"是标题，是贯穿全文的线索，是作者的情感聚焦点，架起了作者和读者情思相通的桥梁。

师：《春》的标题就一个字，不贯穿全文就无法存在啊！

生2：《画杨桃》中的"画杨桃"是标题，是贯穿全文的线索，是作者的情感聚焦点，架起了作者和读者情思相通的桥梁。

生3：《落花生》中的"落花生"是标题，是贯穿全文的线索，是作者的情感聚焦点，架起了作者和读者情思相通的桥梁。

师：两位同学都抓住了文章的写法特点积极思考，越学越有智慧。本册教材中冰心的《荷叶·母亲》，七年级下册教材中贾平凹的《一颗小桃树》，八年级上册教材中朱自清的《背影》等，都是这样的写法，用一个点凝聚着作者的全部情感。课后同学们可以找来读读。

设计这一模拟环节，是为了启发学生总结和领悟文章的写法，通过学习

"这一篇"而懂得学习"这一类",实现通篇达类的解悟和迁移应用能力的提升。这既可引导学生总结学习收获,也可为学生的写作学习提供一点章法上的启示。从语文教学专业方法意识的角度说,这种专业方法是类通法,其实质是引导学生关注、思考和提炼制作语篇的运行法则和规律,使学生通过举例说明的形式将新学的课文和已学的课文对接,产生触类旁通、举一反三的效果。

在语文教学的具体实践中,语文教学专业方法有很多,上述的缩写法、删改法、扩写法、续写法、造句法、类通法仅是其中的小部分。由于篇幅所限,只能利用课文标题阐说用专业方法教学的意义,但并不影响将这些专业方法用在课文其他内容上教学的价值。此外,这些专业方法也不单是这样形式的用,还可以有更加丰富多彩的形式。例如,缩写法的使用,还可以通过提供缩写全文的段落性支架而引导学生流畅行文,诚如古人所言"运用之妙,存乎一心"。专业方法是从祖国语言文字应用中生长出来的,像钩子一样勾着学生"在课文中走几个来回",勾出了学生应用祖国语言文字的实践经验、感受体悟和能力智慧。当然,这样的语文教学专业方法也就自然而然地成为语文教师开展语文教学、引导学生学习语文的有效抓手。

语文教师若具有比较强烈语文教学专业方法意识,就有可能发现、实践和提炼更多的语文教学专业方法,经过学理审查形成一套属于自己而又能跟同行交流的专业方法体系,从而使自己的语文教学专业方法意识更加强烈、稳定和均衡。在语文教学方法意识的引导下,通过这样的良性循环,最终能够显著提升语文教师教学行为的专业性、语文课堂教学的专业性,以及学生语文学习的专业性。

（原文发表于《中学语文》2020年第10期,收入本书时有改动。）

语文教学专业方法体系论
——基于统编版初中语文教材的提炼与建构

　　长期以来，语文教学"非语文"的现象引起了语文教育界的重视和热议。教学论专家靳健等人提出"把语文课上成语文课"[①]；特级教师黄厚江也提出"把语文课上成语文课"[②]，并主张"用语文的方法教语文"[③]；王晓奕、薛法根主张"用语文的方式学语文"[④]；笔者也撰述《语文教学专业方法意识的学理透视》，表示要用语文的方法教语文。然而，"语文方法""语文教学专业方法"，究竟是什么样的方法、又有多少种方法？笔者询问一线教师中多位同仁，几乎无人能够作出明确的回答。笔者以"语文方法""语文教学方法""语文教学专业方法"三个关键词，检索了中国人民大学复印报刊资料（简称"人大复印报刊资料"）全文转载文章，小学、初中、高中语文中的专题文章篇数并不可观。选择标题检索，以"语文教学专业方法"为关键词的文章篇数为0，以"语文方法""语文方式"为关键词的文章篇数均为30多篇。其中，列举"语文方法"数量最多的是特级教师李仁甫的《试论语文教学的基本方法》，共有9种，分别是，"上篇文本语言（念读法、圈点法、换词法、表演法）"[⑤]，"下篇课堂语言（复述法、改写法、对话法、讨论法、辩论法）"[⑥]。系统研究阅读方法的文章，有靳彤的《阅读方

　　①靳健，赵晓霞，郭俊奇，等.把语文课上成语文课：由程翔老师的一节"课堂作品"说起［J］.语文建设，2012（3）：25-28.

　　②黄厚江.把语文课上成语文课［J］.语文建设，2013（13）：4-7.

　　③黄厚江.用语文的方法教语文［J］.中学语文教学，2013（5）：12-13.

　　④王晓奕，薛法根.用语文的方式学语文：《宋庆龄故居的樟树》教学实录及评析［J］.小学教学（语文版），2012（3）：17-19.

　　⑤李仁甫.试论语文教学的基本方法（上）［J］.中学语文，2012（25）：6-8，55.

　　⑥李仁甫.试论语文教学的基本方法（下）［J］.中学语文，2012（28）：7-9.

法的整体设计与炼制》①和蒋兴超的《阅读方法：统编语文教材的系统观照》②等，前者偏于搭建阅读方法的理论框架，后者侧重研究统编版语文教材中阅读方法的基本框架。鉴于一线教师更期待看到和学习那些描述清晰、可以操作的具体方法，所以本文拟在此基础上，围绕统编版初中语文教材助读系统，从其中涉及教学方法资源的部分提炼教学方法，并挖掘这些方法之间的内在联系，进而尝试构建语文教学专业方法体系。

有必要说明的是，提炼和呈现教学方法的次序，大体上就按其在教材助读系统中出现的顺序。由于一线教师对教学方法的要求是描述具体、可操作、可观测，而某些教学方法并非都在一个单元内一次性完整呈现，既有可能在一册教材的多个单元、多篇课文中有所描述和应用，也可能在多册教材的多个单元、多篇课文中有所描述和应用。这就需要将碎片式的描述"缀文"整合，还需要采用归纳法从具体而分散的思考题、练习题之类的应用性资源中进行归纳总结。限于篇幅因素，某种方法所涉及的很多资源，例如单元导语，课前的"预习"，课后的"思考探究""积累拓展""阅读提示"和"批注"等内容，将不可避免地有所取舍，这亦是缀合、归纳而提炼的应有之义。在对诸多教学方法进行提炼后，再对其作以比较、融通等综合性研究，以期发现其内在的逻辑，从而形成一个初具架构的语文教学专业方法体系。相比之下，具体方法的提炼是基础，而方法体系的构建则是升华。

1.朗读法。学习散文、诗歌及古文，朗读是非常重要的方法。作为语文教学专业方法，其操作步骤的要点有四：一是想象文中描绘的情景，领略景物之美；二是运用朗读的符号，标出语句的重音、停连和韵脚，感受汉语声韵之美；三是体会语句中使用比喻、拟人、排比等修辞手法的语气效果（七上③第一单元导语）；四是揣摩并读出人物说话的语气，读准字音，把握语速、节奏、语气、语调及韵律（八下综合性学习《古诗苑漫步》）。根据教材编写者的描述，结合朗读学的知识和朗读技能训练的规律，一线教师修炼朗读法应当分阶

---

①靳彤.阅读方法的整体设计与炼制［J］.语文建设，2019（7）：59-63.

②蒋兴超.阅读方法：统编语文教材的系统观照［J］.中学语文，2019（7）：59-63.

③七上：统编初中语文教材七年级上册，以此类推，下同。下文提及的"统编版教材"等说法均指该版本初中语文教材。

段、分步骤实施。首先，结合学情和自身素养，从读准字音开始，通过音步（或音尺）、语意等手段确定停连，读好节奏，这是朗读的基本功；其次，再逐步练习语速的控制，节奏的把握，语调种类的选择，语气的拿捏；最后，学习掌握朗读符号以及复杂和高难度的技巧，例如拖音、颤音、笑音、泣音等。朗读的关键在于恰如其分的分寸感，所谓"'以意逆志'，设身处地，激昂处还他个激昂，委宛处还他个委宛"①，恰如其人、恰如其情、恰如其境。应当注意的是，朗读时，最好是眼前浮现出画面，让自己化身为诗人或作家，可借助必要的手势、表情和身姿等体态语，增强画面感和代入感，渐入人我相融、人文合一的朗读佳境，实现声情意境的水乳交融。

2.缩写法。"缩写，就是在保持中心思想不变的前提下，压缩文章的篇幅，'把主要内容用自己的话说一遍'（吕叔湘语）。通过缩写训练，可以提高把握文章要点、思路的能力，还能培养概括、综合能力。"（九上第四单元写作《学习缩写》）缩写法虽是对文章内容的概括，但其具体表现形式却灵活多变。"看看课文描绘了哪些春日图景。"（七上《春》思考探究）"看看《散步》一文是怎样把事情写清楚的。"（七上第二单元写作《学会记事》）"试用一两个词语概括三味书屋的生活。"（七上《从百草园到三味书屋》思考探究）"勾画出标志故事情节发展的语句。"（七上《植树的牧羊人》思考探究）"直接摘录或者自己概括相关内容。"（七上《猫》思考探究）"下面的人物分别与小茅屋有过什么故事。"（七下《驿路梨花》思考探究）"随手画出文章里的时间、地点等重要信息，还要特别留意每段的首句，这样有助于把握主要内容。"（七下《伟大的悲剧》预习）"课文多数段的首句是对本段内容概括。"（八上《苏州园林》）"用四字短语概括本文所写的几件事。"（八下《社戏》思考探究）"小组合作设计一个表格，理清文本的说明顺序。"（八下《核舟记》思考探究）……一线教师运用缩写法，立足于学生熟读课文、读懂课文的基础，可分梯级实施。其一，若当学生的缩写能力不强，教师可根据文体和篇章特点提供一些具体实用的缩写支架，例如：提供时间、人物、地点等关键词，供学生概括情节等主要内容；采用小标题或提炼要点的形式，出示样例，供学生仿照拟制其他

---

①朱永新.叶圣陶教育名篇选［M］.北京：人民教育出版社，2014：268.

小标题或提炼要点而概括主要内容；提供思维导图、鱼骨图或表格，教师要先填写难度较大的部分，再引导学生分项填写完整；教师指导学生先标注或圈画段首中心句、文章脉络句，再缀合成段概括主要内容。其二，若学生缩写能力较强，教师可有计划地指导学生自己动手设计前述的各种缩写支架，也可有计划地撤除教师提供的支架或工具，训练学生自主独立概括的能力。

3.复述法。用简短精炼的语言说出原文的主要内容，或用自己的话概述原文的主要内容，就是复述法。"尝试用自己的语言，向你的同学描述这些景物。"（七上《济南的冬天》思考探究）"勾画出文中标志事件发展和描写'我'不同阶段心理活动的语句，试着复述这个故事。"（七上《走一步，再走一步》阅读提示）"课文主要写了屠户与狼斗智斗勇的经过……说说其间经历了哪几次交锋。"（七上《狼》思考探究）"把握故事情节，并用自己的话简要复述。"（七上《皇帝的新装》思考探究）"复述课文，尽量做到既贴近原文，又生动形象。"（七下《卖油翁》思考探究）"简要复述文中的故事。"（八上《周亚夫军细柳》思考探究）"在读懂课文的基础上，简要讲述这个故事。"（八下《桃花源记》思考探究）"复述这则故事。"（八下《〈庄子〉二则》思考探究）……带有故事性的小说、童话、神话及古文等课文，均可使用复述法。复述法分为详细复述和简要复述，是指用口头语言概说原文内容，在某种程度上跟缩写法有着通同之处。两者只是说写的工具、语体不同而已，即以口语为主和以书面语为主、口头缩写与笔头缩写之别。一线教师使用复述法，同样建议分梯级实施：在学生水平较低的情况下，教师可以借鉴缩写法的支架，指导学生用纸笔将文章主要内容缩写完毕后，再作口头的概述，即借助笔头缩写来口头复述；在学生水平较高的情况下，教师稍加提示关键词或关键语句甚至不作提示，由学生用一两句话、三五句话或一段话复述原文的主要内容。

4.仿写法。根据指导语的要求，按照给定的示例，揣摩其结构格式、操作规则和构成要素等显性或隐性的信息，完成指定的任务，这就是仿写法。"借鉴课文的某些写法，就你家乡冬天的风景写一个片段。"（七上《济南的冬天》思考探究）"自己写作文时可有意识地模仿课文的写法。"（七上第二单元写作《学会记事》）"尝试仿写句子，用上加点的词语。"（七上《纪念白求恩》积累拓展）"我们学的课文，大都有清晰的思路，要注意体会模仿。比如《再塑生命的人》是按时间顺序展开思路的，回忆课文内容，填写下面的表格。"（七上第四单元写作《思路要清晰》）"选择一个天体（如星星、月亮），发挥联想和想象，写一首小诗。"（七上《天上的街市》积累拓展）"可以借鉴《紫藤萝瀑布》和《一颗小桃树》描写景物的方法。"（七下第五单元写作《文从字顺》）"模仿这类广告的语言风格，为你喜欢的商品或某一公共场所写一则广告词。"（七下综合性学习《我的语文生活》）"模仿范文的篇章结构"，"模仿范文的写作手法"，"根据内容和表达的需要，选择和确定具体的仿写点"，"模仿其中的修辞手法，描写一个场景"，"选择其中之一加以模仿，写一个心理描写的片段"，"模仿这两篇课文的写法，写一篇作文。"（八下第一单元写作《学习仿写》）"下面列举了一些表达观点的常用句式，请你根据提示，将相应的语句补充完整……"（九上第二单元写作《观点要明确》）"模仿这个语段的句式……写一段话。"（九上《中国人失掉自信力了吗》积累拓展）……仿写本身带有的示例，其实就是学生思考和学习的支架，降低了学生迁移和拓展的难度。一线教师在操作时，应注意选准仿写点，提供示例，指导学生仿词、仿句、仿段、仿篇，或仿韵脚、仿手法、仿写法，似可无所不仿，实行循序渐进、逐阶攀升。

　　5.入境法。通过想象画面和场景，或者转化身份而换位思考和移情体验，促使读者或听者代入角色和情境的方法，可称为入境法。"想象诗人登山临海的情景，说说你产生了怎样的感觉。""假如你身处其中，面对此情此景，会有怎样的感受？"（七上《古代诗歌四首》思考研究）"假如我们在生活中遇到挫折和困难，想到海伦·凯勒，是不是会产生更多的勇气和力量呢？"（七上《再塑生命的人》阅读提示）"如果你当时也在游行现场，会怎样做？"（七上《皇帝的新装》积累拓展）"试试看，你能否进入并体会诗歌的意境？"（七下《古代诗歌五首》思考探究）"想象其中的画面，说说这些画面给你的感受。"（八下《桃花源记》思考探究）"想象'核舟'上的情景。"（八下《核舟记》思考探究）"假设你可以与傅雷就这一话题进行交流，试着写一封信，表达你对他的观点的理解或你对这个话题的看法。"（八下名著导读《〈傅雷家书〉选择性阅读》）"穿越时空的对话。例如，闰土、于勒、杜小康等小说人物就站在你面前，你将会对他们说些什么？"（九上综合性学习《走进小说天地》）"更要驱遣想象，透过文字进入到作品的意境中。"（九下《驱遣我们的想象》阅读提示）文字如画，诗文如画。文字内在有着声响，课文是文字的大合唱。如何借助文字产生联想和想象？如何借助假设或隔空对话的问法？如何将人引入画面和情境中，使人身临其境、心与境会？这确实都是难题。但唯如此，方可见作者之所见、感作者之所感、思作者之所思。一线教师运用此法，笔者有两点建议：一是营造画面感和意境感，教师的语言要充满感染力，必要时采用朗读技巧来渲染氛围情境；二是采用假设问法，教师假设的问题要切合学生认知，以唤起学生的角色和身份的代入感。

6.选点法。语文教材是文选型教材，主要特点就是文章的组合，跟文选的区别就在于有无助读系统。用教材教学生学习语文，就要用好课文。而一篇课文又有其原生价值和教学价值，语文教师必须研读课程标准、教材助读系统并结合学情，选择三者的交集之点，才能进行合理的教学设计和开展高效的课堂教学。"找出一些蕴含着丰富情感的语句，细加体会。"（七上《秋天的怀念》预习）"孔子及其弟子在学习方法和学习态度上有哪些特点？选择其中一点谈谈你的体会。"（七上《〈论语〉十二章》思考探究）"说明事理有许多方法，如举例子、作比较、列数字、引用等。试从课文中各找出一个例子，说说其作用。"（八下《大自然的语言》思考探究）"小说语言简洁凝练，选词炼字颇为考究，阅读时要注意品味。"（九下《溜索》阅读提示）"课文多处运用对比手法，找出来。"（九下《送东阳马生序》思考探究）总体上说，跟缩写法、复述法等方法相比，选点法常被用于考查炼字炼句和章法考究，是一种依靠教师研读课文、捕捉学情而选准教学点的方法，非常考验和体现教师眼光和素养。从某种角度说，一节课可谓成也选点败也选点。一线教师操作时，应当注重最佳选点策略，即重合度原则：课程标准的要求点、教材编写者用"预习""思考探究""积累拓展"形成的提示点、常考点，以及学生学习的疑惑点，多个点的交叉重合度越高，这个点就越有教学价值。

7.解写法。阅读文章，不仅要读出文章写了什么，而且要读出文章运用了什么写法，更要读出文章这种写法有什么妙处、效果或写作意图，这就是解写法的基本内涵。"开篇点题，领起下文。""作者没有直接描绘春雨，而是写万物经雨洗淋后的情态。这样写有什么好处？""上文写雨，多用'她'或'它'指称，为何到这一段改称'你'？"（七上《雨的四季》）"课文多处运用对称的句子。画出这些句子，说说这样写的好处。"（七上《散步》积累拓展）"本文构思巧妙，层层设置悬念和误会，使故事情节一波三折。结合课文内容分析这种写法，说说其表达效果。"（七下《驿路梨花》思考探究）"欣赏作者的抒情笔法。"（八下《大雁归来》思考探究）"笔法多变"，"写上山，用散文笔法"，"写下山，以小说笔法"。（八下《登勃朗峰》阅读提示）"《行路难》（其一）以浪漫的笔法抒写了作者的人生感慨和精神追求。对此，你是怎么理解的？"（九上《诗词三首》思考探究）"小说围绕生辰纲的争夺，采取了明暗结合的双线结构……这样安排有什么好处？"（九上《智取生辰纲》思考探究）阅读教学的逻辑是，写法决定读法，读法决定学法，学法决定教法。学习和解读课文的过程，在某种意义上就是解密课文写法的过程。所以建议一线教师在按照"写了什么""怎么写的""为什么这样写"等步骤层次使用解写法的时候，将拥有一定的写作经历或体验作为前提和基础。教师若能对诗歌、散文、小说、童话等众多文章体类都有一定的写作体会，就更有利于体味课文写法的秘妙和作者的写作意图。

8. 删改法。针对课文的字词句段篇等处，采用删减、增添或替换等方式，对比删改前后的表达效果，从而揣摩原文妙处的方法，可谓之删改法。"说说文章为什么取题为《散步》。如果换个角度另拟一个题目，你会以什么为题？说说你的理由。"（七上《散步》思考探究）"可以尝试将这篇童话改编成课本剧并表演。"（七上《皇帝的新装》积累拓展）"对照下面《风俗通》里的记载，看看课文主要增添了哪些内容，哪里最能见出作者的想象力；又做了怎样的删减，为何要这样处理。"（七上《女娲造人》阅读提示）"鲁迅非常重视文章的修改。仔细比较下面的原稿和改定稿，谈谈这些修改好在哪里。"（八上《藤野先生》积累拓展）"可以把《木兰诗》改编成一个剧本。"（八下综合性学习《古诗苑漫步》）"任选一首诗，发挥想象，增加一些细节，改写成一则小故事。"（八下《唐诗三首》积累拓展）"发挥想象，添加细节，将课文改编成课本剧。"（九上《范进中举》积累拓展）"改写，就是在忠于原作内容的基础上，通过改变文体、语体和叙述角度等，进行'再创作'，以服务于特定的需要。改写有助于培养文体意识，提高写作能力，还有助于更深入地把握原作。"（九上第六单元写作《学习改写》）"这篇小说以酒店小伙计的视角叙述故事，试着换个视角简单讲述这个故事，看看效果有什么不同。"（九下《孔乙己》积累拓展）"如果根据课文内容编演一个小品，由你做导演……会进行怎样的设计?"（九下《变色龙》积累拓展）根据曹雪芹、鲁迅等作家的写作经验，作家写作时"批阅十载，增删五次"，是为了精益求精，把诗文改得更好。然而，在语文教学中运用删改法，却要背其道而行之，将经典名篇等课文从好改成不好、从妙改成不妙、从精彩改成不精彩，主要目的是通过删改稿的反衬对比而体味原作非凡的艺术效果。建议一线教师多角度多层次使用删改法，一是着眼于删改的方式形成删改稿，例如删、增、换等手段；二是着眼于文章体式层面的删改，例如文体、语体、叙述的视角和顺序等；三是着眼于字词句段篇层面的删改，例如炼字炼句处、章法考究处等。

9.比读法。在阅读时，选择单字、词语、语句、文段、篇章、体类等对象，围绕用法、写法、修辞、题材、情意、效果和主题等方面进行两两比较，以便在差异和近同中把握各自的特点和艺术效果，这种方法叫比读法。比读，其实就是比较方法在阅读中的运用。"体味古代汉语和现代汉语在用词上的不同。"（七上《〈世说新语〉二则》思考探究）"很多民族都有关于人类起源的神话传说，找来读一读，看看先民们的想象有什么相同和不同之处。"（七上《女娲造人》阅读提示）"找出文中表现奥本海默与邓稼先两人不同个性、品质的词语及细节，思考作者为什么要进行对比，通过对比得出了怎样的结论。"（七下《邓稼先》思考探究）"说说这两篇文章在语言风格上有什么不同。"（七下《短文两篇》思考探究）"阅读课文，看看有哪些描写引起了你的共鸣，并和自己读课文之前的想象比较，去感受那种'美的发现'。"（七下《紫藤萝瀑布》预习）"这两种写法，你喜欢哪一种?"（七下《外国诗二首》阅读提示）"比较两篇短文在句式、节奏等方面的不同之处，说说它们分别带给你什么样的美感。"（八上《短文二篇》思考探究）。""《春望》《月夜》都是杜诗中的名作，也都作于杜甫困居长安期间""比较它们在思想情感和写作手法上各有什么异同"。（八上《诗词五首》积累拓展）

"这两篇短文谈的都是读书。比较阅读两篇短文，分别概括其主要内容，然后说说它们在论述角度、写作方法等方面有哪些异同。"（九下《短文两篇》思考探究）一线教师运用比读法，应当注意三点：一是等量等位比较，不能拿一个词语跟一个语句去比较，也不能拿一个语句跟一个文段比较。二是讲究效果，宜比则比，不能乱比，要重视比读的效果能不能促进学生语言、思维、审美和文化等方面素养的提升。三是选准比较点及其数量，无论是比较相同还是不同，要从人物、题材、写法、情感等角度选准一个点或两三个点，点数不宜太多。采用比读法，可以在一篇之内，也可以在三五篇之间，后者其实已经是群文阅读，总之要因材施教、因文施法。

10.扩写法。"对本来较为简略、概括的文章或片段加以扩展、补充，使之成为篇幅更长、内容更充实的文章的写作方式，就是扩写。""首先要忠实于原文""还要找准扩写点""要特别注意文章内容的一致和连贯""发挥想象，增加必要的神态、动作、语言、心理及场面的描写，力求生动""议论性文章扩写的要点在于补充论据"。（九下第一单元写作《学习扩写》）"请你帮作者'添枝加叶'，把它写得丰满、生动一些。"（七上第二单元写作《学会记事》）"将第一题所写的片段扩展成一篇以写人为主的记叙文。"（七上第三单元写作《写人要抓住特点》）"设定故事情节后，可以通过适当的联想和想象去丰富细节，使情节更加曲折，人物更加生动。"（八下第六单元写作《学写故事》）扩写法是缩写法和复述法的逆向操作，缩写法和复述法要求删减压缩之处，正是扩写法所要扩展补充之处。一线教师使用扩写法，有三个要点：一要明确文章的体类，按照其体式写法来设置扩写点，例如论据之于议论性文章，肖像、语言、表情、性格、景物、心理、场面之于记叙性文章，意象、诗节之于诗歌；二要提供相应的示例来仿写，例如记叙性文章如何写得细致真切，就要选好有扩充点的例子，以便有例可学；三是人称、语气、语体和视角等保持一致，避免前后错乱、漏洞百出。扩写法和仿写法有相通之处。要想掌握写作之道，不仅要打通各种写法，而且写法和读法也要打通。

11.默读法。这是无声阅读的方法，跟朗读法的放声朗读恰好相反。"本单元重点学习默读。不出声，不动唇，不指读，不回看，一气读完全文，以保证阅读感知的完整性和一定的阅读速度。"（七上第三单元导语）"默读可以提高阅读速度，有利于较快把握文章大意。试着采用默读的方式，不分心，不停顿，一气读完全文，了解课文大意。"（七上《从百草园到三味书屋》预习）"默读课文，注意做些圈点勾画。可以圈出关键词语，画出重点语句，标出段落层次。"（七上《植树的牧羊人》预习）"本单元学习快速阅读，力争每分钟不少于400字。阅读时，尽量扩大一次性进入视野的文字数量，寻找关键词语以带动整体阅读，提高阅读速度。"（七上第六单元导语）"快速阅读课文，把握主要的故事情节。记录下读完全文的时间，看看你每分钟能读多少字。想一想，哪些因素影响了你的阅读速度？以后注意改进。"（七上《皇帝的新装》预习）"借助注释和工具书读懂课文大意。"（八下第三单元导语）"通读课文，边读边画出表达作者观点的语句。"（九上《敬业与乐业》）"带着问题通读课文。"（九上《范进中举》预习）默读法的要义在于不出声，通过适度减轻阅读者的认知负荷而加快阅读速度。一线教师使用默读法，不能只是向学生交代一句"开始默读"，而应指导具体的步骤：其一，做到不出声、不动唇、不动喉、不停顿、不回看，一气呵成读完全文；其二，遇到生字生词，可以猜读，也可以直接跳过去，还可以圈画出来，留待以后学习、查阅和请教，目的是通览全文、掌握大意；其三，应当依照文章的体类，进行通过动手圈画语句、要点而培养阅读图式感的训练，了解记叙性文章、议论性文章等不同类型文章的结构通式或写作常法；其四，带着问题任务或借助工具，提高阅读的速度和读懂大意的程度，按照文体提供相应的默读支架；其五，养成阅读时间、阅读速率的自我监测习惯，在评估阅读速率和阅读质量的同时，及时发现、反馈影响阅读速度的因素并加以改进，例如逐步扩大"视距"等问题，最终提高阅读速度；其六，借助阅读时间的自我监测和阅读过程的自我反思，促进学生对阅读过程的认知和思考，形成"对学习的学习""对认知的认知""对思考的思考"，即所谓"元学习""元认知""元思考"。在默读中，可以分步实施，也可以合并一些步骤实施，这要视学情状况和课文长度难度而定。

12.猜读法。猜测字词句段篇的意思，预测后续人物的动作、心理、关系以及情节变化和结局，以上都属于猜读法的范围。"如果遇到生字、生词，可用猜读法。"（七上《从百草园到三味书屋》预习）"先不看注释，看看能否大致读懂课文，不懂的字句可以猜一猜，也可以暂时略过。然后借助注释，再读一遍，看看不懂的字句是否猜对了。"（七上《狼》预习）"看到题目，你会想到什么景物？先不读课文，尽量去想象，试着把自己脑子里形成的画面，用三五句话'定格'下来。"（七下《紫藤萝瀑布》预习）"此处设置悬念：她们会如何拿刘姥姥'取个笑儿'呢？""猜一猜，鸳鸯跟刘姥姥说了什么悄悄话？"（九上《刘姥姥进大观园》批注）"这篇小说以《变色龙》为题，会写一个怎样的人物呢？带着你的猜测，默读全文。"（九下《变色龙》预习）由此提炼猜读法的使用要点有三：一是猜字词意思，再对照注释、查阅工具书或请教别人，验证结果；二是利用课文的标题、开头等部分，猜测后文的发展，读到后文时自可验证结果；三是按照文体要素来猜读，例如小说或童话等就可根据人物、情节等要素来猜测，随笔、杂文等就可以根据其中心观点和分论点来猜测。值得注意的是，猜测时应尽量先把自己猜测的意思或内容用一两句话或三五句话写出来，也可以跟他人分享，再作验证，最终经受阅读的挑战和冒险而获得更多的阅读乐趣，即所谓"赌书消得泼茶香"。

13.造句法。通过句式、关联词或横线括号填空等形式，填充补全相关内容，呈现自己对课文内容理解以及自身生活经验的一种表达方法，便是所谓造句法。"仿照这段文字，描写一处景物，用上'不必说……也不必说……单是……'这个句式，并注意合理安排描写的顺序。"（七上《从百草园到三味书屋》积累拓展）"参照示例，以'他是一个____的人'的形式说说你对牧羊人的认识。注意结合课文中描写牧羊人的相关语句（包括直接描写和间接描写）。"（七上《植树的牧羊人》思考探究）"仿照课文，在下面的横线处添加一句，使它们尽可能与原诗句承接紧密，和谐一致。"（九下《祖国啊，我亲爱的祖国》积累拓展）还有半命题作文，也是填补空白处，完成一个短句当作作文题目。造句法通常跟仿写法配合使用，教师通过提供支架或样例，促成学生顺利表达，实现信息输入到信息输出的良性循环。用好造句法的关键在于支架的搭建和空白部分的设计。例如："《春》：从（ ）这段话，我读出了一个（ ）的春天。""《背影》：这是一个____的背影，我的依据是，作者写父亲____

这句话。"通过关联词、句式等支架性部分的选择、组合和设计，为空白部分留出适量适度的空间，学生就可借助支架性部分，从课文中提取相关信息或运用人生经验，完成信息输入、加工、转化和输出的良性循环。

14.续写法。根据原文设定的角色、画面、情境和主题，接续写作形成跟原文既有联系而又相对独立的语篇，这种方法就是续写法。"发挥联想和想象，为本单元课文《皇帝的新装》续写一个故事。"（七上第六单元写作《发挥联想和想象》）"查阅相关资料，为本文再补充一两件体现闻一多'说'和'做'特点的事例。"（七下《说和做——记闻一多先生言行片段》积累拓展）"以小组为单位，围绕一个话题，同学们自由发挥想象，开展故事接龙活动。"（八下第六单元写作《学写故事》）"下面是一位同学还没有写完的诗作，请续写完成这首诗。""续写时，要和前文的风格保持一致。"（九上第一单元写作《尝试创作》）"为小说续写故事。例如，《我的叔叔于勒》中的菲利普一家回到家里，会发生什么？"（九上综合性学习《走进小说天地》）"发挥想象，续写宏儿和水生长大后见面的情景。"（九上《故乡》积累拓展）学习诗歌、童话、散文、小说等时，均可运用续写法。其使用要点是分文体要求，找准续写点。因为续写的目的是按照文章的既有内容和结构图式，推测后续的内容和图式，带有仿写的意味。例如，诗歌《乡愁》，其时间线索词为"小时候""长大后""后来啊""而现在"，唯独没有写未来如何，这就是续写点。再如《皇帝的新装》，续写点就是关注未来情节发展，皇帝游览结束后，他和大臣们回到宫殿里会如何？续写时要保持人物、称呼、关系、事件以及语体语言风格的一致。当然，语言、动作、外貌等描写都是随之同步续写的续写点。

15.精读法。顾名思义，精读就是精细地阅读，选择精彩、关键和紧要处，作以勾点圈画、摘抄甚至是批注点评，欣赏其妙处以及意图。"精读就是细读。""精读就是精思。""精读就是鉴赏。"精读"就是要抓住一部作品的重要内容、精彩片段，加以解读欣赏，而忽略那些无关紧要或并不精彩的内容，从而提高阅读效率"。（七上名著导读《〈朝花夕拾〉消除与经典的隔膜》）"本单元学习精读，要在通览全篇、了解大意的基础上，把握关键语句或段落，字斟句酌，揣摩品味其含义和表达的妙处。"（七下第一单元导语）"细读课文，注意体会作者遣词造句的特点，欣赏精妙的语句。"（八下《壶口瀑布》预习）"通读课文，边读边画出表达作者观点的语句，并从文中摘抄几则你喜欢的名言警句，仔细品味。"（九上《敬业与乐业》预习）"把打动你的诗句画出来。"（九下《祖国啊，我亲爱的祖国》预习）"小说多次写到人们的'笑'，找出具体语句，看看人们每次都是为什么而笑的。作者用'笑'来贯穿孔乙己的故事，有什么用意？""一处用'排'，一处用'摸'，分别传达出孔乙己怎样的状况？"（九下《孔乙己》思考探究）"将精彩的句段摘抄下来"。（九下第六单元导语）"画出你喜欢的句子，感受其中的意蕴。"（九下《诗词曲五首》预习）许多一线教师使用精读法是有困难的，困难在于精读点的选取。在一篇课文中，精读点是什么呢？根据教材助读系统的描述说明和习题展示可知，其是炼字炼句处和章法考究处。其实，这跟前文所述的选点法的内在是一致的。运用精读法，也能学习和运用一些关于圈点勾画、批注点评的符号，以提高阅读的品质与效益。

16.批评法。这是古人读书常用的方法，久而久之形成了一种学术传统。例如金圣叹的"六才子书"（《离骚》《庄子》《史记》《杜工部集》《水浒传》《西厢记》）批评本、《红楼梦》脂批本等，都是运用该法所成的名作。"阅读时把自己的感悟、理解、评价或疑难问题，用简练的语言和相应的符号批注在文章的空白处，这就是做批注。""学习课文中的'批注示例'，想一想示例是从哪些角度进行批注的。""请在课文中选出最能体现黄河特点的两三处词句，仔细品味并加上批注。"（七下《黄河颂》积累拓展）"这一段中有不少动词使用准确、生动，试选取一处用一两句话做点评。"（七下《台阶》）"仿照示例，从课文中另选几处富有表现力的词句进行点评。"（九下《词四首》积累拓展）"画出引发你思考的语句，以旁批的形式记下自己的感悟。"（九下《短文两篇》预习）运用圈点批注法，要点有四：其一，"圈点虽然是随手勾画，但勾画的内容应该是文章的重点、难点、疑点，或者是自己深有体会之处"。其二，"批注可以从作品的内容、结构、写作手法、语言特色等方面着手，或展开联想、想象，补充原文内容，或写出心得体会，提出自己的见解"。其三，"经典作品需要反复阅读，每次圈点批注可以有不同的侧重点。一般循着由易到难的顺序进行，从解决字词方面的疑问，到重点语句的理解，再到全篇内容的把握"。其四，"可以给自己设定一些圈点和批注的符号。如用圆圈表示精警之处，用问号表示质疑，用叹号表示强调，用直线表示需要着重记忆或领会，用波浪线表示重要语句，用竖线或斜线表示段落层次的划分"，符号运用要一以贯之。（七下名著导读《〈骆驼祥子〉圈点与批注》）批评法是以批注、点评、评论等为代表的方法的类称，通过使用圈点勾画等相关符号，在文章中匠心之处，写出疑惑、思考、评语、赏析和提示等文字，其实跟选点法、精读法本质通同。在学习和运用中，应当根据步骤，一节课只择其一二，提供示例，经常练习直至完全掌握。

17.矛盾法。重视文本矛盾、破解文本矛盾和利用文本矛盾，进行研读文本、设计教学和架构课堂的教学方法，可将其称为"矛盾法"。引导学生发现并开发矛盾："先生还有哪些看似矛盾的表现？"（七上《从百草园到三味书屋》思考探究）直接利用教材编写者提供的矛盾："作者说白杨树""既'极普通'又'不平凡'，这样表达是否矛盾？"（八上《白杨礼赞》）利用教材助读系统中的版本歧异，将学生卷入认知冲突："悠然见南山""悠然望南山"，"望""见"两字都有道理，但陶渊明写诗不可能同时用两个字，怎么解决这个矛盾呢？选哪个字最符合陶渊明的心境？（八上《诗词五首》）类似资源还有："许多名家都曾翻译过《谈读书》这篇文章，各有特色。下面节选了几个译本的片段，读一读，与课文比较一下，体会不同译本的语言特色。"（九下《短文两篇》积累拓展）将课文后的问题中蕴藏的矛盾挑明："豆是很普通的豆，戏也是让'我'昏昏欲睡的戏，但是文章最后却说是'好豆''好戏'"，这不是明显的矛盾吗？（八下《社戏》思考探究）在课堂教学中，最深刻、最能激发学生认知冲突的矛盾，是教师解读课文时所提炼出来的矛盾。例如"庆历五年（1045），欧阳修被贬为滁州知州。到任以后，他寄情山水，与民同乐。本文就写于这一时期。"《醉翁亭记》注释提及："欧阳修（1007—1072），字永叔，自号醉翁，晚年又号六一居士。"（九上《醉翁亭记》）可见欧阳修写《醉翁亭记》是在中年时期，自号"醉翁"，等到了晚年又不自称"翁"，欧阳修人在中年为什么要自称"翁"？（九上《醉翁亭记》预习及注释）再如"把圆明园富丽堂皇的破烂拿来展出"，用"富丽堂皇"形容"破烂"吗？作者为什么要这样表达？（九上《就英法联军远征中国致巴特勒上尉的信》）利用矛盾法教学的关键是要发现词语、语句之间的矛盾以及作者现实身份与文章所写状况之间的矛盾，这样才能设计出能够激起思维千层浪的问题。

18.演读法。采用演讲、歌唱、舞蹈、戏剧等形式，演绎和呈现课文内容进而揣摩课文语言的秘妙，这种方法可称演读法。"可以尝试将这篇童话改编为课本剧并表演。"（七上《皇帝的新装》积累拓展）"戏剧组用改编课本剧的方法来进行读书交流。"（七上综合性学习《文学部落》）"可采用合唱式朗诵的形式，设计好领诵、男女生分声部朗诵、合诵等，认真练习，在班里展示。"（七下《黄河颂》）"可以为李清照的《渔家傲》谱曲，并根据音乐和词的意境编一段舞蹈。""小组分工合作准备或排演，在班里展示。"（八下综合性学习《古诗苑漫步》）"在了解作者演讲背景的基础上进行模拟演讲。""一人模拟演讲，一人解说为什么这样演讲。"（八下第四单元《活动·探究》）"从中选择一篇改写成课本剧。""有条件的可以组织同学排演。"（九上第六单元写作《学习改写》）"自主选择合适的剧本，分配角色，合作排练，尝试戏剧演出。"（九下第五单元导语）"选择感兴趣的片段，与同学合作进行表演。"（九下《枣儿》思考探究）由此归纳演读法，就是用演出、演唱、演艺等种种"演"来学习语文，"演"是"读"的手段，"读"是"演"的目的。在具体使用演读法时，要以学生感兴趣为前提，指导学生做好角色分配、台词排练、后勤服务等分工合作事宜，把揣摩好语言、用语言动作传情达意的功夫，作为上台演出的底气。

总体来看，这十八种语文教学专业方法，涵盖了语文教学培养听说读写的技能。因此，其内在联系，也体现在听说读写的关联、配合与融通上。事实上，在统编版初中语文教材中，这十八种方法，常常也都是彼此"协同作战"，共同为培养学生的语文学科核心素养而作出自己的贡献。

例如："默读课文，勾画出标志故事情节发展的语句，填写下表。"（七上《植树的牧羊人》思考探究）其中的"默读课文"，是默读法的运用；勾画语句、填写表格，则是缩写法的体现。

例如："在扩展写作时，可以借鉴课文的写法。""多改两遍，力求做到文从字顺。"（七下第五单元写作《文从字顺》）在写作教学中，前者体现了仿写法，后者体现了删改法，两者同时发挥作用，促进学生语文能力的发展。

例如："快速浏览课文，注意借助各部分的小标题，把握文章的主要内容。"（七下《太空一日》预习）"快速浏览课文，了解文章的主要内容。"（八下《大自然的语言》）既有默读法的影子，也有缩写法或复述法的影子，是方法"协同作战"的结果。

例如："文章句式丰富多样，短句急促有力，长句酣畅淋漓，句式的使用紧密配合氛围的变化；大量运用排比、反复、比喻等修辞手法，让充满激情的语言相互碰撞、应和，汇成一股排山倒海的气势。这是一篇适合朗读的文章，大声朗读几遍，自然能感受到其中强烈的生命律动。"（八下《安塞腰鼓》阅读提示）这段话揭开了文章的写法秘妙，明显是解写法；又提到句式，有短句、长句，以及使用了排比、反复、比喻等修辞手法，意在提示采用选点法和精读法；还要求朗读，明显是朗读法的运用。由此来看，这种表述和设计具有多种方法"大合唱"的艺术效果。

例如："小石潭给你留下的最深刻的印象是什么？如果你也坐在小石潭边，会有怎样的感受？试用几个词或一两句话，把你的感受表达出来。"（八下《小石潭记》思考探究）"最深刻的印象"，其实就是教学价值丰厚点，即精读点，体现了选点法和精读法。问句是一个假设句，带有穿越时空进行对话和感悟的性质，鲜明地体现了入境法。再写几句话，就是一种思考、感悟和鉴赏，体现了批评法。由此可见，这道练习题也是同时运用了多种方法。

例如："仿照示例，另选一处人物语言加以分析。"（九下《唐雎不辱使命》思考探究）在课文的阅读教学中，这样的训练明显是仿写法、选点法、精读法等方法融合，形成了方法的合力。

例如："阅读课文，梳理故事情节，仿照示例，完成下面的图表，并据此复述课文。"（九下《曹刿论战》思考探究）作为课文阅读教学的助读系统，这里显而易见是对仿写法、缩写法和复述法等方法的融合使用。

例如："仿照示例，标示出下列语句中的停顿，有感情地朗读并背诵课文。"（九下《出师表》思考探究）这样的阅读教学任务，整合了仿写法、默读法和朗读法等，旨在全方位地培养学生听说读写的技能。

例如："《十五从军征》是一首叙事诗。试发挥想象，扩充细节，将这首诗改写成一篇记叙文。"（九下《诗词曲五首》积累拓展）其主要使用了扩写法、删改法这两种方法，体现了读写结合的设计思路，散发着浓浓的语文气息。

在统编版初中语文教材中，助读系统中体现多种方法融合的资源，举不胜举，俯拾皆是。这也从一个侧面说明，语文教学专业方法并非彼此割裂，而是具有内在联系的。根据这种内在联系，诸多语文教学专业方法可以构建成一个体系。其框架、分类与联系，如图1所示：

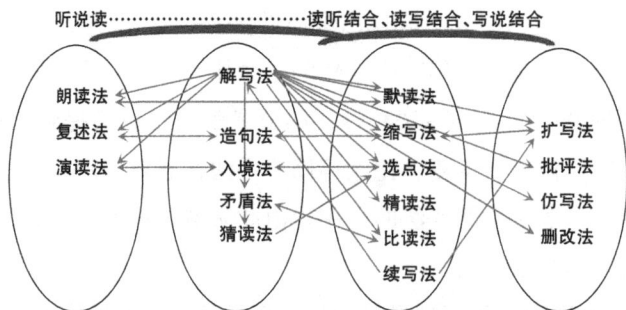

图1 语文教学专业方法体系图

这个语文教学专业方法体系，着眼于学生听说读写技能的培养，建构起一个以解写法为统领，其余各法为支撑并存在内在关联的结构。根据方法本身所具有的技能特点，将朗读法、复述法和演读法定位成"听说读"为主的方法，将其余方法定位成"读听结合、读写结合、说写结合"的方法，并梳理复述法、造句法、缩写法和扩写法等方法之间的关系。这显示了语文教学以读写为主、兼顾听说，指向了基于教材等主要资源提炼方法从而完成语文学科"独当之任"的立意。

上述十八种语文教学专业方法，都是统编版初中语文教材中出现和使用频率较高的方法。事实上，统编版初中语文教材中所涉及的语文教学专业方法，远远不止十八种。其余的语文教学专业方法仍有待于进一步提炼，并纳入语文教学专业方法论的体系中，以便一线教师可以掌握更多的语文教学专业方法，并使其彼此融合、形成合力，进而提高语文课堂教学质效。

（原文发表于《中学语文》2021年第34期，收入本书时有改动。人大复印报刊资料全文转载。）

巧用四字词语教学文言文
——以《子路、曾皙、冉有、公西华侍坐》为例

广为流传的"中学生有三怕：一怕文言文，二怕写作文，三怕周树人"，文言文位居"第一怕"，文言文难学难教由此亦可见一斑。文言文教学之难，不仅难在字词积累、理解语法现象，而且难在文意理解和写作艺术，更难在文化理解与传承。那么，应该如何破解文言文教学之难呢？巧用四字词语，立足于文言语篇（或文言语体），勾连文字、文章、文学和文化，实现"一语四文"的互相融通，或许可以破解文言文教学之难。下面，就以《子路、曾皙、冉有、公西华侍坐》为例，阐述使用四字词语教学的过程及其理据。

一、教学设计

（一）导入

一个老师，四位弟子，师生共话平生志向，留下千古佳话。孔门师生的这一场景，成为中国教育的理想图景，直至今日依然被人们传颂。今天，我们一起学习《子路、曾皙、冉有、公西华侍坐》，品味这一教育理想图景中的动人之处。

（二）研习过程

1.四字词语拟标题（角度提示：人物、关系、场面、坐姿、神态等），并说出自拟标题的妙处或特点（见表1）。

表1　四字词语自拟标题表

序号	四字词语	角度	妙处、特点	任务
①	四生侍坐	人物	概括原文标题,简明扼要	示例
②	如沐春风	人物感受	使用比喻手法,形象生动	示例
③	暮春言志	时间、事件	抓住时间节点,点明中心事件	示例
④				仿写
⑤				仿写

2.四字词语评人物,并阐述评论的理据（见表2）。

表2　四字词语评点人物表

序号	人物	四字词语	原文依据	简要分析	任务
①	孔子	和蔼可亲	子曰:"以吾一日长乎尔,毋吾以也。居则曰:'不吾知也!'如或知尔,则何以哉?"	孔子比同学们年长,弟子们对孔子有敬畏之心,平时跟他也不敢多说话。孔子降低姿态,请大家畅所欲言,此刻使人感到和蔼可亲	示例
②					仿写
③					仿写
④					仿写
⑤					仿写

3.四字词语品意图,分析语篇所体现的儒家理想（见表3）。

（1）自主选点,完成表格,解说依据。

（2）"儒家理想"之关键词:长幼有序、天下大同、内圣外王、礼仪之邦、政通人和、独善其身、兼济天下……

表3　儒家思想及判断依据表

序号	选点	儒家理想	判断依据	任务
①	人物座次	长幼有序	孔子先发言,弟子后发言。查询资料可知: ①子路(前542—前480); ②曾皙(生卒年不详),其儿子曾参(前505—前435),按照古代男子20岁弱冠的礼仪,曾皙出生年份应不晚于公元前525年; ③冉有(前522—?); ④公西华(前509—?)	示例

续　表

序号	选点	儒家理想	判断依据	任务
②				仿写
③				仿写
④				仿写
⑤				仿写

（三）结语

请同学们针对今天学习的文言语篇谈一谈自己的收获。

教师采用四字词语对学生的总结作点评，例如：条理清晰、要言不烦、分门别类、条分缕析等。

二、设计理据

（一）采用四字词语自拟标题的理据

课文《子路、曾皙、冉有、公西华侍坐》是典型的文言语篇，主要是人物对话，"各言其志"。众所周知，《论语》是语录体著作，但课文所节选的这一部分却是真真正正的对话体，而非一般意义上的语录体。因此，简明扼要地概括孔门师生对话的内容或主题，就成为理解语篇"说或写了什么"的关键所在。常言道，标题是文章的眼睛。通常来说，标题具有概括全文内容、点示主题、点明主旨等功能和作用。简要概括并说出语篇内容，就成为理解语篇内容的抓手和突破口。采用四字词语来概括文章的标题，是相当简洁、容易操作的策略与方法。

课文所节选的语篇在《论语》中没有标题，课文标题为教材编者所加。在统编版高中语文必修下册教材中，编者采用第一句作为标题，如同《诗经》中的《蒹葭》《关雎》《氓》等诗篇采用首词或将首句提炼成词语作为题目一样，均属无题语篇的通用拟题手法。就这篇课文来说，采用四字词语拟制标题，这并非笔者的首创。"语文版高中语文选修教材《〈论语〉选读》中的《沂水春风》一文,实为人教版高中语文必修教材中的《子路、曾皙、冉有、公西华侍坐》。"①由此可见,早在语文版高中语文教材中编者就已采用四字词语拟制标题。用四字词语自拟标题的方法,指导学生学习文言语篇,具有可行、有效、易操作的优点。

(二)采用四字词语评点人物的理据

《论语》是儒家经典,主要记载了孔子及其弟子的言行,简明、生动地呈现了孔子对弟子因材施教的言语及其场景。所谓因材施教,其实质是根据弟子性情、志向、禀赋等特点而实施差异化、个性化的教育。所以,孔子非常了解诸位弟子的"材质",课文所节选的语篇就鲜明地记录并体现了这一点。尤其是各位弟子的"言行",直接给我们提供了"听其言,观其行"的现场记录,使我们品析人物形象有理有据且充满可能性。

有了人物"言行"的记录,评点人物就有了基础。那么,为什么要用一个或几个四字词语评点人物形象,而不采用一句话或几句话的形式呢?这要从教学评一致性说起。教学评一致性主张,教师的"教"、学生的"学"和教学结果的"评"保持一致,不能各行其是、彼此割裂,最终脱节。遍历高考文言文试题,便可发现凡是人物传记类的语篇,其关于内容理解分析的试题多是围绕人物形象评价的选择题,其选择项的首句大多采用评价精神品质的四字词语作为主要内容。此外,文学类语篇中的小说阅读考查,关于人物形象的试题,其参考答案多用四字词语概括和分析。基于教学评一致性,在文言语篇的教学中,教师就有必要指导学生学会使用四字词语概括人物形象特点、人物生平遭际和主要功绩,并引导学生在文学类语篇中的小说阅读试题中迁移应用。当然,采用四字词语评点人物,须言之有理、言之有据,而不能断章取义、空口臆说,这是评价人物的应有之义和基本伦理,也是实现公共说理教育的一种训练。

---

①林忠港.围绕课眼教经典:《沂水春风》教后 [J].中学语文教学参考:高中版,2012(4):27.

（三）采用四字词语品味写作意图的理据

《论语》并非孔子本人的撰著，而是由孔子的弟子及其再传弟子编撰而成的。既然是"编撰"，就意味着并非事无巨细、凡是言行都一一记录，而是有所选择和取舍。其选择、取舍的标准，乃是能否符合、彰显或反衬儒家的宗旨与理想，尤其是孔子本人关于生命个体、国家治理、人类社会所推崇的价值观念。在大力弘扬中华优秀传统文化、努力实现中华民族伟大复兴的背景下，教材编写者将《子路、曾皙、冉有、公西华侍坐》作为统编版高中语文必修下册教材的第一篇课文，当不无此等考虑。就儒家理想而言，其关于个人、国家和社会等层面的言说或主张，学生在初中学段已有不同程度的接触和认知，例如《〈论语〉十二章》《〈孟子〉二章》《岳阳楼记》等。所以，选择一些四字词语作为体现儒家理想的关键词，学生也是能够识别和运用的，这符合学生的认知基础和教育背景。

为什么要选择四字词语作为儒家理想的关键词，而非双音节词或其他短语？这须从语篇的生产情境、交际目的和言语图式入手分析。孔子及其弟子所处的时代，是一个"礼乐崩坏""天下无道"的时代，即《论语·季氏》记载孔子所说的"天下有道，则礼乐征伐自天子出；天下无道，则礼乐征伐自诸侯出"。这是孔子教育培养四位弟子的时代语境，孔子使用了"天下有道""自天子出""天下无道""自诸侯出"等四字词语描述和概括了当时的语境。更重要的是，儒家的理想在《大学》《中庸》《礼记·大同》等语篇中也有鲜明的体现，例如"明德亲民""止于至善""祖述尧舜""宪章文武""天下为公""选贤与能""讲信修睦"以及后世概括的"修齐治平"，都能和《论语》中的"文质彬彬""克己复礼""见贤思齐""己所不欲，勿施于人"等互相关联、印证，足以构建表达儒家理想的四字形式的关键词群落。四字词语，能够较好地反映孔子和弟子对话的交际目的，即引导、培育弟子成为符合儒家规范的君子，同时也符合儒家经典著作表达儒家理想的言语图式。

三、观念反思

采用四字词语教学文言语篇，目的是扭转当下"字字疏通，句句落实"的文言文教学惯性。放眼当下的语文课堂，文言文教学多是一字一句地翻译，教师一味地教授字词用法、文言语法，学生在"逐字翻译，字字落实""直译为主，意译为辅"的训练中"皓首穷经"，却很难体味文言语篇的生产情境、交际目的和文化价值，使"一语四文"仅剩下"文言语体"和"文言词汇"，导致"文章章法""文学情味""文化价值"几乎丧失殆尽。一线教师的语文课堂教学为何是这种境况？其背后的观念值得反思。毕竟观念支配行为，而支配行为的观念并不总是十分显豁的，有时可能是非常隐蔽的，以至于当事人毫无察觉。揆诸根本，就在于语文教师关于文言文教学本位的认知模糊或定位失当。

关于文言文教学行为背后观念的反思，有论者提出问题："传统的文言文教学方法就是'字字疏通，句句落实'，'字'被认为是文言文阅读教学中首先要扫除的障碍，由'字'到'词'到'句'到'篇'来理解文言文，抑或是通过整体感悟来理解文言，把握'字'的含义，是文言文阅读理解的基础。汉字是一种意音文字，汉字的字义与汉语的词义密切相关。针对汉字这样的特点，从'字'出发，疏通文意应该是合情合理的。但为什么'字字疏通，句句落实'的理念在现代文言文教学中会走到岌岌可危的地步？"其分析是"在传统的文言文教学中，教师喜欢逐字逐句对学生不理解的字词加以讲解，并贯穿上下文疏通文意。而在字词疏通的过程中，出于考试的压力，教师过于注重字词的解释、翻译和练习，淡化甚至无视对其丰富的文化内涵的开掘，导致学生对字词后的文化内涵知之甚少。这种从汉字入手解读文本、教学文言文的方法只是将汉字视为单纯的结构单位，没有从汉字本身的文化本性或汉字蕴含的文化本性这个角度出发，采取文化学的方法教学文言文"，其归因是"字本位"，对策是采用"文化学的方法"，即转向"文化本位"。[①]当然，还有论者主张"文

---

①胡虹丽.文言文教学的"文化本位"及其实施策略［J］.课程·教材·教法，2011，31（12）：37-40.

言文教学的'词本位'"等观念。①

就文言语篇来说，纵使是经典语篇，作为语文学习的资源和材料，也要遵循语篇学习训练"字不离词，词不离句，句不离篇"的基本原则。仅从此常识来看，坚持"字本位""词本位""句本位"都是有失整体感和关联性的。需要指出的是，坚持"篇"本位，则深受"文章学"观念的影响，主张从章法知识入手学习。然而，综合"字本位""词本位""句本位""篇本位""文化本位"来看，特别是从文言文作为一种言语行为及言语成品来看，文言文教学应当立足于"语篇本位"。语篇语言学研究认为：语篇既是一个语义单位，也是一个交际单位，语篇被看作是"社会实践"，即社会文化语境中的社会行为或互动。语篇是社会关系影响下的产物，并负载着意识形态。语言使用者可以通过语言结构和表达方式的选择，影响并支配他人的思想和行为。也就是说，文言语篇的作者，即便不是像《出师表》《陈情表》那样直接跟人发生言语交际行为，但其用字遣词造句成篇，也有着不可脱离的社会文化语境。例如抒情色彩浓郁的文学类语篇《归去来兮辞》《赤壁赋》，其言语交际的目的并不如《出师表》《陈情表》那样直接明确，但其创制也是作者在特定社会文化语境中的社会行为或互动，依然符合语篇语言学所讲的语篇标准，即大体上具有"衔接性""连贯性""意图性""可接受性""信息性""情境性""互文性"这七个标准。

《子路、曾皙、冉有、公西华侍坐》属于明显具有言语交际性质的语篇，符合语篇语言学所讲的标准，其教学采取"语篇本位"也是顺理成章的选择。四字词语，包括成语，但又不限于成语，能够最大程度地连通字词和句段，立足语篇的言语形式、社会文化语境和交际意图，可以使"一语四文"在教师"教"和学生"学"的双边互动中有机交融。例如：在"四字词语评人物"这一活动环节，评点子路时，有学生指出"直率急切"，教师可就"率尔而对曰"的言语行为及其"千乘之国，摄乎大国之间，加之以师旅，因之以饥馑；由也为之，比及三年，可使有勇，且知方也"的言语内容指导学生深入剖析，字词、句段、文化、审美等学习熏陶皆蕴涵其中。例如：在"四字词语品意图"这一活动环节，课文题目中的人物座次顺序是子路、曾皙、冉有、公西华，而

<hr />

① 叶茂.文言文教学的词本位及教学价值实现路径［J］.中学语文，2021（11）：19-21.

课文中人物发言顺序却是子路、冉有、公西华、曾皙，这不正体现着文言语篇背后的礼仪乃至文化吗？再如：在"四字词语品意图"这一活动环节，孔子对三位弟子进行点名发言，分别称呼"求""赤""点"，而不是"有""华""皙"这样点"名"，或以"冉有""公西华""曾皙"这样"姓+名"的模式点名，不也体现出孔子的言语交际礼仪和言语情感态度吗？

就《子路、曾皙、冉有、公西华侍坐》这篇课文来说，其使用四字词语来组织教学活动，很好地兼备了"一语四文"的关联性、整体性和全息性，因为其在根本观念上树立了文言文教学的"语篇本位"。由此可见，文言语篇的教学采取"语篇本位"，从理论到实践都能走出"死于章句""废于清议"和"言文相加"的泥淖。对此，采用"语篇本位"作学理分析："死于章句"之弊在于将文言语篇当作古代汉语语言材料来学习，只见字词而不见文章，更遑论文化言语行为和语篇意图；"废于清议"之弊在于脱离文言字词和语篇，大谈特谈文言文的主旨、作者情感和文化内涵，舍弃了语篇分析须注重语篇特征以及语篇标准"言之有据"的原则；"言文相加"之弊在于将"言""文"割裂，把文言字词和文章、文学、文化分开学习导致"言""文"两张皮，漠视文言语篇中言语内容与言语情境的关联互动。

综上所述，在日常文言文教学中，因四字词语特别是成语颇有文言特质，使用四字词语来开展教学设计和课堂教学，可以更好地使"一语四文"兼顾交融。尤其是在匠心独运的字词、特殊句式、篇章写法等"炼字炼句处""章法考究处"，通过追问用意、道破本质、赏析妙处等深切体味，可有效提升文言课文的教学效果，学生的学习兴趣及获得感。

（原文发表于《新教育》2022年第16期，收入本书时有改动。）

用删改法教学《故都的秋》

文本解读学理论认为，解读就是解"写"，悟出了写法秘妙，就读出了文本秘妙，自然中得心源。而想揭示写法的秘妙，相对理想的办法是比对经典名篇和其未定稿的改动和变化，找出删改之处，体会定稿优于未定稿的妙处并揣摩作者的删改理据。语文教学删改法，大致源于鲁迅先生关于写作的经验和体会。他在《不应该那么写》中说：

> 凡是已有定评的大作家，他的作品，全部就说明着"应该怎样写"。只是读者很不容易看出，也就不能领悟。因为在学习者一方面，是必须知道了"不应该那么写"，这才会明白原来"应该这么写"的。
>
> "应该这么写，必须从大作家们的完成了的作品去领会。那么，不应该那么写这一面，恐怕最好是从那同一作品的未定稿本去学习了。在这里，简直好像艺术家在对我们用实物教授。恰如他指着每一行，直接对我们这样说——'你看——哪，这是应该删去的。这要缩短，这要改作，因为不自然了。在这里，还得加些渲染，使形象更加显豁些。'"①

这两段文字，既是文学创作之谈，也是文学鉴赏之谈。然而，令人遗憾的是，在现实中大多数的语文教师在从事语文教学时却很难获得作家作品的手稿、未定稿等原始文献及其影印件。然而，广大语文教师可以对作家推敲文字、删改作品，以及定稿的写法和过程进行一种模拟性的体验和揣摩，还原作家写作运思和遣词造句的状态和过程，由此而衍生出的方法就叫删改法。文本

---

① 鲁迅，鲁迅先生纪念委员会.鲁迅全集：全20卷（第六卷）[M].广州：花城出版社，2021：175.

删改法，堪称语文教师进行教学的看家本领，甚至叫作语文教学的家法也毫不为过。下面，通过删改法的实际操作，揭示《故都的秋》的写法秘妙，提高教学《故都的秋》的课堂效果。

一、删改标题见深情

常言道，标题是文章的眼睛。所以，运用删改法揭示文章写法秘妙，自然要先从标题开始。

"故都的秋"比起"首都的秋"，差异在于"故"字。"首都"通常见于政治、历史和地理等学科的学习中，感情色彩十分一般，而"故"可以组成"故乡""故土""故居""故里""故人""故友"等词语，饱含深情，熟悉之感、亲切之意、眷恋之情俱在其中，作者在这座城市里有故人、有故事、有故情，可谓一"故"见深情。标题只有四个字，简洁而又情深意长，因为着一"故"字，明显具有"未成曲调先有情"的艺术效果。

"故都的秋"跟"京城的秋""京师的秋"相比，虽然在"都城"之意上有着相似之处，但"京城的秋"往往指当时的国都，"京师的秋"则在时间概念上扎进了封建时代，相较而言，"故都"既指当下的这座城市，又多了"前朝的都城"这一层含义，还带有一丝悲伤之感，情感最为丰富。如果采用知人论世的方法，联系写作的时代背景，"故都的秋"这一标题似乎还隐含着作者的家国情怀。

若将标题改为"北平的秋"，则较为平淡，没有特色，缺乏深情，跟篇首、篇末的情感浓烈程度不匹配。改为"北国的秋""北方的秋"，则少了"故都的秋"聚焦一点的力度和准度，也少了"故"字所特有的"前朝"这一历史文化意蕴、"眷念不舍"这一深厚感情。运用删改法，通过同义词、近义词等删改替换，有利于培养学生"语言建构与运用"和"文化传承与理解"等语文学科核心素养。

二、删改句式品节奏

读《故都的秋》，很多人会注意到文中所描绘的五幅秋景图，却往往忽略句式和标点所蕴含的情味，导致自己不能深刻地理解作者的写作意图，跟作者内心情感有些"隔阂"，最终不能体味《故都的秋》这篇散文独特的节奏和语气。

篇首共有两句话，第一句话是："秋天，无论在什么地方的秋天，总是好的；可是啊，北国的秋，却特别地来得清，来得静，来得悲凉。"若将其删改为："每个地方的秋天，总是好的。可北国的秋，清、静、悲凉。"删改句的语义基本不变，然而艺术效果却大相径庭。删改句的删改幅度很大，删掉了"秋天"，而原句"秋天，无论在什么地方的秋天"通过连续两次呼告秋天，旨在强调对秋天的热爱，但一删改就没有这种强调之意和强化效果了。更重要的是，经过删改，原文的句式从转折关系的复句变成了两个单句。而单句字数少，句子又较短，适宜用于语气激动、情绪欢快和节奏较快的感情抒发。原句是复句，短短长长，尤其是长句读起来不得不舒缓一些，而"秋天""北国的秋"短句又可以适当加快节奏，这就可使整个复句在节奏上产生一些变化。舒缓的节奏，常用于深沉、绵长的情感抒发，而作者对"北国的秋""故都的秋"的情感正是深沉、绵长的，可谓表里相合。删改原句，不仅使复句变成了单句，而且排比句的这种句式也被取消了，明显地削弱了原句的艺术效果。"却特别地来得清，来得静，来得悲凉"，经由"却特别地"这一提示和总领，"来得…来得…来得…"这一句式传达出了复沓而又多角度的立体化全方位感受，可以更好地在"语言建构与运用"的基础上培育学生的"审美鉴赏与创造"。

需要说明的是，在删改句式时，将原句从复句删改为单句，原句所使用的分号也随之消失。从语义关系来说，分号通常表示并列关系，但也可以表示转折关系。在原句中分号和后面的"可是啊"一起使原句形成了转折关系。即使原句用"可是啊"这样的口语和"啊"这样的语气词，分号也直接提示和加强了原句的转折语气，是一种属于个人情感偏好的判断，貌似要商量，其实根本没有商量的余地。

三、删改结构品章法

在教学中，可以尝试删去第二自然段，引导学生揣摩删掉前后的效果，思考作者写作第二自然段的理据。

从段落之间衔接的角度看，删掉第二段，文章的结构并未受到断裂性的影响。第一自然段的结尾是"也不过想饱尝一尝这'秋'，这故都的秋味"，语句核心是"秋""秋味"，而第三自然段的首句是"不逢北国之秋，已将近十年了"，语句核心也是"秋"，这两者之间的衔接似乎更紧密，既然如此，那么作者为何不删掉第二自然段呢？这就涉及章法结构和行文思路了。

在章法结构和行文思路上，第二自然段是全文意脉的一个转折。其一，文似看山不喜平，插入以江南之秋为代表的南国之秋，避免了行文思路平铺直叙和意脉直流无落差，形成宕开一笔、摇曳生姿的艺术效果；二是使用对比手法，以江南之秋为代表的南国之秋和以故都之秋为代表的北国之秋，形成鲜明的对比，从而衬托出作者对故都之秋的热爱。由此可见，第二自然段的作用，类似古人所谓的"闲笔不闲"，可谓匠心独运。这极其有利于增强学生"审美鉴赏与创造"的体验和积累。

四、删改文体品诗意

《故都的秋》是写景抒情的名篇，本就充满着诗意。然而，在布置预习任务时，询问学生的阅读感受之结果却令人惊讶，学生说还不如《荷塘月色》富有诗意。面对学生产生的如此感受，教师需要采取适切的手段，使学生感悟《故都的秋》这篇经典散文所内蕴的诗意。众所周知，在文体上，写景抒情散文比应用文更有诗意，而比写景抒情散文更有诗意的文体是诗歌。所以，删改原文的散文文体，是引导学生感受《故都的秋》的诗意的一个有效抓手。

引导学生朗读语句："在南方每年到了秋天，总要想起陶然亭的芦花，钓鱼台的柳影，西山的虫唱，玉泉的夜月，潭柘寺的钟声。"问学生，有诗意吗？只有少数学生回答"有诗意"，再问"诗意何在？请说依据"。能够回答者更是寥寥无几。然而，一旦改变原句的文体形式，将其从散文文体形式变成现代诗歌文体形式，再引导学生朗读，就是另一番景象和感受了。例如，下面这一变形：

> 在南方
> 每年到了秋天，
> 总要想起
> 陶然亭的芦花，
> 钓鱼台的柳影，
> 西山的虫唱，
> 玉泉的夜月，
> 潭柘寺的钟声。

本是散文文体的语句，变形为现代诗歌这种文体形式，引导学生一朗读，学生立即就产生了兴趣，顿时觉得语句挺美。问学生美在何处？学生纷纷回答"美在句式整齐""美在画面""美在排比效果"等。当然，教师还可以抓住描写的角度，引导学生感受"陶然亭的芦花""钓鱼台的柳影""西山的虫唱""玉泉的夜月""潭柘寺的钟声"的视听结合、白描勾勒等艺术手法，进而点出"美在视听结合""美在白描勾勒"等，使学生感受到这篇经典散文的语言之美、意境之美和情感之美。当然，学生在审美的经验上和思悟上也都会产生更丰富、更深刻的积累，语文教学可以更鲜明有效地指向"审美鉴赏与创造"这一语文学科核心素养。

在《故都的秋》这篇经典散文中，可以用来删改成现代诗歌文体的段落还有很多。再如："南国之秋，当然是也有它的特异的地方的，譬如廿四桥的明月，钱塘江的秋潮，普陀山的凉雾，荔枝湾的残荷，等等，可是色彩不浓，回味不永。比起北国的秋来，正像是黄酒之与白干，稀饭之与馍馍，鲈鱼之与大蟹，黄犬之与骆驼。"同样可以变形为现代诗歌的文体形式：

南国之秋

当然　是也有

它的　特异的　地方的，

譬如

廿四桥的明月，

钱塘江的秋潮，

普陀山的凉雾，

荔枝湾的残荷

等等，

可是　色彩不浓，

回味不永。

比起北国的秋来，

正像是

黄酒之与白干，

稀饭之与馍馍，

鲈鱼之与大蟹，

黄犬之与骆驼。

在文体形式改变之后，学生朗读起来充满深情，节奏也变得舒缓起来，语调也变得低沉起来，语言本身所蕴涵的诗意经过声音的传达就散发出来了。可以说，打破文体形式，使文体变形，可以使人咀嚼文本内蕴的情感，这如同折断一根完整的甘蔗一样，折断的甘蔗能够使人品尝到香甜的滋味。

五、删改文体悟手法

在抒情性文体中，散文和诗歌通常被合称为诗文，两者所使用的手法常常具有通同之处。删改法在文体变形上除了有利于引导学生体味语言本身的诗意之外，而有助于引导学生揣摩语言艺术手法。若能引入必要适切的文本资源，则可能促使学生触类旁通而产生开悟、顿悟的感觉和体验。《故都的秋》篇末，是直接抒情的段落，甚至是夸张式的抒情，来极写作者心中之爱的炽烈的程度。想要实现深度教学，培育学生的语文学科核心素养，可以使用删改法，将语段从散文文体形式删改成现代诗歌文体形式，就能悟到语段夸张式抒情的背后所深藏的语言表达技巧。

语段的散文文体形式：

> 秋天，这北国的秋天，若留得住的话，我愿把寿命的三分之二折去，换得一个三分之一的零头。

改为现代诗歌文体形式：

> 《故都的秋》
> 秋天，
> 这北国的秋天，
> 若留得住的话，
> 我愿把
> 寿命的三分之二
> 折去，
> 换得
> 一个
> 三分之一的零头。

引入必要适切的文本资源：

> 《汉乐府·上邪》
> 上邪！
> 我欲与君相知，

长命无绝衰。

山无陵，

江水为竭。

冬雷震震，

夏雨雪。

天地合，

乃敢与君绝！

在经过文体形式的变形和引入必要适切的文本资源后，可以发现两者抒情的相似性，即：通过写几乎不可能发生甚至根本就不可能发生的事情，来极写自己心中之爱的强烈。这种似乎有违自然常理的夸张式的抒情，其艺术手法叫作设誓。设誓的核心乃是设置一种或多种誓言，以便将强烈的情感抒发到极致。在日常生活的口语交际中，设誓手法这样夸张式的抒情表达也不乏使用。再如，可将原句改为"我爱秋天，我想掏出心来留住秋天"。这些语句，都是通过设置愿望和誓言，以达到抒情效果极致化的目的和效果。因而，《故都的秋》篇末之段跟《汉乐府·上邪》相比，是一个愿望誓言和多个愿望誓言的区别，在抒情方向和抒情逻辑上并无本质的不同。

善用删改法，能够使学生有效感悟和揣摩作者所运用的写作手法效果。在实际操作中，不仅可以通过文体的变形引导学生感悟写作手法的运用，还可以通过具体写作手法的调换引导学生感悟手法的运用。例如，将篇末之段变成一个使用比喻手法的语句，作以比较：

原句：秋天，这北国的秋天，若留得住的话，我愿把寿命的三分之二折去，换得一个三分之一的零头。

改句：我爱秋天，就像爱我的眼睛一样。

原句使用了设誓的手法，而改句使用了比喻的修辞手法，相较而论，比喻句不如设誓句语气强烈、情感浓烈，艺术效果高下立判。所以，用好删改法，对原文句段作以文体形式的变化和具体手法的替换，都能更好地引领学生感悟文本所用艺术手法的秘妙，在培育学生"审美鉴赏与创造"和"文化传承与理解"方面的效果是不言而喻的。

综上所述，删改法是语文教学的一个重要家法，对解读文本，对利用文本培养学生的"语言建构与运用""思维发展与提升""审美鉴赏与创造""文化传承与理解"有着独特而显著的作用和价值。

（原文发表于《语文教学与研究》2020年第3期，收入本书时有改动。）

用猜读法教学《秋天的怀念》

在通常情况下，作者在创作文本时不仅会遵循文体特点，而且具有读者意识，会预设或考虑读者对文本的反应状况和接受程度。例如一些小说家在创作小说时有意地设置悬念，吸引读者的阅读兴趣，或诱发读者猜测下文的情节发展。在某种程度上，使读者在阅读中猜测，在猜测中阅读，这都是作者精心安排的结果。从文本创作理论的角度来说，猜读法是符合文本作者的创作心理和创作意图的一种阅读方法。

阅读心理学研究表明，阅读兴趣是读者阅读的一个重要动力，猜读不仅是阅读兴趣所引发的一种阅读行为，而且是读者在阅读中进行预设、验证和思考的重要手段。而阅读教学的目的，就是保护和提高学生的阅读兴趣，培养学生掌握阅读方法和阅读能力，在阅读中学会思考。用猜读法教学生阅读，既符合学生阅读心理规律，又指向阅读教学目的。

就阅读教学来说，读法源于写法，而教法又源于读法。猜读是贯通作者、读者和教者的一种行为，也是贯通写法、读法和教法的一种方法。换言之，用猜读法教学生学阅读，在理论上能够说通，在实践中行之有效，是语文教学中能够凸显语文学科属性的一种专业方法。

猜读法，顾名思义，就是利用猜测的方式和手段来阅读，由读而猜，以猜促读，边读边猜，猜读结合。在猜读的时间节点上，有以下几类。一是前猜，即在阅读作品之前猜测；二是题猜，即在阅读作品标题时猜测；三是首猜，即在阅读作品首段首句时猜测；四是中猜，即在阅读作品中间时猜测；五是尾猜，即在阅读作品结尾时猜测。当然，根据文本之间的互文关系，可以利用插入资料的方式，用另一作品来启发、印证和猜读这一作品，实现旁猜。

需要说明的是，使用猜读法教学生阅读，要因学生情况施教。其一，语文学习习惯较好的班级中，学生常常会预习课文，可能会随口答对教师要求猜测的浅易问题，教师应提高猜读的难度，采用删改法提供几种删改的情况，带领学生思考"为何写此，而不写彼""为何这样写，而不那样写"，从而体味作者的匠心和原文的妙处。其二，语文学习习惯不佳的班级中，学生不预习课文，可能难以回答教师要求猜测的疑难问题，教师应降低猜读的难度，引导学生从自身经验出发，带领学生思考"如果让我来写，我会写什么""如果我是作者，我会怎样写"，从而体会作者的情感和写法的高明。

下面，就以统编版语文教材七年级上册第5课《秋天的怀念》为例，解说使用"猜读法"教学的主要思路、基本过程和操作要点，从而倡导和实践用专业的方法教人学语文，最终提高语文教学的质量。

一、前猜：未成曲调先有情

在上课前，教师先请大家猜一个现代作家。

对联：身残志不残，文美情更美。

解说：他被命运扼在轮椅上，也依然精神傲立！病痛折磨他了38年，他创作了20部短篇小说、6部中篇小说、2部长篇小说、18部随笔散文、2部电影剧本……倘若你觉得人生幸运，那么，你应该读读这位现代作家的作品。倘若你觉得人生充满不幸，那么，你更应该读读这位现代作家的作品！他是一位一生都在死亡边缘行走的作家。你猜猜，这位现代作家是谁呢？

由于这个班级的学生没有预习课文的习惯，全班学生沉默一会儿。然后有一两个同学翻开课文发现《秋天的怀念》这一课，于是回答：史铁生。

此时，教师明确要求，大家要提前预习课文，在平时培养自己课前预习课文的好习惯。然后，猜读题目。

二、题猜：传神写照在阿堵

标题是文章的眼睛，透过标题可以窥见作者的心灵。而标题常常又是作者设置悬念的地方，用来引起读者的阅读兴趣。教师引导学生充分地品味标题，以便猜测文章所写的内容，从而走进作者的心灵深处。

教师："秋天的怀念"，你猜猜作者怀念什么？如果是你，到秋天你怀念什么？

学生纷纷回答：怀念亲人。

教师：原因是什么呢？

学生1：每逢佳节倍思亲。

学生2：作者身体残疾，离不开亲人的照顾。

教师：怀念亲人，是哪位亲人？说说原因。

学生：我的妈妈，妈妈到外地已经两年了，我很想她。

教师：妈妈以后还回来吗？

学生：回来。

教师：你这是秋天的思念，不是秋天的怀念。

学生：我怀念我的奶奶，她每年秋天都给我攒好多的月饼、红枣和柿饼，可是今年春天奶奶走了。

教师：对不起，是我触动了你尘封的心灵。一个人能够一直被人怀念，精神就会长存人间。史铁生怀念的是他的妈妈，从怀念这个词，我们就可以推测，史妈妈已经——

学生1：不在了。

学生2：去世了。

教师：史铁生怀念妈妈，文章的开头会不会先从妈妈写起呢？大家不要看书，先猜一猜，一会儿回答。

三、头猜：掀起作品盖头来

教师：如果你是作家史铁生，你会怎样写这个开头？

学生：我会先写妈妈，好接着往下写事情。

教师：这是开门见山的写法。

学生：我不这样写，开头先写秋天的景物，然后再写妈妈。

教师：这是触景生情的写法，开头先用景物渲染一下气氛，酝酿一下情绪。

学生：我不写景色，就写看到一道菜，然后想起妈妈做的饭菜了。

教师：你这也是触景生情，从一道菜联想到妈妈。刚才的同学用的是自然之景，你用的是人文之景，景物都触发了心中的情感。下面我们看课件，研究一下文章的开头。请大家一起朗读。（屏显开头）

学生齐读：双腿瘫痪以后，我的脾气变得暴怒无常。望着望着天上北归的雁阵，我会突然把我面前的玻璃砸碎；听着听着李谷一甜美的歌声，我会猛地把手边的东西摔向四周的墙壁。

教师：怀念妈妈，开头却不先写妈妈，有什么好处？

学生：双腿瘫痪，脾气非常大，心里非常痛苦，这才需要妈妈的开导和陪伴。

教师：了不起，你发现了作者写作的逻辑。一般人很难发现如此写作的奥秘。歌德说过"题材人人看得见，内容意义经过努力可以把握，而形式对大多数人是一秘密"。

教师：那就往下再看一句，猜猜"妈妈"有没有出现？

部分学生说没出现，部分学生说出现了。

屏显：母亲就悄悄地躲出去，在我看不见的地方偷偷地听着我的动静。

教师：刚才说出现的同学，请发表一下看法，争取说服那些看法不同的同学。

学生：儿子暴怒无常，母亲惹不起，还能躲不起吗？

教师：躲着躲着，母亲就出现了。

学生：儿子使劲地发怒，母亲就躲出去，但偷偷地听动静，这就是陪伴。

教师：你体味到了母亲的用心陪伴。母亲用心陪伴，最终会成功安慰儿子吗？请同学们猜测下文。

学生1：一定会成功。

学生2：不成功的话，作家还会写这篇文章？

教师：你们两个的猜测就是正常的行文思路，但是文章中事情发展的结果却是出人意料的。正如一句名言：前途是光明的，道路是曲折的。请看课件，自己验证一下。（屏显）

学生齐读：当一切恢复沉寂，她又悄悄地进来，眼边儿红红地，看着我。"听说北海的花都开了，我推着你去走走。"她总是这么说。母亲喜欢花，可自从我的腿瘫痪后，她侍弄的那些花都死了。"不，我不去！"我狠命地捶打这两条可恨的腿，喊着，"我可活什么劲儿！"母亲扑过来抓住我的手，忍住哭声说："咱娘儿俩在一块儿，好好儿活，好好儿活……"

教师：这就是过程，母亲想让儿子散心，可是儿子并不领情。我来扮演"妈妈"，谁来扮演史铁生？（一男生站起来）

教师：听说北海的花都开了，我推着你去走走。（缓慢柔和地）

学生：不，我不去！我可活什么劲儿！

教师：抗拒的语气不强烈，还差一点情味。看着黑板：不，我—一—去—！我可活—什么劲儿—！前一句，"不"要短促有力，绷着嘴爆发出一声"不"，凸显强烈否定，然后，每个字拖长音，一字一顿地读；后一句，符号相同，读法类似。

学生再读，效果很明显。

教师：（扑过去，抓住男生的双手）咱娘儿俩在一块儿，好好儿活，好好儿活……（哽咽，泣诉声）

四、中猜：五脏六腑在腰身

教师：同学们刚才猜到母亲用心陪伴会成功，母亲还真就说动史铁生到北海公园散心了。请齐读课文。（屏显）

学生齐读课文：可我却一直都不知道，她的病已经到了那步田地。后来妹妹告诉我，她常肝疼得她整宿整宿翻来覆去地睡不了觉。

那天我又独自坐在屋里，看着窗外的树叶"唰唰啦啦"地飘落。母亲进来了，挡在窗前："北海的菊花开了，我推着你去看看吧。"她憔悴的脸上现出央求般的神色。"什么时候？""你要是愿意，就明天？"她说。我的回答已经让她喜出望外了。"好吧，就明天。"我说。她高兴得一会儿坐下，一会儿站起："那就赶紧准备准备。""唉呀，烦不烦？几步路，有什么好准备的！"她也笑了，坐在我身边，絮絮叨叨地说着："看完菊花，咱们就去'仿膳'，你小时候最爱吃那儿的豌豆黄儿。还记得那回我带你去北海吗？你偏说那杨树花是毛毛虫，跑着，一脚踩扁一个……"她忽然不说了。对于"跑"和"踩"一类的字眼儿，她比我还敏感。她又悄悄地出去了。

教师：大家读的这两个自然段，后一个自然段写母亲劝说史铁生去北海公园散心，但是前一个自然段有什么写作意图呢？请大家联系第一段和第三段推测一下。

学生1：表达作者内心的愧疚。

学生2：母亲遭受痛苦却忍着不告诉儿子，内心特别坚强。

教师：回答得真好。秋天的怀念，写作意图就是怀念母亲，感恩母亲，敬颂母亲。这一段就是对母亲回忆的确证，抒发了内心的愧疚和感恩。

教师：第三自然段跟第一自然段都写母亲劝说儿子去北海公园，过程、结果有什么相同和不同吗？

学生1：第三自然段写母亲劝儿子去，儿子愿意去，结果是不是去了我不知道。

学生2：第一自然段写母亲劝儿子去，但儿子就是不愿意去，结果就没去。

教师：为了让大家知道第三自然段的劝说结果，我们就来往下看，齐读。（屏显）

学生齐读：她出去了，就再也没回来。

教师：这一段中的"出去了"，紧接上一段结尾的"出去了"，衔接非常紧密。一句话，单独成段，猜猜作者的意图是什么？

学生1：母亲去世了，是对作者沉重的打击，必须单独成段。

学生2：两段情感不一样，前面是好事，都说好的要去公园，后面却去不了，这让作者感到遗憾。

教师：这个消息分量很重，这个秋天给作者心里留下了永远的遗憾，所以文章的标题叫作——

学生：秋天的怀念。

教师：大家一起再读两个自然段，同学们齐读。（屏显）

学生齐读：邻居们把她抬上车时，她还在大口大口地吐着鲜血。我没想到她已经病成那样。看着三轮车远去，也绝没有想到那竟是永远的诀别。

邻居的小伙子背着我去看她的时候，她正艰难地呼吸着，像她那一生艰难的生活。别人告诉我，她昏迷前的最后一句话是："我那个有病的儿子和我那个还未成年的女儿……"

教师：猜猜这两个自然段的写作意图是什么？

学生1：母亲临走时候还挂念儿子和女儿，这让史铁生一直忘不了，怀念母亲就必须写出来。

学生2：再写母亲活着艰难，儿子终于理解了母亲。

教师：作者写这两个自然段意图很深，请大家再读读单独成段的那句话和第二自然段，想想前后有什么联系？

学生：单独成段的那句话说"她出去了，就再也没回来"。这两个自然段，写的是母亲没回来的原因。

教师：好眼力！你看出了文章写作的逻辑，一脉相承，对原因进行补充说明。谁又有新发现？

学生：我发现这两段是母亲病情发展的结果。

教师：请详细说说。

学生：第二自然段说母亲肝疼，整宿整宿翻来覆去地睡不了觉，那时候病情已经很严重了，这两个自然段就到了死亡的程度。

教师：这样一个病重的母亲，面对儿子的暴怒无常，没有抱怨，没有消沉，没有哭泣，对儿子只有——

学生1：耐心。

学生2：爱护。

学生3：慈爱。

学生4：关怀。

五、尾猜：余音袅袅味无穷

教师：这样一个坚强的母亲，最终还是离开了儿子，文章该怎么结尾呢？

请用"我猜想作者会写_____"的句式来表达。

学生1：我猜想作者会写母亲去世后，每逢中秋节格外思念母亲。

学生2：我猜想作者会写自己来到北海公园，为母亲圆梦，让母亲安息。

学生3：我猜想作者会写自己到了秋天去买菊花，好怀念母亲。

学生4：我猜想作者会写在秋天会去北海公园，跟母亲说说心里话。

学生5：我猜想作者会写心中的后悔，到了秋天，只要怀念母亲就很后悔。

教师：大家的猜想跟文章的结尾有很多相似之处，只是少了一个人和一句话。请默读倒数第二自然段和文章第一自然段，思考三分钟。

学生1：少的那个人是作者的妹妹。

学生2：少的那句话是"好好儿活，好好儿活"。

教师：真厉害！大家的推测能力很强大。下面，同学们就来看史铁生是怎么写结尾的，请齐读结尾。（屏显）

学生：又是秋天，妹妹推着我去北海看了菊花。黄色的花淡雅，白色的花高洁，紫红色的花热烈而深沉，泼泼洒洒，秋风中正开得烂漫。我懂得母亲没有说完的话。妹妹也懂。我俩在一块儿，要好好儿活……

教师：妹妹推着哥哥去了北海公园，看了菊花，想起来母亲的那句话，圆了自己和母亲心中的梦。同学们，到了秋天作者去北海公园看菊花，这不正是作者怀念母亲的仪式吗？

六、旁猜：触类旁通学致用

在学习这篇课文前，请同学们猜测现代作家的姓名，同学们当时就了解史铁生写了很多作品，其中，《合欢树》也是史铁生的散文名作。请你猜测《合欢树》除了写合欢树，还会写什么？再猜猜，《合欢树》的开头会直接写合欢树吗？

用猜读法教阅读，教师引领学生围绕文章的写法和意脉而阅读、猜测并验证，不仅有利于教师指导学生遵循文体阅读而形成文体意识和文体思维，而且有利于教师培养学生解悟作者为了表达情感而选择写法的意图和奥秘，更有利于教师点拨学生开发精练、好懂和管用的写作知识和写作智慧。

当然，用猜读法教学生学习语文，不必课课都用，也不必在一节课中一用到底，完全可以跟选点法、删改法等语文教学专业方法配合使用。

综上所述，用猜读法教学，可以使教师带领学生始终抓住语言而开展品词析句、赏段论文、仿写创作等语文学习活动，最终切实提高学生的语文综合素养。可以说，猜读法是语文教师解读文本、利用文本教学提高语文教学质量的专业方法，充分体现了语文教师用语文的方法教人学语文的学科特质和专业自觉，堪称语文教学的一个重要家法。

（原文发表于《语文新读写》2021年第1期，收入本书时有改动。）

基于"矛盾法"的高中语文深度学习

在语文教学中，重视文本矛盾、破解文本矛盾和利用文本矛盾，进行研读文本、设计教学和架构课堂的教学方法，可称为"矛盾法"。基于"矛盾法"的高中语文深度学习，立足于语文学科的"独当之任"，主要探讨那些内蕴于文本之中的矛盾，旨在激发学生学习兴趣和培养学生揣摩语言、学习语言和运用语言的能力。基于"矛盾法"的高中语文深度学习，应当特别重视以下四种类型的矛盾。

一、文本传译造成的版本歧异

从统编版高中语文教材来看，文本涵盖古今中外，经典之作比比皆是。然而，即使是经典之作，其文本在传译过程中也有可能形成不同的版本，某些字、词、句和标点符号等会产生歧异。这种歧异，不仅有意义的差别，还有语体、语境以及写作意图等诸多方面的差异，不可避免地形成了一定的矛盾。就课文而言，古代诗文和外国译作容易产生版本的歧异，前者是流播所致，后者是翻译所致。

（一）古代诗文的版本歧异

古代诗文因年代久远，受书写工具、印刷技术等条件所限，在文本传播的历史过程中，难免会因缮写、排版、刊刻、校点等工作而产生衍文、脱文、倒文、误文、讹文等现象，造成版本之间的歧异。选入教材的古诗文，虽然多是传世经典之作，甚至多有定论，但也无法完全消除版本歧异。而这正是采用"矛盾法"教学，将学生引向语文深度学习的珍贵资源。

例如李白的诗歌《将进酒》，统编版高中语文选择性必修上册教材中选用的是"但愿长醉不愿醒"一句，但在上海辞书出版社出版的《唐诗鉴赏辞典（典藏版）》所收录的《将进酒》中却写作"但愿长醉不复醒"[①]。教师即可利用版本之间的差异，引导学生关注"愿"和"复"的语境差异、语体差异和写作意图。大多数学生认为"愿"比"复"更加口语化，更符合宴会劝酒时的语境，传达出诗人"借酒消愁愁更愁"的愁深与愤激。经过"抠字眼"的揣摩和思辨，学生深度学习语文也就随之发生。

再如苏轼的《念奴娇·赤壁怀古》，统编版高中语文必修上册教材中选用的是"乱石穿空，惊涛拍岸，卷起千堆雪"，而上海辞书出版社出版的《宋词鉴赏辞典》（上）中言苏轼曾以"乱石崩云，惊涛裂岸，卷起千堆雪"[②]来勾勒"樯橹灰飞烟灭"的背景，教师可以利用"穿""拍"跟"崩""裂"的版本歧异，引导学生遥想诗人泛舟赤壁的场景，在动词力度、景物画面和情感意图等方面进行比较，使学生在揣摩语言中受到思维、审美等多方面的熏陶和培育。此外，还可以引导学生关注"樯橹"和"强虏"的差异，利用"矛盾法"指导学生思辨"人"和"物"之异同点，揣摩教材编写者选用"樯橹"的理据，从而步入语文的深度学习阶段。

（二）外国译作的版本歧异

外国译作，尤其是名家名作，常常出现多种译本，因教材版面和容量的制约，编写者很难将其全都收入，使学生学习各家译本之长。有鉴于此，语文教师可着手开发课程资源，弥补教材选文相对固定、内容有限的不足，通过优选和补充相关文本，从而实现动态语文教学。教师借助多个译本和相关研究者对译本的研究，择其精要和关键之处，引导学生比较不同的译文，从而揣摩和感悟译者对原作是如何理解的，以及译者是如何用汉语言文字进行传达的。

比如教材中的外国诗歌，就存在不同的译本，可以参互比较。"诗歌翻译难度之大，为广大译者认同。""译诗要准确是指把诗人真实的思想、感情和诗

[①] 上海辞书出版社文学鉴赏辞典编纂中心.唐诗鉴赏辞典（典藏版）[M].上海：上海辞书出版社，2022：254.

[②] 周汝昌，宛敏灏，万云骏，等.宋词鉴赏辞典（上）[M].上海：上海辞书出版社，2003：329.

的内容传达出来。译诗要考虑如何将原歌的风格以恰当形式表达出来。"①《致云雀》是英国著名诗人雪莱的代表作之一，"国内已有多位译者翻译该诗，其中有代表性的是查良铮和江枫。两译者译诗各具特色，影响广泛"②。统编版高中语文必修上册教材选用的是江枫的译本。"查良铮作品都是以诗译诗，不仅译成诗体，且原诗有格律的，译诗也有格律。"③两位译者对《致云雀》第一节的翻译，就体现了各自的特色：

祝你长生，欢乐的精灵！	你好呵，欢乐的精灵！
谁说你是只飞禽？	你似乎从不是飞禽，
你从天庭，或它的近处，	从天堂或天堂的邻近，
倾泻你整个的心，	以酣畅淋漓的乐音，
无须琢磨，便发出丰盛的乐音。	不事雕琢的艺术倾吐你的衷心。
（查良铮译）	（江枫译）

第一节的首句，两位译者虽然都使用了感叹句，但语气却有非常明显的差异：查译"祝你长生，欢乐的精灵！"用的是祝福语气，而江译"你好呵，欢乐的精灵！"用的是问候语气，这反映着两位译者对诗歌原作的理解和创造。教师可将其设计为思考题：诗题都是"致云雀"，语气使用祝福语和问候语，哪个更能紧扣诗题？学生顺此探究，则有可能会触及诗歌作者的写作意图。关于第二句的译文，两位译者所译的句式是不同的：查译是问句，而江译却是否定式陈述句，并且用了"似乎"加以修饰。教师借此引导学生揣摩两者所抒发的语气、情感及其强烈程度，在把握诗人的写作意图上可能会更为深入一些。沿此思路，着眼于词语、句式、语序及其关涉的思想情感和写作意图，教师根

---

①丁晓惠.从译者主体性角度看《致云雀》两个汉译［J］.南昌教育学院学报，2013，28（8）：153.

②丁晓惠.从译者主体性角度看《致云雀》两个汉译［J］.南昌教育学院学报，2013，28（8）：153.

③丁晓惠.从译者主体性角度看《致云雀》两个汉译［J］.南昌教育学院学报，2013，28（8）：153.

据课时、学情等因素，选取具有特色的诗节，可以从郭沫若、查良铮、飞白等著名译本中择其一二，跟课文作以比较，引导学生揣摩所译诗节内容相同而所译语言却各不相同的精妙。

二、行文思路造成的前后矛盾

文本是言语成品，在成文的过程中作者始终面临着语言有限和内容无限的矛盾。如果把文本写作过程看成是作者与读者沟通的交际活动，"用有限的语言材料来交流几乎是无限的客观世界和主观世界，这是交际活动中一个很难真正完全克服的矛盾"[1]。这恰如陆机《文赋》所说的"恒患意不称物，文不逮意。盖非知之难，能之难也"。除了这一根本性矛盾之外，作者还可能通过"欲说还休""前后矛盾"等手段，有意在文本之中制造若干矛盾，从而彰显自己特定的写作意图。歌德说：内容人人看得见，形式是个秘密，唯有有心人得之。行文思路造成的前后矛盾，可分为以下两种类型。

（一）言语形式矛盾

在唯物辩证法中，形式矛盾又名逻辑矛盾，是指思维中前后不一致、自相冲突，是人的思维违反逻辑规则所造成的。唯物辩证法认为形式矛盾是应当从思维中加以排除的，然而文艺创作理论及鉴赏理论却认为形式矛盾是文本作者有意为之，体现着文本作者特定的写作目的，甚至是隐秘的写作意图。据此设计教学活动，引导学生找出言语形式矛盾，体味言语形式背后的写作目的及隐秘意图，学生可顺利迈进语文学习的更深层次。

例如，教学鲁迅的《为了忘却的记念》，教师要引导学生品味文章的标题，"为了忘却"和"记念"本身就是一对矛盾。这是作者为了表达的需要，有意利用"语义反常"的形式，将含有对立或矛盾语义成分的词语组合而形成耐人寻味的警语、隽语。对此，有研究者将其作为一种修辞手法，即矛盾修辞。

再如，鲁迅在《记念刘和珍君》中写道："真的猛士，敢于直面惨淡的人

---

①王希杰.汉语修辞学［M］.3版.北京：商务印书馆，2014：42.

生，敢于正视淋漓的鲜血。这是怎样的哀痛者和幸福者？"后一句是典型的矛盾句，"哀痛者"和"幸福者"明显是自相矛盾的。但细细体味，这却是作者传达情感的特殊形式，堪称匠心独具。我们可以从矛盾修辞"这是怎样的哀痛者和幸福者"领会到作者深沉而复杂的爱憎感情，他为刘和珍的罹难感到万分悲痛，又为她从容就义的女杰壮举感到幸福鼓舞，他从刘和珍等女学生的抗争献身中看到了中国的光明和希望。①

（二）言语内容矛盾

言语矛盾是深层的逻辑矛盾，跟处于表层的形式矛盾相比，蕴藏着更深、更隐秘的写作意图。这往往需要反复研读文本，并对关键字词或语句做到前后勾连比对，方可看出端倪。教师注意寻找并抓住文本内容的深层矛盾而设计相关学习活动，能有效地促进学生从语言的表层学习走进文本的深层学习。

放眼古代诗文，言语内容矛盾之处屡见不鲜。例如苏轼《念奴娇·赤壁怀古》上阕起三句说"大江东去，浪淘尽，千古风流人物"，而下阕起三句说"遥想公瑾当年，小乔初嫁了，雄姿英发"，两者言语内容存在矛盾，这是显而易见的。对此，教师设计问题引发学生思考：千古风流人物都已经被冲刷殆尽了，为什么独独剩下周瑜未被冲刷掉？这是能够激起学生思维千层浪的一问，有利于激发学生探究言语内容矛盾背后的隐秘写作意图。

再如，《涉江采芙蓉》："涉江采芙蓉，采之欲遗谁？"其语言并不晦涩，学生一望而知，但可能会忽略其言语内容的矛盾，教师可提示学生：采下芙蓉不知要送给谁，为什么还要采芙蓉？然后，追问：采芙蓉者"欲遗谁"，是真正不知，还是佯装不知？通过层层引导，可为学生开启一条通往深度学习语文的路径。

三、文化变迁造成的认知冲突

文本是时代和文化的结晶，随着历史的变迁，文化语境就发生了改变，文

---

① 王叔新.试论鲁迅作品的矛盾修辞及特点［J］.台州学院学报，2005（1）：48.

本作者遣词造句在其所处时代无需解释却能人人理解，而当今读者很难心领神会。学生学习古代诗文，因不了解文本语言所产生的文化变迁，常出现"以今律古""难以解释"的强解与困惑。教师可有意借助文化变迁，积极主动地设计学习活动，从而引发学生的认知冲突，引导学生进入深度学习状态。

（一）词义范围发生改变造成的认知冲突

文本一经完成，其语言文字是确定的，文本中的词汇意义也是相对稳定的。但随着历史的变迁，文本作者遣词造句所用的词汇，在整个语言共同体中的词义范围会发生改变，后世的读者阅读文本时，很容易产生"望文生义""以今释古"等现象。教师充分利用词义范围的变化，将学生卷入词义认知和词义义项的冲突之中，引发学生对文本语言的深度学习。

例如李煜的《虞美人（春花秋月何时了）》中的"问君能够几多愁？恰似一江春水向东流"。在学生的既有认知中，"君"在古代称谓中是第二人称，用来敬称对方，这种意义和用法沿袭至今。据此可以设置疑问：作者用"君"而问，究竟是问自己还是问读者（或别人）呢？学生思考便可悟到，此句意在倾诉如同一江春水东流不尽的愁情，绝非"问"他人，但"问"自己，古今都没有以"君"自称的用法，这样就陷入了认知冲突。教师应点明"问"的词义范围变迁，指出"问"在古代有"告诉"的意思，学生一旦明了词义就有可能对作者的写作意图产生更深的体悟。

再如杜甫的《登高》中的诗句"潦倒新停浊酒杯"，"浊酒"是学生在学习诗歌时有可能遇到的一个认知冲突点。在关于酒的既有认知中，学生所见的酒，基本上都是清澈、晶莹透亮的酒，可能会根据"浊酒"字面意思而直接判断是"浑浊的酒"。其实，"浊酒"的本义是"未滤的酒"，因酒里有酒糟，故浊。学生在初中学段已经学过"清酒"，例如李白的《行路难》中"金樽清酒斗十千，玉盘珍羞直万钱"，其中"清酒"就指美酒，自然是指过滤后的酒。此外，统编版九年级下册语文教材中有范仲淹的《渔家傲·秋思》，其词句"浊酒一杯家万里，燕然未勒归无计"也言及"浊酒"。由此可见，诗人用"浊酒"，当别有深意：除了用酒品劣质以衬生活艰苦困顿之外，还有对未来感到迷茫之意，人生就像浊酒一样，涩而浑浊，无从选择却又不得不饮。经由这种既有认知和历史认知的冲突，学生自然而然地进入语文深度学习的状态。

（二）文化习俗发生改变造成的认知冲突

语言本身就是文化的一部分，同时又记录并传承着文化。文本是言语形式和言语内容的统一，已经完成的文本浸润着作者所处时代形成的风俗习惯及其以前时代流传下来的风俗习惯。在具体文本中，其语言所涉及的习俗或约定俗成的事情，原本是作者和同时代人所熟习的文化习惯或风俗，随着时代的变迁很有可能成为后世难以理解的事情。这类语言或词汇恰是学生理解的障碍点，其中一些还是学生学习语文的关键点、升华点和拓展点，经过教师精心选择和设计，则可成为促进学生深度学习语文的有效抓手。

例如李清照的《声声慢（寻寻觅觅）》中"雁过也，正伤心，却是旧时相识"，教师还未制造认知冲突，一些学生就提出了自己的认知冲突：大雁不会传信，会传信的鸟是信鸽，词人是否写错了？教师以"鸿雁传书""鱼传尺素"对举的说法，又用"乡书何处达？归雁洛阳边""鸿雁长飞光不度，鱼龙潜跃水成文"举例说明，学生均不理解。教师启发学生："大雁飞行的阵形形似什么字？"学生纷纷答出"一""人"。教师追问："'一''人'会因引发词人什么的情感？"学生相继说出"孤身一人""孤单""寂寞""思念"等。李清照《一剪梅（红藕香残玉簟秋）》中的词句"云中谁寄锦书来？雁字回时，月满西楼"，写雁字和月圆，暗喻人未团圆，也可印证此说。这可以看出随着通信工具与方式的改变，相关习俗也在发生改变。

教师顺势出示《白虎通·嫁娶篇·贽币纳征纳采辞》："《礼》曰：'女子十五许嫁。纳采、问名、纳吉、请期、亲迎，以雁为贽。纳征用玄纁，不用雁也。'贽用雁者，取其随时而南北，不失其节，明不夺女子之时也。又取飞成行，止成列也，明嫁娶之礼，长幼有序，不相逾越也。又婚礼贽不用死雉，故用雁也。"[①]在婚姻六礼中除了纳征外，五项仪节所带礼物都是雁，雁与婚姻关系非常密切，可见一斑。古代诗人以雁寄托思念之情，尤其是夫妻之间的相

①陈立.新编诸子集成 白虎通疏证［M］.吴则虞，点校.北京：中华书局，1994：457.

思，这是何等蕴藉而又强烈！部分学生读不出古代诗人用雁传情的意图，其实正是婚姻聘礼习俗变迁所致。无论是作为通信工具的雁，还是作为婚姻赘礼的雁，都是古代的雁文化。时至今日，雁已经成为国家保护动物，雁文化发生了重大变迁，经由深度追问，学生才可能领悟文本的深层意图。

再如《声声慢（寻寻觅觅）》中的"梧桐更兼细雨"，就有学生对"梧桐"感到疑惑："梧桐"是什么树？是"法国梧桐"吗？是"泡桐"吗？这些问题是"桐文化"的古今变迁所造成的认知冲突。在教学时，有学生当场提出李清照写"满地黄花堆积"，是说菊花落了一地，无人能够采摘。教师引出苏轼《赠刘景文》的诗句"荷尽已无擎雨盖，菊残犹有傲霜枝"、郑思肖《寒菊》中的诗句"宁可枝头抱香死，何曾吹落北风中"，使学生认识到菊花经霜并不凋落，更见精神。再用李清照《醉花阴》的词句"佳节又重阳，玉枕纱厨，半夜凉初透。东篱把酒黄昏后，有暗香盈袖"加以阐释，"满地黄花堆积"道出了夫妻和睦生活一去不返的悲愁苦痛。学生对"满地黄花堆积"产生认知冲突，既有生活经验不足的缘故，也有当今"菊文化"和赏菊传统变迁的缘故。教师借助文化变迁所引发的学生认知冲突，将学生带进富有文化感和思辨性的课堂生活中，语文深度学习自在其中。

四、想象加工造成的真实变形

文本是作者运用语言文字对现实表征的结果，受到视角和语言等因素的制约，只能"忠于"现实，而不可能完全"复制"现实。尤其是具有文学性的诗歌、散文、戏剧等文体，其文本中充满作者的想象加工。文艺创作所追求的真实，是源于客观真实但又高于客观真实的艺术真实。文艺创作将客观真实改造为艺术真实，主要有以下两种途径。

（一）将历史真实加工改造为艺术真实

历史真实，是历史的原貌，可在正史等可靠性较强的典籍文献中得以印证。在文学艺术的创作中，历史真实往往只是文艺创作的材料，并不等于艺术真实。从历史真实变成艺术真实，创作者必须经过删减、添加和修饰等一系列的加工改造。在文本解读和阅读教学中，教师关注历史真实和艺术真实的差异、变形等，可有效地激发学生探究作者的真正写作意图的兴趣。

例如苏轼的《念奴娇·赤壁怀古》刻画了一个"羽扇纶巾"的周瑜形象，将其从戎装武将的形象改造成了文雅儒士的形象。教师可据此设计问题："羽扇纶巾"刻画了一个戴着青色头巾、手持羽毛扇子的人物，同学们会最先想到哪个历史人物？学生不约而同地回答：诸葛亮。教师提出新问题继续引导学生思考：据正史《三国志》记载，周瑜是一个武将，基本上是一个征战或行军的将军形象，提到周瑜衣装的地方只有一处即"瑜还江陵为行装，而道于巴丘病卒，时年三十六岁"。由此可知，即使周瑜的衣装不是军装，也是出行所穿的便服，根本不是文雅的儒士服装，作者如此加工改造究竟有什么意图呢？借此问题的牵引，学生就容易走进文本的深处。

再如统编版高中语文必修上册教材的《念奴娇·赤壁怀古》中"三国周郎赤壁"中的"赤壁"，课下注释指出：苏轼所游的是黄州（今湖北黄冈）的赤鼻矶，并非三国时期赤壁大战处。可将此转化成问题：所游地点并非真正的赤壁之战发生地，难道是因为苏轼不知历史真实吗？学生经此一问，便陷入沉思。教师再出示苏轼的文章《石钟山记》，带领学生阅读全文，并着意研读其结尾："事不目见耳闻，而臆断其有无……笑李渤之陋也。"由此可追问：苏轼对"赤壁"的寻踪，是否也犯了他所说的错误？学生可能就陷入两个文本的比较和认知冲突中，从浅层思考走向深层思考。

（二）将眼前真实加工改造为艺术真实

眼前真实，是当下的真实，是作者正在经历、目睹的客观现实状况。在文学艺术的创作中，眼前真实和历史真实一样，也只是文艺创作的原料，要想将其变成艺术真实，同样要经历想象加工的过程。所以，作者所见的眼前真实，跟文本所呈现出来的艺术真实不能直接画等号。教师若能抓住艺术真实与眼前真实的相同点和不同点，引导学生体味眼前真实到艺术真实的变化之处，也许就能解悟"文本如何写""为何如此写"等文本秘妙。

例如李白《梦游天姥吟留别》中"天姥连天向天横，势拔五岳掩赤城。天台四万八千丈，对此欲倒东南倾"，极写天姥山之高，高耸入云天，远远超过了天台山的高度。天姥山，海拔只有818米。它附近的天台山主峰，海拔1098米。五岳中的泰山主峰海拔1545米，华山主峰海拔2160米，衡山主峰海拔1290米，恒山主峰2017米，嵩山主峰1440米。[1]教师可据此设计问题：面对上述各座山峰的高度数据，尤其是天台山主峰高于天姥山的这一事实，李白为何执意将天姥山写得如此之高呢？这一问，就将学生拉入了语文深度学习。

再如陶渊明的《归园田居（其一）》中"误落尘网中，一去三十年"一句，在统编版高中语文必修上册教材的课下注释指出：陶渊明大约二十五岁离开少时居所，直到五十五岁辞去彭泽令方归，所以说"一去三十年"，或疑当作"十三年"。自开始做官至辞去彭泽令，前后为十三年。对此，教师可以设置问题：面对自己的人生经历，十三年、三十年各有道理，你认为诗人更愿意选用哪个时长？学生经过思考和讨论，最终说出诗人选择的理由依据，跟教材编写者的意图很有可能是契合的。

"矛盾法"根植于以文本为中心的普遍存在的矛盾，既涉及作者的写作行为、文本的言语形式和内容，也涉及文本的时代语境，能够有效地引导高中学生读懂文本内容、读出文本妙处、学用文本妙处，从而实现对高中语文的深度学习。

（原文发表于《江苏教育研究》2022年第25期，收入本书时有改动。）

---

[1]董旭午.我这样教学古诗文［M］.北京：商务印书馆，2020：52.

第三篇

培育语文学科核心素养的运作机制

知识分类学习论在高中古代诗歌教学中的应用

学生学习古代诗歌，经常遇到"背不会，背会但又容易忘""读不懂，识字不解意""没兴趣，学习没意思"等问题。究其原因，主要在于学生读不懂诗歌内容。[①]"中学诗歌教学多为逐字逐句的解释和文本结构的分析，把鲜活的生命理论化、抽象化，毫无生气可言。"[②]"教师先介绍背景，解析意思，然后归纳手法，总结主题；学生则忙于死记硬背，被动接受，被动积累。"[③]针对古代诗歌教学的问题，有教师运用多种手段激发学生兴趣、试图唤醒学生的内在学习动机[④]，有教师建构"懂事儿·知趣儿·品味儿"的"九字诀"操作模式提高教学效果[⑤]，有教师采用"翻转课堂"改善教学[⑥]，有教师应用"微课"提高教学效率等[⑦]。

基于认知心理学研究从知识分类学习论角度着眼，识别高中古代诗歌教学中的知识类型并探索其学习条件，以期提高古代诗歌教学质量。

---

①王恩春.古代诗歌教学初探［J］.中学语文，2018（6）：103-104.

②刘传菠.诵读·赏析·感悟：中学古代诗歌教学方法刍献［J］.大连教育学院学报，2019，35（2）：14-16.

③牛未然.浅谈古典诗歌入境教学法［J］.七彩语文（中学语文论坛），2015（1）：57-59.

④孟庆焕.古代诗歌教学激趣新探［J］.文学教育（下），2016（2）：46-47.

⑤张玉新，孙默."九字诀"：一种古代诗歌教学操作范式［J］.中学语文教学参考，2018（29）：26-29.

⑥胡海燕."翻转课堂"在古代诗歌教学中的应用研究［J］.中学语文，2019（27）：66-67.

⑦张水娥.微课在高中古代诗歌教学中的应用［J］.福建教育研究，2017（6）：2.

一、知识分类学习论视域中的古代诗歌知识

关于学习知识，不同的研究者有不同的分类和解释。例如美国认知心理学家奥苏贝尔的学习理论，将学习分为有意义学习和机械学习，并将有意义学习由简到繁分为五类：表征性学习、概念学习、命题学习、概念和命题的运用、解决问题与创造。美国教育心理学家加涅的学习结果分类理论，将学习结果分为五类：言语信息、智慧技能、认知策略、动作技能、态度。美国教育心理学家安德森的知识分类理论，则将知识分为两类：陈述性知识和程序性知识。皮连生主张："学校教育发展学生智力的任务，实际上就是帮助学生有效地掌握陈述性知识、程序性知识和策略性知识。"[①]"为了使教学设计建立在现代认知心理科学的基础上，现代认知心理学家提出了多种学习理论。知识分类学习论可以把这些理论综合起来，对构成智力的三类知识学习作出合理解释。"[②]现代认知心理学证实，人类知识有着不同的类型，每种类型的知识有其各自的学习条件。据此，高中古代诗歌教学应当按照每类知识学习的内外条件设计教学，才能取得最佳教学效果。在高中古代诗歌教学中，三类知识分别指什么呢？

陈述性知识是个人有意识地提取线索而能直接陈述的知识，主要用来回答世界是什么的问题。[③]比如"《诗经》是四言诗""陶渊明自号五柳先生""杜甫写过'三吏'和'三别'""律诗分为四联：首联、颔联、颈联和尾联""词也叫诗余""柳永是宋代词人"等。"程序性知识是个人没有有意识的提取线索，只能借助某种作业形式间接推测其存在的知识"[④]，"主要用来解决怎么办的问题，本质上是一套办事的操作步骤。在学科知识中，它主要由概念和规

①皮连生.一种关于智力的新观点［J］.湖南教育，1995（3）：13.

②皮连生.知识分类：学习论、教学论及其应用［J］.湖南教育，1995（4）：10.

③皮连生，杨心德，吴红耘.学与教的心理学［M］.5版.上海：华东师范大学出版社，2009：95.

④皮连生，杨心德，吴红耘.学与教的心理学［M］.5版.上海：华东师范大学出版社，2009：95.

则构成"①。比如"押韵""起承转合""过片"等作诗规则,"重音""节奏""停连""气声"等读诗技能。程序性知识分为两个亚类:一类为运用概念和规则对外办事的程序性知识;另一类为运用概念和规则对内调控的程序性知识。比如"利用词牌填词""因声求气""缘景明情""区分'乐景'与'哀景'""举例说明'以景结情'"等,属于程序性知识的第一个亚类;"利用动机原理提高学习效率""采用口诀记忆作家作品常识""用关键词概述叙事诗的内容""想象诗句所写的画面"等,属于程序性知识的第二个亚类,也就是策略性知识,这类知识主要用于解决怎样办事更好的问题,它直接决定学生学习的质量和办事的效率。②

知识分类学习论的核心思想是:"人类的知识有不同类型,不同类型知识的学习条件不同;只有依据每类知识学习的内外条件来设计教学,才能收到最佳教学效果。"③中国的语文教学不缺优秀教师,也不乏好的方法,所缺的是根据知识类型和学习阶段确定最适当的方法的理论。④语文教师应鉴别古代诗歌知识类型,创造不同类型知识学习的特殊过程和条件,进而提升学生学习古代诗歌的效率。

二、古代诗歌中的陈述性知识教学

根据知识分类学习论观点,古代诗歌中陈述性知识主要是关于内容、语言和背景的知识。内容知识是诗歌描述的具体景物、陈述的具体事件、人物及其所蕴含的道理;语言知识是包括词汇、声韵、语法、句法、修辞、章法、文体,尤其是"诗家语"等在内的知识;背景知识是诗歌写作的时代背景及诗人

---

①黄方芳,庞维国.知识分类学习论在初中文言文教学中的应用 [J].当代教育科学,2010(18):13.

②黄方芳,庞维国.知识分类学习论在初中文言文教学中的应用 [J].当代教育科学,2010(18):13.

③黄方芳,庞维国.知识分类学习论在初中文言文教学中的应用 [J].当代教育科学,2010(18):13.

④姚夏倩,皮连生.关于语文学习与教学规律的思考:知识分类学习论和教育论在语文学科中的应用研究 [J].华东师范大学学报(教育科学版),1999(3):67.

的遭际、心态、思想等方面的知识。

陈述性知识，即能用言语陈述的知识。"这类知识一般通过理解和记忆获得，可以称为语义知识，与加涅学习结果分类中的'言语信息'相一致。"[①]加涅将"言语信息的学习又分为三个亚类：符号学习、事实性知识学习和有组织的整体知识学习"[②]。按照陈述性知识的三个亚类为学生创造适切的学习条件，则是基于知识分类学习论的古代诗歌教学的题中应有之义。

1.符号学习，即对有关事物的名称或符号之类知识的学习。若干字符连成一串的符号学习被称为言语连锁学习。对诗歌中的通假字、生字、人名、地名、风物名以及诗句等的记忆，都属于符号学习或言语连锁学习。由于符号学习属于机械学习，重复练习与反馈就是其学习的重要条件。教师既可指导学生根据艾宾浩斯遗忘曲线所揭示的规律，逐渐拉长温习、背诵和默写的间隔，也可指导学生改进记忆方法，对部分内容赋予某些意义使其易于记忆。

2.事实性知识学习，即对简单命题知识或事实知识的学习。"事实是表示两个或多个有名称的客体或事件之间的关系的言语陈述。"[③]有些事实性知识是孤立的，如"《登高》的作者是杜甫"。还有些事实性知识是相互联系的，如"《长恨歌》《琵琶行（并序）》《梦游天姥吟留别》都属于歌行体"。这些事实性知识并不是孤立存在的，因为其题目、声韵、写法都跟文体有关。记住一首古代诗歌的作者并不难，如记住"《永遇乐·京口北固亭怀古》的作者是辛弃疾"。然而，一旦想同时记住十多首古代诗歌的作者就会感到困难，例如记住"《芣苢》和《静女》选自《诗经》""《短歌行》的作者是曹操""《归园田居（其一）》的作者是陶渊明""《梦游天姥吟留别》的作者是李白""《登高》的作者是杜甫""《琵琶行（并序）》的作者是白居易""《桂枝香·金陵怀古》的作者是王安石""《念奴娇·赤壁怀古》的作者是苏轼"

---

①皮连生，杨心德，吴红耘.学与教的心理学［M］.5版.上海：华东师范大学出版社，2009：95.

②皮连生，杨心德，吴红耘.学与教的心理学［M］.5版.上海：华东师范大学出版社，2009：98.

③皮连生，杨心德，吴红耘.学与教的心理学［M］.5版.上海：华东师范大学出版社，2009：99.

"《文氏外孙入村收麦》的作者是苏辙""《念奴娇·过洞庭》的作者是张孝祥"等。因为这种事实性知识容易相互干扰、混淆，也容易遗忘。采用认知心理学所主张的组织策略，可改善记忆。常用方法主要有列提纲、利用图形、利用表格、概括和归纳、运用理论模型等。如果不擅长画鱼骨图、思维导图等图表，也可采用概括和归纳的方法，提炼每首诗歌的关键词，使诗歌的内容、题目和作者（或出处）等相关知识形成知识链条。例如：采采芣苢—芣苢—诗经，静女其姝—静女—诗经，诗经每句四言，首句取字命名。再如：对酒当歌—短歌行—曹操，心声一统天下；守拙归园田—归园田居—陶渊明，辞官归隐园田。其余皆可如是操作。在关键词链接策略中，事实性知识极简化，呈现信息间关系，可使记忆痕迹更深刻持久。

3.有组织的整体知识学习，即对有意义的命题的组合知识的学习。它跟前两个亚类知识相比，是"成块的知识"，更具组织性和整体性。写作背景知识即属此类。"这类知识学习的重要过程是理解"，"影响这类知识学习的唯一最重要条件是原有知识及其组织的特征"，即原有认知结构。①如《行路难》作于李白遭排挤出京、被唐玄宗赐金放还后，抒发了作者心中的愤懑不平之情。当学生学习他的另一首诗歌《将进酒》时，教师可提示学生注意"莫使金樽空对月"一句中有"金樽"。学生便可想到曾学过《行路难》的中关于饮酒的诗句"金樽清酒斗十千，玉盘珍羞直万钱""停杯投箸不能食"，会想到《将进酒》这首诗歌可能也作于李白遭排挤出京、被唐玄宗赐金放还后。如此，写作背景这一有组织的知识便被激活。当学生查阅资料并证实自己的猜想与推测时，再学习新的古诗时就能较为容易习得已学过的写作背景知识。

三、古代诗歌中的程序性知识教学

按照知识分类学习论观点，古代诗歌中的程序性知识不仅包括诗歌的遣词造句，即词法与句法，还包括整体把握诗歌情感、梳理诗歌语篇情感脉络等方面的知识。

---

①皮连生，杨心德，吴红耘.学与教的心理学［M］.5版.上海：华东师范大学出版社，2009：99.

读懂古代诗歌的诗句，是学生理解古代诗歌语篇的第一步。在此环节中古代诗人常用的句式、句法等程序性知识，是非常重要的因素。古代诗人常用的句法有省略、倒装、炼字、修辞等。古代诗歌的这些句法各有其特点，包含着作者作诗的规则，也决定着读者读诗的规则。想读懂这类"诗家语"，就要掌握其句法规则。

"所谓规则学习，实质上就是能用大量的例证来说明规则反映的关系，或者说，能运用规则在其适用的各种不同情境中办事。"[1]规则学习的过程和条件，可分两种类型。一是例规法，即从例子到规则的学习，"教师呈现规则的若干例证，让学生从例证中概括出一般结论的学与教的方法"，"学生进行的是发现学习"。[2]二是规例法，即从规则到例子的学习，"教师先呈现学生要学习的规则，然后用例子来说明规则的学与教的方法"，"学生进行的是接受学习"。[3]例如课堂教学古诗，教师告诉学生，"借景抒情"指诗人借用景物来抒发情感，并举出许多例子，但学生仍不能掌握这一规则。究其原因在于，诗人借助同一种景物在具有不同的主题和修饰成分的诗句中抒发不同的情感。学生未能完全掌握主题和修饰成分这两个关键概念，就不可能真正掌握由这些概念构成的规则。

例如教学省略句式中省略主语，起句是省略句型时，可以选用两个例子："对酒当歌，人生几何！"（曹操《短歌行》），"寻寻觅觅，冷冷清清，凄凄惨惨戚戚"（李清照《声声慢（寻寻觅觅）》）。采用还原法，补充省略的主语，前者是"（我）对酒当歌，人生几何！"，后者是"（我）寻寻觅觅，（周围或环境）冷冷清清，（我）凄凄惨惨戚戚"。学生在对比原句和补句后，归纳这两类诗句中省略主语、诗歌起句省略的填补、还原和复位的规则。学生可发现只要将原诗句中的主语补充完整，其内容就好理解了。

---

①皮连生，杨心德，吴红耘.学与教的心理学［M］.5版.上海：华东师范大学出版社，2009：105.

②皮连生，杨心德，吴红耘.学与教的心理学［M］.5版.上海：华东师范大学出版社，2009：105.

③皮连生，杨心德，吴红耘.学与教的心理学［M］.5版.上海：华东师范大学出版社，2009：106.

　　例规法虽可解决学生理解或悟出规则的问题，但仍需学生在语文实践中运用规则，通过变式练习达到自动化运用规则的程度，即不费力费时思考或试错就能直接理解。所以省略句的后续教学，就可列举另外两句省略主语的起句："少无适俗韵，性本爱丘山"（陶渊明《归园田居（其一）》），"登临目送，正故国晚秋，天气初肃"（王安石《桂枝香·金陵怀古》）。教师请学生运用刚才从两组诗句中所提取出来的填补、还原和复位规则，理解诗句并口述诗句意思。在学习结束后，教师还可要求学生在课外诗歌材料中寻找类似的诗句，进行理解并写出诗句意思。用图式理论解释，学生学习句法规则后就在脑中形成了这类诗句的图式。在经过实践运用后，遇到类似情境材料，就会形成一种无意识的反应或自动化的习惯，便可更好地调节、监控自己的比对、理解及后续学习中的信息加工，提高诗歌学习的实效。

　　古代诗歌跟现代文相比，多为短小精悍、意蕴深刻的传世经典，除了理解诗歌内容及其内蕴的情感和道理之外，把握诗歌的结构章法等也很重要。诗歌的体式章法属于复杂的程序性知识，其教学在本质上是帮助学生在心智中建构各种写作规则组织起来的结构图式。诗歌的体式、结构、章法、写法等，可以说是一种思维图式或心理图式。所以创作诗歌是一种文体思维，阅读诗歌也是一种文体思维。例如：《芣苢》是典型的"诗经体"，三章的句式、段式都是"采采芣苢，薄言（　）之。采采芣苢，薄言（　）之"。其"重章叠句"的章法结构非常明显，全诗仅仅更换6个动词就抒发了劳动的欢悦之情。再如《念奴娇·赤壁怀古》属于怀古诗，以眼前景遥想历史人物和场景；《登高》属于登高诗，有着"登高必赋"的传统和写法；《文氏外孙入村收麦》是记事诗，记录了外孙文骥到村里帮忙收麦的场景、天气和心情；等等。学习古代诗歌，让学生梳理这些结构和线索，可以促使学生理解或理顺这些诗歌图式。若能跟固有图式吻合，便可快速把握诗歌的结构和写法；若不能跟固有图式吻合，便可发现新的诗歌图式新在何处。例如，在学习《静女》时，学生便可激活《芣苢》的诗歌图式及经验；学习《永遇乐·京口北固亭怀古》时，学生便可激活《念奴娇·赤壁怀古》的诗歌图式及经验；学习《登岳阳楼》《桂枝香·金陵怀古》时，便可激活《登高》的诗歌图式及经验，甚至还会有学生在学习《登泰山记》时，激活《登高》的诗歌图式及经验，迁移而建构"登高必赋"类的散文图式。

古代时期，诗歌教学重视讽诵吟咏，盛行"书读百遍，其义自见""旧书不厌百回读，熟读深思子自知"等做法。但现代社会生活、工作和学习的节奏都很快，学生很难有充足的时间慢慢领悟而形成鲜明厚实的诗歌图式及经验。基于程序性知识的学习原理开展古代诗歌教学，可有效激发学生学习古代诗歌的兴趣并提升学习质量。

四、古代诗歌中的策略性知识教学

策略性知识也是一种程序性知识，不过，一般程序性知识所处理的对象是客观事物，而策略性知识所处理的对象则是个人自身的认知活动。对此加涅说：前者是对外的，后者是对内的。例如学生在了解诗歌写了什么内容的情况下，根据关键词概述诗歌的内容，有些人概括得简洁明了，有些人概括得笼统模糊。对此，心理学的解释是，不同个体学习或认知活动的策略性知识存在差异。

根据认知活动的复杂程度，策略性知识可分为：较低级的一般学习活动的策略知识和较高级的创造性思维策略知识。关于前者，应注意设计和组织使学生"学会学习"的活动，要点有三。其一，教师通过提问吸引学生的注意，促使学生逐步由外界控制转为自我控制，此即所谓借助提问对走神的学生进行提醒，促使其养成集中注意力的习惯。其二，教会学生在听课和看书时合理记笔记，记笔记既可集中注意力，又能促使建立旧知与新知以及新知各部分之间的关联，有助于理解和记忆。例如关键词记录法、符号速记法等。其三，教会学生如何对知识进行组织与意义加工，促进记忆，便于回忆。例如编口诀、唱歌谣、说顺口溜，以及利用谐音记忆等。比较高级的创造性思维策略，其实是可教的，它主要是推理过程，不同于常规技能。这种策略性思维总是因个人的知识背景不同而不同，难以程式化。

"研究表明，要使策略训练经受迁移测验检验，学习者必须清晰地意识到所学习的策略是什么（what），它所适用的范围（where）以及怎样（how）和什么时候（when）应用。"①例如：教学"用删改法品味诗句妙处的策略"。在学习《声声慢（寻寻觅觅）》时，教师请学生品味"寻寻觅觅，冷冷清清，凄凄惨惨戚戚"的妙处。教师先请学生将其所品味的妙处写在纸上，并用投影仪将学生所品味的结论投放在屏幕上，之后教师讲述自己所品味的妙处，由学生评判哪种看法更为妥帖、完善。

一般来说学生在比对后会发现，教师的看法似乎更贴切、更全面。此时教师应告知学生，自己运用了删改法品味诗句妙处。第一步，将原句改为："寻觅，冷清，凄惨戚"。第二步，朗读并感受改句和原句的差异：改句更短，都是两三个字，读起来急促，缺少"声声慢"的感觉；还改掉了修辞手法，降低了审美价值。第三步，用两三句话写出原句的两三点妙处：四字句富有节奏感，读起来有"声声慢"的感觉；使用了叠字手法，具有一字一层感情的抒情效果。在教师的悉心引导下，学生可总结出"用删改法品味诗句妙处的策略"：删减字词，改变原句，比较差异，再说妙处。

在策略性知识教学第一阶段，学生发现了规则，知道了策略性知识的使用规则是什么、具体功能是什么、具体操作步骤是什么。接着进入第二阶段：具体怎么做。学生按照规则以及具体的操作步骤、方法和标准，运用策略练习。这时教师可展示诗词"采采芣苢，薄言采之。采采芣苢，薄言有之"，由学生运用刚才所学的规则删改诗句。课堂教学结束，教师布置一个变式练习，学生根据诗歌读物自选诗句开展一个变式练习，以达到策略运用熟练化。

到第三阶段，教会学生清晰地把握策略适用的条件，知道何时、何处使用并主动选择、调节和监控。仍以"用删改法品味诗句妙处的策略"为例，学生在这一阶段要学会辨别在什么情况下使用是合适的。对此，教师要引导学生在不同策略的比较中辨别策略适用的条件。例如教师总结出"品味诗歌妙处要诀"：品诗妙处，篇句词字；首尾呼应，自有妙义；开门见山，起句点题；结句点题，卒章显志；起承转合，句有修辞；虚实用典，衬托比拟；情景交融，佳句炼字；分条标号，规范细致。这则口诀，也是一种品味诗歌妙处的策略性

---

①皮连生，杨心德，吴红耘.学与教的心理学［M］.5版.上海：华东师范大学出版社，2009：107-108.

知识，不过适用范围更广。在遇到品味诗歌妙处的试题或其他情境任务时，若学生将两种策略性知识作以比较，能辨认出后者在品味诗歌章法妙处时更适切，前者在品味单个诗句妙处时更合适，就可断定其已学会"用删改法品味诗句妙处的策略"。在不断品味诗句的练习中，学生会发现高中阶段单个诗句的品味大多都适用这一策略，且测评得分率较高。

有必要指出的是，陈述性知识中的一部分可以转化为程序性知识。例如句法知识中的省略句、倒装句等概念，稍加运用即可变成"将诗歌原句变成省略句""将诗歌原句变成倒装句"等程序性知识；再如修辞手法中的反复、对比等，章法知识中的首尾呼应、重章叠句、以景结情等，都可以通过一定的标准或操作步骤转化成程序性知识。这诚如皮连生所说："对学生进行某种技能的培养和训练时，不应该忽视有关概念、规则等的传授，也不应该将学生埋入题海之中，埋头苦练，而是应当首先使学生掌握或理解有关操作或运算步骤的知识，即这些知识进入学习者原有的命题网络；然后设计变式练习，让学生在多种问题情境中进行练习，以促使陈述性知识转化为程序性知识（技能）。"[1]

从教学实践看，利用知识分类学习论指导教学可提升高中古代诗歌教学过程的心理化程度。教师根据每种知识类型而为学生学习创造所需的不同的内外条件，选择或改进教学方法和学习活动，能有效克服古代诗歌教学随意且不够科学的弊端，进而能有效改善古代诗歌教学"逐句逐字翻译讲解""高耗低效""少慢差费"的状况。

（原文发表于《中学语文》2021年第1期，收入本书时有改动。）

---

[1] 皮连生，杨心德，吴红耘.学与教的心理学［M］.5版.上海：华东师范大学出版社，2009：96

基于学用课文写法的语文教学内容确定流程

——以《陋室铭》为例

教学内容决定着教学方法，教学方法服务于教学内容，这是语文教学中关于内容与方法的辩证法。教学方法存在着不同的类别，既有多个学科普遍或通用的方法，也有语文学科高频或专用的方法，教学方法的选用直接影响着教学内容的落实、课堂教学的效果和学生学习的收获。一线教师的困惑和课堂教学的问题，除了有教学内容不易研判和确定之外，还有教学方法方面的问题，大多教师采用非语文学科高频使用或专用的方法，把语文课上成了非语文课[①]，或者造成教师的教和学生的学明显脱节。

在语文教学中，教师若能根据教学内容选择并确定语文学科中那些高频或专用的方法，提高语文课堂教学质量就水到渠成。也就是说，对于已经明确的教学内容，教师用属于语文教学的专业方法进行课堂教学，从而提高语文课堂教学质量，是非常符合学科逻辑、教学逻辑和学生学习逻辑的。

根据义务教育语文课程标准、语文教材中的"单元导语"和课前的"预习"提示以及课后的"思考探究""积累拓展"，再结合解读层次"写了什么""什么写法""什么妙处""什么意图"，可以确定："如何读懂课文大意""如何读出课文写法""如何品味语言特色""如何领悟写作意图"是语文教学课堂的四个基本点，属于"必选动作"；"如何感悟文体功能""如何学用课文写法""如何学用语言特色"等是语文教学的高难点，属于"自选动作"。在选择和确定教学专业方法时，分析四个基本点和其他高难点的内容，虽然很难将其完全分开，但也应尽量做到论述思路清晰。

下面就以《陋室铭》为例，在明确其教学内容的基础上，对语文教学专业

[①] 熊纪涛.语文教学专业方法体系论：基于统编版初中语文教材的提炼与建构［J］.中学语文，2021（34）：62-70.

方法的选择与确定作以讨论，以期把握和提炼教学内容与专业方法的逻辑关联，为教学内容的确定建构一个明晰的流程。

一、学科逻辑：从读懂内容走向读懂内容的方法

学生一般运用自己的阅读方法和阅读经验来理解课文大意，这也是后续教学的基础。问题是，教师能否立足于学生既有的阅读方法和阅读经验，引导学生学用更加有效、更加精粹的阅读方法。就此来说，读懂课文的大意，固然重要，但用什么方法读懂、学习运用哪些专业方法读懂，更能体现语文作为学科的当行本色。因为语文教学和语文教师的使命是引导学生在阅读技能上从一个非专业读者变成准专业读者或专业读者，而阅读技能的提高离不开专业阅读方法和训练。

结合语文教学实际，我们可以发现把握一篇课文的大意，有着多种方法或方式。例如"读了这篇课文有什么感受？""读了课文，作者想说什么？""课文写了什么？""请用一句话概述课文内容。""请用三两句话说出课文写了什么。"……直问、曲问、主问题、分步问、疑问式、陈述式等，思路一致，但角度、方法和方式不一。透过现象看本质，理解课文的大意，是对课文主要内容的把握，其本质是对课文内容的缩写或简述，通过简要的表述证明自己读懂了课文，以便为后续学习奠定基础。对此，应分析《陋室铭》这篇课文的缩写难度或概述难度，以便确定缩写的具体策略和难度等级。

按照学生对《陋室铭》内容的理解，他们很难用一句话完整地表述诗人写了什么，更无法用一两句话说清诗人的写作意图，因为学生对《陋室铭》的理解是碎片化或局部性的，而非整体化或全篇性的。从文体的角度来说，适于整体化理解或全篇性的语篇，多是叙事类的，学生能够基于其中一个事件或故事的时间、空间和人物关系等方面的发展变化而形成总体印象。就《陋室铭》而言，其显然不是叙事类语篇，除此之外，虽然有"论"或"说"，也许能够把握住"斯是陋室，惟吾德馨"这个表达主旨的语句，但也不足以概括全文的内容。更重要的是，完全按照当今教学文体中的"议论文"的教学方法来教学《陋室铭》是违悖其"箴铭文"文体的。阅读教学的基本规律要求教师要进行

"识体""用体"的"适体教学",而不能进行"悖体教学"。据此来看,不提供具有操作性的缩写支架,只发出指令要求或问题指向的缩写,在文体上不适切而且学生操作难度大,所以建议采用支架式的缩写方法指导,这样既适切于文体,同时也降低了难度。

支架式缩写,可以分为两步,示例如下:

第一步,转述文意。

> 山低谓(俗),有仙谓(雅);
>
> 水浅谓(俗),有龙谓(雅)。
>
> 室窄谓(俗),有德谓(雅)。
>
> 苔痕阶绿谓(雅),草色帘青谓(雅);
>
> 鸿儒谈笑谓(雅),往来白丁谓(俗)。
>
> 调素琴谓(雅),阅金经谓(雅)。
>
> 丝竹乱耳谓(俗),案牍劳形谓(俗)。
>
> 南阳诸葛庐谓(雅),西蜀子云亭谓(雅)。

第二步,浓缩提炼。

> 《陋室铭》课文,
>
> 既写了( )之雅,
>
> 又写了( )之俗,
>
> 形成了( )之写法,
>
> 抒发了( )之情志。

经过以上两步操作,学生普遍可以悟到作者既写了多种景物、事务之雅,又写了多种景物、事务之俗,在对比的写法中抒发了心中朴素雅洁、修德自好的情志。就教师的理解而言,用马正平教授写作学研究中的赋形思维来看,《陋室铭》主要运用了"雅美"与"俗陋"的重复与对比(或渲染与衬托)的写法，是一篇经典之作。如此支架式缩写，不仅有利于学生理解文章大意和作者思想情感倾向，也有利于引导他们观察和体悟文章的写法和意图。

二、教学逻辑：从读懂内容的方法悟出课文的写法

经过缩写法的操作之后，学生对课文的写法已经明确了。然而，这只是从整个篇章的角度悟出的写法，至于不同语句、层次之间的写法，学生未必能够意会。教师若是采取直接告知式的讲述，学生只能获得一种关于语句、层次之间写法的结论，并未经历这种写法的思考发现过程。其实，这就是当前很多语文课堂中存在的"满堂灌"现象，教师对结论一讲到底，学生对结论一听到底、一记到底，丝毫没有思考领悟的机会和过程。这是一种没有"语言学用"的语文学习，久而久之就成了一种低层次、平庸的学习。课文的写法，还是要靠教师设计活动，由学生自己发现和讲述，如此才可能促进学生理解作者对语言的运用，从而主动思考和学习语言的运用。

关于课文中语句、层次之间关系，可以采用选点法举出其中一两处作为教学点，也可以针对整个语篇作分层，将每一层都作为教学点，促使学生对课文写法产生更加具体的理解和领悟。按照这两种思路设计教学活动，其专业方法也是不同的。比如第一种思路是选点法，选择课文中一两处语句作为例子，引导学生造句，通过让其谈论对课文的理解而说出对课文写法的理解。比如第二种思路是语篇分层设点教学，引导学生删改或对比语句，通过让其谈论对语句的理解而说出对课文写法的理解。

第一种思路：研读课文后，发现课文中最能凸显作者修德自好的地方，就是其中关于景物、事务的对比，蕴含着文章的写法和作者的意图。根据前述可用造句法，即选用关联词等设计固定句式，为学生搭建学习支架，方便学生表达自己对内容和写法的理解。

居于陋室：
既可以（　），也可以（　），还可以（　）；
不可以（　），不可以（　），也不可以（　）。

请将课文所写的景物、事务填入括号内。例如：

① 既可以（调素琴），也可以（阅金经），还可以（鸿儒谈笑）；

不可以（往来白丁），不可以（丝竹乱耳），也不可以（案牍劳形）。

② 既可以（赏苔绿），也可以（看草色），还可以（品帘青）；

不可以（往来白丁），不可以（丝竹乱耳），也不可以（案牍劳形）。

通过填空，学生既能对课文中的重要语句有新的理解，也能对课文语句之间的关系有更深刻的认识。当然，学生对作者所用的对比写法，也能有更加具体深入的理解和感悟。

第二种思路：将整个语篇分层，根据语句的关系、文章的意脉等，选用不同的方法，加深学生对不同语句的关系、层次的认识。

1.篇首：删改法。

山不在高，有仙则名。

水不在深，有龙则灵。

斯是陋室，惟吾德馨。（原句）

室不在好，有德则馨。（改句）

问：①可否把前两句直接删掉，将"斯是陋室，惟吾德馨"作为开篇起句？请说明理由。②改句和原句的句式逻辑一致，是否比原句好？请说明理由。

关于第一个问题，学生不同意删掉，原因是：先写山水仙龙，再写房屋和自己，这样有铺垫，是类比的写法的运用。其实，学生这种"可以意会却难以言传"的认识，用专业术语来说就是"比兴"。对此，教师可以联系有关歌谣或《诗经》的篇章，引导学生学会运用类比这种写法。

关于第二个问题，通过改句和原句的比较，学生就会发现：改句跟原句构成了排比句式，但句意中"馨"似乎跟自己没有明显的关联；而原句跟前两句在意思上有关联，但句式却不同，具有凸显"吾室""吾德"的作用。其实，学生的这种认识，已经触及"箴铭文"文体的功能作用，因为《陋室铭》属于其中的亚类"器物居室铭"①，有着"警戒性""自勉性"的作用。

运用删改法，可以促使学生在改句的参照对比下，对原句产生更加深入的思考，尤其是对改动点能够进行更精准深刻的体味。

2.篇中：评点法。

（1）第一处：

苔痕上阶绿，草色入帘青。（①两句的写法是：＿＿＿＿＿＿＿＿；②写"室"的角度：＿＿＿＿＿＿＿＿＿）

谈笑有鸿儒，往来无白丁。（①两句的写法是：＿＿＿＿＿＿＿＿；②写"室"的角度：＿＿＿＿＿＿＿＿＿）

（2）第二处：

可以调素琴，阅金经。（写"室"的角度：＿＿＿＿＿＿＿＿＿）

无丝竹之乱耳，无案牍之劳行。（写"室"的角度：＿＿＿＿＿＿＿＿＿）

（"可以"两句和"无"两句，运用的写法是：＿＿＿＿＿＿＿＿＿）

请学生针对写法和角度，在括号内填入自己的见解。

关于写法，学生一眼就看出了是对比；关于角度，多数学生都能想到室内环境、室外环境以及作者的生活志趣等。这几处均为精美之句，也叫精句美句，使用评点法，通过聚焦文章写作的角度和方法等内容，引导学生圈点批注，能够促进学生主动思考和感悟。

3.篇尾：还原法。

南阳诸葛庐，

西蜀子云亭，

（和州梦得室，）

孔子云：（君子居之，）何陋之有？

---

①褚斌杰.中国古代文体概论［M］.北京：北京大学出版社，1984：395.

注：①刘禹锡，字梦得，贞元九年擢进士第，登博学宏辞科。据说，《陋室铭》为其被贬和州（今属安徽）时期所作，仍待考证。②《论语·子罕》：子欲居九夷。或曰："陋，如之何?"子曰："君子居之，何陋之有?"

问：括号内的两句话，加上与不加上有什么差别？

两个还原之处，略有不同，前者为作者意思的还原，后者为引文的还原。作者之所以将两处都隐去，是因为"铭"刻于心，主要是用来警示自己。古人写作或阅读，审美追求是"文贵含蓄"，不能过分显示自己，若加上前者就变得有点"露才扬己"，再加上后者就有直接将自己定义为君子之意，这极不妥切。对此，教师可以提示学生回顾《〈论语〉十二章》中论述君子的语句："人不知而不愠，不亦君子乎？"君子就是自警自励的，诚如荀子所说"古之学者为己，今之学者为人"，其实古人作"铭"也是为了提高自己的修养。作者在此"引经据典"，自然蕴涵"明道、征圣、宗经"之意。使用还原法，还原后的语意顿时变得非常强烈，相形之下，原句的语气显得谦逊和自勉。由此可见，在作者语意确有省略和诗文征引明显省略的情况下，还原法是非常值得尝试的。

三、习得逻辑：从课文写法品味特色效果

采用多种方法"读出课文写法"，已经涉及课文的语言特色，但并不是专门学习语言特色。为了充分体悟《陋室铭》之雅之美，还要在具体的活动中品味其语言特色。褚斌杰先生说："这篇仅八十一字的短文，向来以立意新颖，布局严整，语言精巧著称。"[1]其中"语言精巧"，高度评价了《陋室铭》的语言艺术水平。这除了语意精雅之外，恐怕还得益于其"铭"句法灵活，句式精致，美感十足。换言之，"意雅""言雅"交相辉映，是《陋室铭》语言精巧的主要成因。

---

①褚斌杰.中国古代文体概论［M］.北京：北京大学出版社，1984：397.

1.骈句：朗读法。

> 山不在高，有仙则名。
> 水不在深，有龙则灵。
> 斯是陋室，惟吾德馨。
> 苔痕上阶绿，草色入帘青。
> 谈笑有鸿儒，往来无白丁。
> 可以调素琴，阅金经。
> 无丝竹之乱耳，无案牍之劳形。
> 南阳诸葛庐，西蜀子云亭。
> 孔子云：何陋之有？

教师请学生先自由朗读，再引导学生注意语速、节奏和语气，学生一般都能读出其押韵的特点。在某种程度上，"押韵""韵脚"保证了其语句朗朗上口，具有非常明显的流畅感，容易入耳入心。再者，其句式多为对偶句或整句，相当整齐，再加上声韵特点，就有了骈句的句式特征。骈体文又叫四六体，就是因其语句多为四六字句，注重对偶声律，具有雅言的特质。对此，非读不能见其雅，非诵不能品其美。使用朗读法，声情并茂，可立即用声音传达其语言整中见散、声韵和美的特点。

2.诗意：集句法。

> 苔痕上阶绿，
> 草色入帘青。
> 谈笑有鸿儒，
> 往来无白丁。
> 问：如果没有在课堂上学习《陋室铭》这篇文言文，你会认为这是哪种文体？

初中学生通常回答其是"诗""诗歌"，小学生认为这就是古诗。其实，包括一些语文教师，都说自己乍一看，还真以为是一首诗呢！也就是说，在某种意义上，可以将其命名为《陋室诗》，这就是《陋室铭》的语言特色所在。所以，教师可借此语句，引导学生对其"诗意""诗感"玩索一番。可用课件呈现《峨眉山月歌》《别董大》《送元二使安西》等诗歌，学生即可看出景情关系：先景后情，以景写人，借景抒情，明显是诗歌的作法。其实，在古代截取或集合前人诗文中的语句，然后创作而成新作品，这种方法就是截句法或集句法。从创作论的角度来说，这正是属于语言文字运用所独有的方法。

3.文感：删改法。

> 山不在高有仙名。
> 水不在深有龙灵。
> 斯是陋室吾德馨，
> 苔痕阶绿入帘青。
> 谈笑鸿儒无白丁，
> 素琴调而阅金经。
> 断无丝竹乱耳忧，
> 亦除案牍劳身形。
> 诸葛草庐子云亭，
> 孔子曾云何陋有？
> 问：如此删改，是否可以？请发表自己的看法。

学生朗读此删改后的作品后再读原文，经过对照阅读很快察觉：这样修改只能叫做《陋室诗》。教师追问：原因何在？学生回答："铭"是文言文的一种文体，原本就跟诗歌不一样。其实，体悟《陋室铭》的语言之美，就是要能看出其通篇具有"诗质"的特点和感悟，把握住其作为"铭"这种文言文，而不同于《论语》的语录体、《世说新语》的笔记体和《爱莲说》的说体小文的特点。

综合来看，《陋室铭》的语言风格、语言特色，既是由其语句"声韵""意蕴"的特质所决定的，也是由其"器物居室铭"的体式所决定的。

四、实践逻辑：从特色效果领悟写作意图

作者为什么要写作《陋室铭》呢？这涉及作者的写作意图。对此，教材编写者并无注释或提示。也就是说，教材中"单元导语"所言的"本单元所选的文章，从不同的角度展现了中华美德以及时代对这些美德的呼唤。阅读这些课文，可以陶冶情操，净化心灵，使人追求道德修养的更高境界"。这个意图的落实，还需要教师提供能够理解刘禹锡心境的助学资料，学生才能更好地跟古人"神交"或"读其书而想见其为人"。助学材料如下：

（1）《〈论语〉十二章》。

子曰：贤哉，回也！一箪食，一瓢饮，在陋巷，人不堪其忧，回也不改其乐。贤哉，回也！"

（2）刘禹锡在文章《上杜司徒书》中说："小人祖先壤树在京、索间，瘠田可耕，陋室未毁。"

注释：①壤树，墓地植树当作标记。②京、索，在今河南郑州荥阳。公元842年，71岁的诗豪刘禹锡病卒于洛阳，葬于荥阳。

（3）刘禹锡所写的《子刘子自传》，其结尾先说"行年七十有一，身病之日，自为铭曰"，接下来就是一番感慨（已译成白话文）：没有早亡也不卑贱，是天生的福分啊。多灾多难，是遭遇的不好啊。天赋的才能，不让我施展啊。即使有人诽谤，我也问心无愧啊。躺在这窗子下，我到了终期啊。葬近祖坟，还像活着一样啊。灵魂无处不到，这怎能知道啊！

阅读颜回的"陋巷"、刘禹锡家乡的"陋室"和刘禹锡自传的结尾，设想你是刘禹锡的书童（或朋友），你又读了他写的《陋室铭》，你会认为他是怎样的人？想跟他说些什么？

学生通过阅读，能够"知人论世"，进入情境，多数人会想到"陋室"跟"陋巷"的一脉相承关系，认为刘禹锡是"一个有着颜回德行的人""是一个安贫乐道的人""是一个有着信念操守的人""是一个自力更生、达观开朗的人"等；想跟他说"感谢""敬佩""修身榜样"等。其实，真正领会作者的思想精髓，就需要跟作者对话。教师应为学生架设一座穿越时空的桥梁，根据语文学科的特点，这座桥梁就是作品及其背景材料。这可称为基于助读材料的"入境法"，通过假设的方式促使学生主动代入角色和情境，产生移情体验和换位思考。教师引导学生化身为作者的亲友或熟人，说出肺腑之言，传达出自己对课文精髓的领悟和对作者意图的神会。

五、心理逻辑：从言语成品炼用言语图式

根据图式理论来看，传世诗文作为言语成品的经典，其主要贡献就在于创造了人类语言表达的经典图式，并成为后世学习、效仿和研究的对象，也成为创造崭新图式的资源和基础。在这种意义上，学用课文的文体，是学用其文章图式；学用课文的写法，是学用其语篇图式；学用课文的语言特色，是学用其语言图式。

当然，学用课文内蕴的多种图式，有多种多样的方法，例如续写法、扩写法等。不过，从容易操作、便于自学和成本核算的角度来说，仿写法是性价比最高的语文教学专业方法。由于《陋室铭》一文不足百字，可引导学生仿写其首尾部分、篇中部分或整个语篇，量学力而行即可。教师可提供若干仿拟之作，供学生参考，不必拘泥于其声律、对偶和字数，仿其形、仿其意皆可。

1.《小草铭——仿刘禹锡〈陋室铭〉》①

烛不在长，有芯则熔。器不在奢，有镂则工。斯是小草，惟其蓬勃。春风吹又生，清气满乾坤。晴翠点旷野，花间衬紫红。可以立悬崖，生狭洞。无凋落之惆怅，无狂飙之惊恐。志坚如盘石，心宽比苍穹。吾

①杨韵琦.小草铭：仿刘禹锡《陋室铭》[J].读读写写，2009（7）：1.

云：何小之有？（初中同学仿写）

2.《体育铭——仿刘禹锡〈陋室铭〉而作》[①]

身不在高，强壮则成。体不在胖，健美则灵。斯是文明，惟吾运动。能得健身道，生命树常青。恒作闻鸡舞，精气神鼎荣。神州腾娇龙，华夏兴。雪"病夫"之国耻，扫文弱之旧风。华夏矗铁骨，神州志成城。问寰球：谁敢争锋？（大学教师仿写）

3.《手机铭——仿刘禹锡〈陋室铭〉》

机不在贵，有用则行。屏不在大，有网就行。斯是陋机，惟吾智能。屏幕多风景，软件添内容。读背有学习，应用无游戏。可以看新闻，背单词。无坏书之乱心，无网游之沉迷。深圳华为机，北京小米牌。吾人曰：何陋之有？（笔者中学教师的仿写）

4.《微信铭——仿刘禹锡〈陋室铭〉》

话不在多，有情则诚。词不在美，有趣就行。思念微友，遥望繁星。临屏吟诗律，敲键书丹青。新朋《相见欢》，老友《诉衷情》。可以除寂寞，得温馨。无烦躁之绕耳，无荣辱之缠形。眼前漓江水，胸中玉镜明。我心云：何愁之有？（改编自老年网友的仿写）

根据指导语的要求，按照给定的示例，揣摩其结构格式、操作规则和构成要素等显性或隐性的信息，完成指定的任务，这就是仿写法。由于仿写本身带有示例，其实就是学生思考和学习的支架，降低了学生迁移和拓展的难度。一线教师在操作时，应注意选准仿写点，提供示例，可以指导学生仿词、仿句、仿段、仿篇，或仿韵脚、仿手法、仿写法，似可无所不仿，循序渐进、逐阶攀升。

六、余论：语文教学内容确定流程的多维透视

根据教学内容选择和确定教学方法，发现并把握两者的关联，是需要教师

---

① 张中豹.体育铭：仿刘禹锡《陋室铭》而作 [J].洛阳工学院学报（社会科学版），1999（2）：90.

具有课程意识和教学自觉的。用多个维度透视语文教学内容确定流程，可发现其合理性和可行性。

就内容来说，篇章是整体，句段是局部。没有对篇章的把握和理解，句段的理解将"一叶障目，不见森林"；没有对句段的理解，篇章的把握和理解将"浮于表面，平面滑行"。字词不离句段，句段不离篇章，要使句段篇章在"语境""意脉""意图"等方面保持一致。在理解语篇整体的时候，可优先使用缩写法，删减枝叶，保留主干，实现原文整个语篇内容的压缩；在局部理解的时候，可根据语意省略、理解的难度等情况，酌情使用还原法、删改法、朗读法等方法。

"人类的知识有不同类型，不同类型知识的学习条件不同；只有依据每类知识学习的内外条件来设计教学，才能收到最佳教学效果。"①就诗歌教学来说，对诗歌内容的理解，既涉及字词意思、古代文化常识等陈述性知识，也涉及如何阅读首尾、如何把握主旨句等程序性知识，更涉及使用阅读方法的时机、方式和自我反思等策略性知识。就陈述性知识的学习来说，应当使用口诀、关键词等记忆方法，这就涉及利用关键词构建支架的复述法或缩写法。就程序性知识来说，如何运用句式、运用修辞手法和文章写法，如何阅读语句、段落和语篇的各种方法等，则是教学的重点，可以采用造句法、删改法和仿写法等方法。就策略性知识的学习来说，反思自己学习以上两种类型知识的运用方法的时机、思考角度和方式以及自我监控意识，可以参考他人反思的记录，采用仿写法，写成一段自我反思；可以根据教师提示的问题或角度，采用评点法，通过点评提高元认知能力；可以采用概述法，作精要的交流发言，促进班级内形成主动反思的氛围。

从教的视角来看，教师应根据"教是为了促进学"这一目标，采用包括听说读写等方式激发学生学习热情，将学生引入学习状态中。否则，教师的教跟学生的学就未发生关联，处于脱节状态，这就说明教师所用方式方法不够专业、不太恰切或未能真正掌握学情。根据学生的年龄阶段、学习习惯和学习某

---

①黄方芳，庞维国.知识分类学习论在初中文言文教学中的应用［J］.当代教育科学，2010（18）：13.

类知识的所需条件，教师应当避免只用讲授法"以说为主"的方式，而应采用"听说读写"具有关联性或融合性的方式，将学生从浅表学习带入深层学习，例如：仿写法、造句法，需要学生动手动脑，也需要学生开口发言和认真倾听，其难度相对较低且易操作，就可以避免教师"一讲到底"、学生"一听到底"的现象。再如续写法、扩写法、缩写法、朗读法、集句法等，都可以改变教师"平铺直叙地讲"这种单一教学方式和教学状态。

站在学生学习的视角，学生学习语文是要习得技能的，也是要有实效的，否则，学习兴趣的减退是必然的。学习实践充分证明，只有把想学的学到手、可以运用，下次学习才会有更强烈的意愿。久而久之，这样的学习也会使人"上瘾"。学生学习语文，涉及知识、技能和策略，其实，这里的"知识"就是"狭义的知识"，即陈述性知识；"技能"或"方法"就是程序性知识，是用于实践操作的知识；"策略"则类似于"策略性知识"，尤其是对"知识""技能"这两者的学习的反思和认知，就是典型的"策略性知识"。学生主动学习，既要根据教师对知识的分类形成自己对知识进行分类的意识、元认知能力，也要将教师所使用和呈现出来的技能与方法内化形成自己学习语文的技能与方法，在课后自学中，将在语文学习过程中形成的意识、技能和方法等进行实践，以便促成迁移并达到熟练化、自动化。

（原文发表于《黄冈师范学院学报》2023年第2期，收入本书时有改动。）

文言文的教学本位与语文学科核心素养的培育

　　文言文教学是语文教学的重要组成部分，承担着培育学生语文学科核心素养的重任。在广为流传的"中学生有三怕：一怕文言文，二怕写作文，三怕周树人"中，文言文属于"第一怕"，当属阅读教学中难度最大的板块，可见其对学生语文学科核心素养培育的影响之大，具体教学效果自然也不甚理想。

　　就文言文教学现状而言，有的教师教学立足于字词的讲解、识记，有的教师教学着眼于句段的翻译、背诵，有的教师教学偏重篇章的赏析，还有的教师教学将文言文的字词句翻译和内容旨意分块进行……诸如此类的教学行为和具体做法，虽然都能产生一定的效果，但总体来看，缺乏综合性，没有关照到文言语体（或语篇）、文字、文章、文学和文化的关联性和整体感。究其根本，前述各种教学行为和具体做法的背后都有教师各自的观念，其观念决定了相应的教学行为。当然，有些观念深藏于教学行为的背后，是非常隐蔽的，教师本人未必能够自我察觉，甚至被别人指出之后还不一定能够诚恳接受。一言以蔽之，深藏于文言文教学行为背后的观念，是一种文言文的教学本位，即教师站在何种立场和视角来看待、教学文言文。那么，为了提升文言文教学培育学生语文学科核心素养的效果，教师究竟应当选择何种本位呢？

一、探源："本位"概念之由来

　　在语文教学中，"本位"的提出，应当是比较晚近的事情。若追溯其源头，大概源于汉语语法研究中的"本位"概念。"从中国现代意义上的语法研究来看，《马氏文通》为汉语语法建立了第一个语法研究本位。马建忠本人在其书中并没有明确指出他的书所体现的语法是何种本位论，自黎锦熙的《新著国语语法》于1924年提出'句本位'的语法观之后，汉语语法学界就把《马氏文通》中的语法视为'词本位'的语法体系。"①汉语语法学界认为，朱德熙先生的《语法答问》中提出"建立一种以词组为基点的语法体系"，实即"词组本位"②；徐通锵先生提出"字本位"理论③。就汉语语法研究来看，学界对"本位"问题曾有过热烈的讨论，学者施春宏认为："所谓语法本位，指的是以什么为基础或基本单位来描写语法现象，建构语法体系。大体而言，传统语言学的各级语法单位都曾经被当作某种本位，如词本位、句本位、词组本位、小句中枢以及语素本位、字本位，另有音节本位的提法。"④其实，汉语语法研究中的本位，并不完全等同于汉语教学的本位，但这道出了所谓"本位"的实质，即：描写现象的"基础"或"基本单位"。学者施春宏从汉语教学的角度入手，将众多"本位"梳理分类，形成了"汉语教学本位的层级系统"，具体如下（见图1）⑤。

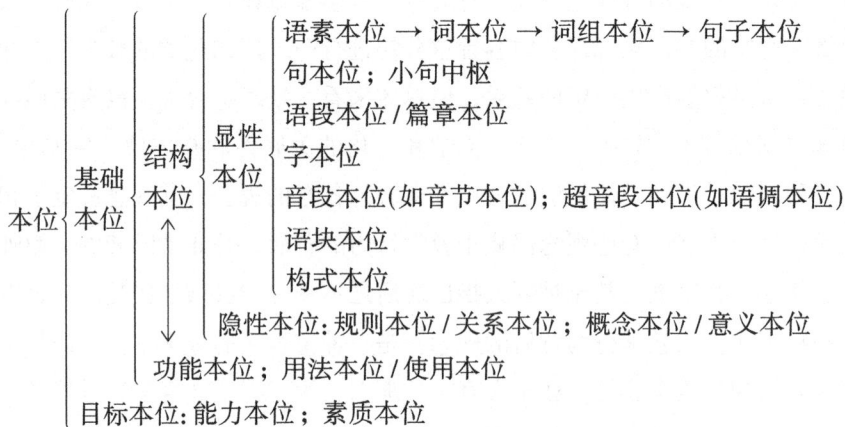

图1　汉语教学本位的层级系统图

就中小学语文教育来说，其语文教学和高等教育阶段的汉语语法教学、国际中文教育视野中的汉语教学有着诸多联系。然而，从课程性质上说，"语文

---

①廖栋雯.浅谈《马氏文通》的"词本位"[J].文学教育（下），2013（6）：49.

②施春宏等.汉语教学理论探索［M］.北京：商务印书馆，2021：14.

③王佳存.汉语言理论研究的新探索：评徐通锵先生的字本位理论［J］.语文研究，2001（2）：16-18.

④施春宏等.汉语教学理论探索［M］.北京：商务印书馆，2021：14.

⑤施春宏等.汉语教学理论探索［M］.北京：商务印书馆，2021：21.

课程是一门学习祖国语言文字运用的综合性、实践性课程。工具性与人文性的统一，是语文课程的基本特点"[1]。相比之下，汉语语法教学更具理论性、学术性，而中小学语文教学则突出综合性、实践性；前者的教学对象往往是国际上母语为其他民族语的学习者，后者的教学对象则多是我国中小学生。所以，语文教学不能和高等教育阶段的汉语语法教学直接画等号，也不能和国际中文教育视野中的汉语教学直接画等号。一言以蔽之，语文教学涉及汉语语言学习，但不能简单等同于汉语语言学习，语文教学只有立足于"祖国语言文字"的属性，在"综合性、实践性课程"中充分展现"工具性与人文性的统一"的基本特点，才能更好地培育学生的语文学科核心素养。

就语文知识来说，语文知识众多，涉及语法、阅读、写作等，有些的确来源于高等院校语法学、阅读学、写作学等学科知识，但不等于高等院校这些学科知识的直接下放和照搬照用。那么，语文教学既然涉及汉语语言学习，特别是文言文，涉及"文言"的学习，如果真有"本位"的话，究竟应当坚持什么本位呢？这的确值得思考。按照前文所述，"本位"是描写现象的"基础"或"基本单位"，可对文言文教学本位作尝试性类推描述：所谓文言文教学本位，指的是以什么为基础或基本单位来描写文言文教学现象，建构文言文教学体系。树立明确而科学的文言文教学本位，将更加有利于在文言文教学中培育学生的语文学科核心素养。

二、析因：弊端背后之本位

文言文是用文言语体写成的语篇，文言文教学自然要重视其"文言语体"之"语"和"语篇"之"语"。与此同时，文言文涉及文字、文章、文学和文化，自然要重视"四文"。综合来看，文言文教学应当重视"两语四文"，其本位也应当兼顾"两语四文"。至于应当是何种本位，则可先从文言文教学弊端背后的本位问题说起，力求排除错误的而得到正确的文言文教学本位。可以明确的是，存在明显弊端的文言文教学是无法有效促进语文学科核心素养的培

---

[1]中华人民共和国教育部.普通高中语文课程标准：2017年版2020年修订［M］.北京：人民教育出版社，2020：1.

育的。

观察当下的中学语文课堂，其文言文教学多是一字一句翻译，教师紧抓字词用法、文言语法，使学生在"逐字翻译，字字落实""直译为主，意译为辅"的训练中"皓首穷经"，却很难使学生体味文言语篇的生产情境、交际目的和文化价值，使"两语四文"仅剩下"文言语体"和"文言词汇"，导致"文章章法""文学情味""文化价值"几乎丧失殆尽。一线教师的语文课堂教学为何是这种境况？其背后的观念值得反思。毕竟观念支配行为，而支配行为的观念并非十分显豁，有时可能非常隐蔽，以至于当事人毫无察觉。揆诸根本，就在于语文教师对文言文教学本位的认知模糊或定位失当。例如，有学者指出："高中文言文教学普遍存在'三重三轻'的弊端"，"重讲解而轻诵读""重考试而轻品味""重媒体而轻实效"①。从课程性质来看，"三重三轻"即过于重视"讲解""考试"而轻视"诵读""品味"，存在教学单一化、机械化的倾向，缺乏丰富多彩的综合性和实践性的活动，这严重背离了"语文课程是一门学习祖国语言文字运用的综合性、实践性课程"的课程性质。就其文言文教学行为背后的本位来看，很难说文言文教学本位究竟是何种本位，又不能从文言文教学的外部因素考虑将其归结为"考试本位"，但可以判断其未能兼顾"两语四文"，存在着文言文教学本位失当的问题，甚至存在着语文教师对文言文教学本位认知缺失的问题。毫无疑问，语文教师对文言文教学本位的认知模糊和定位失当，从根本上动摇着语文学科核心素养的培育。

事实上，文言文教学中出现的典型弊端，主要是本位失当的问题，这在课堂中是有察觉的。例如：我们常说文言文教学存在的弊端有"死于章句""废于清议""言文相加"等，其实，这已在某种程度上触及了文言文教学本位失当的问题。②需要申明的是，此处的"章句""清议"，并非古人所指之义。"汉代的章句之学，实际上是一种以分章析句为基础的经学阐释体系，其内容包括分析篇章结构、解释字词名物、疏通串讲文句、阐发经文义理等。"③"'清议'，是我国古代固有的名词。其内涵，既指对时政的议论，也指社会

---

①谢蓉殳.高中文言文教学之弊端与对策［J］.中学语文，2017（15）：103-104.

②殷秀德.初中文言文教学弊端探析及对策［J］.语文教学之友，2012（9）：34-36.

③吴承学，何诗海.从章句之学到文章之学［J］.文学评论，2008（5）：23.

舆论。""清议当是指公正的评论或公正的舆论。"① "'清议'一词概出现于魏晋时期，多用来指代士人的公平论政或泛指社会合理舆论。"② "放在文言文教学的语境里，'死于章句'应该是指死抠字词，不见文章、文学、文化，或者说，更多的是把文言文当做孤立的'语言材料'处理，而不是当做活生生的'作品'来教学。" "文言文教学中的'废于清议'，是指架空文本，架空语言，侈谈文学、文化，结果语词掌握不了几个，文章没有读懂多少，得到的只是抽象空玄的人文思想的'碎片'而已。"③至于"言文相加"，其实质是"死于章句""废于清议"的变形，例如先只讲字词，后抛开字词只讲文章，或者相反，割裂"言""文"而分别教学。这三种弊端的背后，都存在文言文教学本位失当的问题。

从文言文教学本位来看，存在典型弊端的文言文教学对语文学科核心素养培育是非常不利的。下面对这三种弊端分别作以简析。

其一，"死于章句"因过于注重文言词汇的讲解、语句基本意思的疏通，基本上不涉及文章妙处、写作意图等分析，可将其归结为"字本位""词本位""词组本位""句本位"或"构件本位"。事实上，在一线教学中，主张文言文教学"词本位"者也不乏其人。④ "死于章句"之弊在于将文言语篇当作古代汉语语言材料来学习，只见字词而不见文章，更遑论文化传承、言语行为和语篇意图。就其教学本位来看，"死于章句"背离了文言文教学必须兼顾"两语四文"的要求，难以促进语文学科核心素养培育。

其二，"废于清议"的文言文教学，着力于情感、主旨、文学、文化等讲解，却忽视了字词句篇，虽然长于言之有理但是短于论之有据，可将其归结为"情感本位""主旨本位""文化本位"或"内容本位"。"废于清议"之弊在于脱离文言字词，大谈特谈文言文的主旨、作者情感和文化内涵，没有扎根于文言文的字里行间，成为脱离文本、浮于表面的宣讲，背离了将文言文作为语篇

---

①陈勇勤.略谈"清议"[J].文史知识，1993（5）：118.

②孙立涛.清议性质与汉代乡里清议略析［J］.重庆师范大学学报（哲学社会科学版），2014（2）：42.

③李卫东.如何确定文言文的教学内容［J］.中学语文教学，2011（6）：8.

④叶茂.文言文教学的词本位及教学价值实现路径［J］.中学语文，2021（11）：19-21.

分析对象时必须注重语篇特征以及语篇标准"言之有据"的原则。从其教学本位来看，虽然"废于清议"更多着眼于内涵，但也背离了文言文教学必须兼顾"两语四文"的要求，也不能促进语文学科核心素养培育。

其三，"言文相加"将"言""文"分开教学，缺乏"言""文"一体的联系融通，无法"因言悟文""因文悟言"，其实质是"死于章句"和"废于清议"的组合式做法，可将其归结为"对立本位"或"双分本位"。"言文相加"之弊在于把文言字词和文章、文学、文化分开学习而导致"言""文"割裂，漠视文言语篇中言语内容与言语情境的关联互动。就其教学本位来讲，"言文相加"同样背离了文言文教学必须兼顾"两语四文"的要求，同样不能促进语文学科核心素养培育。

就语文学科核心素养的四个方面而言，"死于章句"可能在"语言建构与运用"方面略占优势，如果开展文言词语梳理与探究，可能会对"思维发展与提升"有所促进，但一味死抠字词，会使学生误认为学文言文就是学枯燥乏味的语法知识，而对文言文望而生畏，在"审美鉴赏与创造""文化传承与理解"方面是存在严重缺陷的，甚至有可能是缺席缺位的；而"废于清议"则相反，可能在"文化传承与理解"方面略占优势，如果开展文章分析鉴赏，可能会对"审美鉴赏与创造"有所促进，但一味高谈阔论，会使学生在读文言文时容易望文生义，流于空疏浮泛；至于"言文相加"则兼有前两者之弊，造成"语言建构与运用""思维发展与提升""审美鉴赏与创造""文化传承与理解"的割裂分离式培育，严重违背课程标准所说"语文学科核心素养的四个方面是一个整体"。据此来看，文言文教学弊端造成语文学科核心素养四个方面的"旱涝不均""畸形发展"，是显而易见的。所以，有必要从教学本位入手，挖掘文言文教学弊端的根源，重建能促进语文学科核心素养培育的文言文教学本位。

三、演进：教学本位之重建

在《普通高中语文课程标准（2017年版2020年修订）》出台前，已有研究者开始反思文言文教学本位。有研究指出："传统的文言文教学方法就是'字字疏通，句句落实'，'字'被认为是文言文阅读教学中首先要扫除的障碍，由'字'到'词'到'句'到'篇'来理解文言文，抑或是通过整体感悟来理解文言，把握'字'的含义，是文言文阅读理解的基础。汉字是一种意音文字，汉字的字义与汉语的词义密切相关。针对汉字这样的特点，从'字'出发，疏通文意应该是合情合理的。但为什么'字字疏通，句句落实'的理念在现代文言文教学中会走到岌岌可危的地步？"其分析是"在传统的文言文教学中，教师喜欢逐字逐句对学生不理解的字词加以讲解，并贯穿上下文疏通文意。而在字词疏通的过程中，出于考试的压力，教师过于注重字词的解释、翻译和练习，淡化甚至无视对其丰富的文化内涵的开掘，导致学生对字词后的文化内涵知之甚少。这种从汉字入手解读文本、教学文言文的方法只是将汉字视为单纯的结构单位，没有从汉字本身的文化本性或汉字蕴含的文化本性这个角度出发，采取文化学的方法教学文言文"①，其归因是"字本位"，对策是采用"文化学的方法"，即转向"文化本位"。其实，用文言文的"两语四文"和语文学科核心素养的"一体四面"作以观照，不难看出"文化本位"偏重"文化传承与理解"，而"审美鉴赏与创造""思维发展与提升"等则不如其显豁。

随着时代的发展、语文教学研究的演进，以及语文学科核心素养的提出，有必要在梳理既往文言文教学本位的基础上，纠正其偏差，重建文言文教学本位。在统编版语文教材中，所选编文言文本上属于中国古代文章学所说的文章范畴。其写作就是作者的立言，文言文作品即作者立言的结果。正如《文心雕龙·章句》所说："夫人之立言，因字而生句，积句而成章，积章而成篇。"所谓"人之立言"，并非"人"脱离其所处时代社会语境而"立言"，因此，其用字遣词造句、成章谋篇都受到时代社会语境的规约。在某种程度上说，一字一句都关乎时代社会语境。按照语篇语言学的观点来看，"语篇既是一个语义单位，也是一个交际单位"，"语篇被看作是'社会实践'，即社会文化语境中的社会行为或互动。语篇是社会关系影响下的产物，并负载着意识形态。语言使用者可以通过语言结构和表达方式的选择，影响并支配他人的思想和行为"②。换言之，作者完成语篇是一种"社会实践""社会行为"，跟他人或社

---

①胡虹丽.文言文教学的"文化本位"及其实施策略［J］.课程·教材·教法，2011，31（12）：37-38.

②苗兴伟，张蕾.汉语语篇分析［M］.北京：外语教学与研究出版社，2021：2.

会是要产生"互动"的，其用字遣词造句、成章谋篇跟"语言结构""表达方式"一样都是作者选择的结果，其背后潜藏着作者影响并支配他人的意图。据此观照文言文，无论字数多少、篇幅长短，都是以言语为手段的社会交际行为，即便是自白体、独语体之类的写作，只要用来发表也是如此（纯粹的私密日记可能尚存争议）。所以，文言文教学本位至少应当是"语篇"，而不是"字""词""词组""句子"之类的本位。之所以说文言文教学本位至少应确立在"语篇"上，是因为"语篇"不仅能够涵盖"字""词""词组""句子"之类的本位，而且比"篇""章""文章"之类的本位更能凸显其与社会交际的关联。因为"文章本位"深受中国古代文章学研究的影响，主张从章法知识入手学习，但其在促进核心素养的培育方面不如"语篇本位"更切合语文课程标准所说的"实践性""综合性"，且跟"语篇本位"相比，其在"社会实践""社会文化语境中的社会行为或互动"的维度上也逊色许多。

实事求是地说，学生学习文言文是一个循序渐进、螺旋上升的过程，在不同的学习阶段，既有相应的阶段性特征，又有一定的综合性特征，再加上文言文本身涉及"两语四文"，这使得文言文教学更加需要"分层次的综合本位观"，如此方能符合学生学习文言文的真实状况。详而言之，在文言文教学中，学生处于初级阶段，应当以最基本的文言词汇为主，在字词本位和语篇本位上可能更倾向于前者；到了中级阶段，需要文言词汇和语篇分析并重，即"字词—语篇"关联本位；到了高级阶段，就要以文言词汇为基础进而强调语篇分析，在字词本位和语篇本位上可能更倾向于后者。那么，重建文言文教学"分层次的综合本位"跟语文学科核心素养的培育存在何种逻辑关联呢？

四、究理：核心素养之逻辑

文言文教学"分层次的综合本位"运行逻辑跟语文学科核心素养培育逻辑有着内在一致性。

就前者来讲，其"分层次"是为了凸显阶段性特征，例如在初级阶段必须重视字词本位的重要性，到了高级阶段必须凸显语篇本位的重要性；其"综合"是为了凸显用字遣词造句受制于语篇的"小语境"和社会时代的"大语境", 这实际上从学习者的角度构建了一个文言文学习本位发展逻辑链。

就后者来讲, "在语文课程中, 学生的思维发展与提升、审美鉴赏与创造、文化传承与理解, 都是以语言的建构与运用为基础, 并在学生个体言语经验发展过程中得以实现的"[1]。语文学科核心素养的四个方面, 是有其内在逻辑的。

将两者合而观之, 用字遣词造句, 自然属于语言的建构与运用, 然而, 在更深层次上, 既存在是否简明、连贯、得体的思维考量, 也存在是否准确、鲜明、生动的审美考量, 而语篇的"小语境"和社会时代的"大语境"则关乎文化考量。所以, 文言文教学"分层次的综合本位"的内在逻辑, 跟语文学科核心素养四个方面是高度契合的。

五、验证：课堂教学之效果

根据文言文教学"分层次的综合本位", 以统编版高中语文选择性必修中册教材的《五代史伶官传序》为例, 开展教学设计和课堂教学。其教学设计, 包含如下创意。

美读活动一：白文加标点

活动：请学生合上课本, 为首段加标点, 通过朗读学习语气词"呜呼""哉""矣"和特殊句式"岂非……哉"等, 感受作者的情感和写作意图。学生解说, 而后教师指导, 最后请学生为末段加标点。时间大约12分钟。

美读活动二：拟写副标题

活动：请学生用课文中的语言片段给课文拟写副标题, 也可以用其他的名言警句给课文拟写副标题。如"庄宗之得天下与失天下""伶人困庄宗""生于忧患, 死于安乐"。引导学生对比课文标题中的人物和课文所写的主要人物, 以期发现作者的写作意图。时间大约8分钟。

---

[1]中华人民共和国教育部.普通高中语文课程标准：2017年版2020年修订［M］.北京：人民教育出版社，2020：5.

美读活动三：诗意品美点

活动：请同学们欣赏课文中的美点，话题是这个地方写得真美、真妙啊！如"尔其无忘乃父之志！"使用副词"其"表示祈使语气，又使用感叹号，表达了临终遗愿的强烈程度……再如"请其矢，盛以锦囊，负而前驱，及凯旋而纳之"以短句的形式，呈现出明快的节奏……时间大约10分钟。

美读活动四：举例释名句

活动：请同学们用历史人物、古代王朝、时代现象或自身经历印证课文中的名言警句，用一两句话概述自己对名言警句的理解。时间大约10分钟。

以此教学设计上课，学生学习文言语篇的兴趣十分高涨，课堂气氛非常活跃。青年教师认为，这样的教学摆脱了文言文千篇一律"逐字逐句翻译，死抠字词语法"的教学模式，通过这种方式，文言文的课堂教学完全可以品词析句，思维活跃，富有美感，充满文化味儿和生命气息。

就直观感受而言，青年教师所说和笔者所感高度一致。究其根本，在于这种教学更能有效地培育学生的语文学科核心素养，切合了文言文教学"分层次的综合本位"。下面，按照教学活动逐次分析。

第一个活动，主任务就是添加标点，识文断句。其作用是训练学生反复默读，揣摩语气词、特殊句式等言语形式与言语内容之间的关系，可以说是借助文言的词汇和语法知识学习文言语篇，而不是将文言语篇的学习降格为死记硬背。再加上朗读，基本上实现了在具体情境中运用文言词汇及语法知识，读懂句意、作者情感乃至写作意图的初衷。宋儒朱熹说："先读白文，后看注解，某自小时未曾识训诂，只读白文。"将课文还原为白文后，开展活动一，经过首段的训练和教师指导，再用尾段实战检验，做到了知识、技能的学以致用。这个环节的训练效果是相当扎实的，以语言建构与运用为主，兼顾思维发展与提升、审美鉴赏与创造、文化传承与理解，做到了既一体而又有侧重。

第二个活动，主任务是拟写副标题，学用语言。其作用是训练学生学用语言，学会使用课文中的关键句、自己已掌握的名言警句概述课文主旨或大意，从人物的角度、立论的角度、对比的角度、引用的角度等入手，在更加深刻细腻地理解课文、简明扼要地概说课文的过程中积累语言、感悟语言、学用语言。教师几乎不提问，讲解也很少，但"拟副标题"的活动能却让学生兴味盎然。这个环节继续着力于语言建构与运用，同时通过概括、分析等促进了思维发展与提升，在选择语言片段的比较中促进了审美鉴赏与创造，还借助名言警句、语言片段的内涵等促进了对中华优秀传统文化的理解与传承。

第三个活动，主任务则是品味美点，赏析语篇。其作用是训练学生立足语篇，学会揣摩和赏析其中的妙处，并用自己的语言表达出来。其中，对美点的选择和品味，体现着学生眼光的高低，实际就是学生思维水平的高低；对字词、句式的赏析，不仅涉及词汇、语法的知识，而且关联着作者的情感和写作的意图；对修辞手法、章法的赏析，不仅触及文学审美、文章技巧，而且关涉传统文化的认知和传承。这个环节凸显了语言建构与运用、思维发展与提升、审美鉴赏与创造、文化传承与理解的协调发展，全面促进了语文学科核心素养的培育，想必这就是其在整堂课中比较出彩的根源所在。

第四个活动，主任务是积累语言，学用语言。其作用是训练学生学以致用，将知识转化为能力，提升学生对自我、他人、世界的思考能力和表达能力。名文常有名句，有名句则自成高格。一些学生非常喜爱积累名句，但在作文、说话时却罕有运用。学习文言文中的经典名篇，积累名言警句固然重要，然而，更为重要的是如何运用名言警句。学生选择历史人物、古代王朝、时代现象、自身经历等作为例证，解说名言警句，本身就涉及语文学科核心素养的四个方面。例如："解说""诠释""转述"等，涉及语言建构与运用；"分析""论证"等，涉及思维发展与提升；所选的典型人物及其他例证，涉及审美鉴赏与创造；历史人物、古代王朝，涉及文化传承与理解。这一环节能够全面促进对学生语文学科核心素养的培育。

经过课堂教学的实践验证，文言文教学"分层次的综合本位"着眼于语篇，以字词句为基础，兼顾情感、主旨、意图、修辞、章法和表达方式等多方面，能够有效地促进语文学科核心素养四个方面"以点带面"或协调发展。据此分析，重建文言文教学本位，使更多的一线教师和学生受益既是可能的，也是必要的。

六、余论：教学成长之反思

文言文究竟怎么教？是按照经验，还是讲究学理，抑或走向经验改造和学理培植相结合？其答案也许因人而异。

具体来说，就文言文教学弊端来看，文言文教学确实存在着陈陈相因的不良做法或错误行为，一些教师对此有所察觉，但囿于缺乏从理论高度或根本观念上的透析和改进，导致文言文教学长期处于高投入低产出的困境中。明知"逐字逐句翻译""死抠字词用法和文言语法"不是文言文教学的良法，已经"死于章句"却仍要继续，其实"废于清议""言文相加"也类似，这种行为的根源就在于对文言文教学本位的认知模糊或定位失当，在认知上形成了严重的路径依赖，即思维定式，使教师不敢有所突破和创新。对于有多年教学经验的教师来说，让其在文言文教学中完全放弃既有经验既不切实际，也不够科学，其正确的应对之策是回归语文学理，尤其是文言文教学本位，对自身经验进行观照和反思，留其精华、去其糟粕，最终走向经验改造和学理培植相结合的道路，切实提升文言文教学品质，从而更加有效地培育学生语文学科核心素养。

至于青年教师，特别是刚入职的大学毕业生，他们教学时间短暂、教学经验较少，在对文言文教学的认知上暂时没有形成严重的路径依赖，应当鼓励其学习和探索语文学理，批判性地继承老教师的教学经验和既往的文言文教学本位。从语文教师专业发展的角度来看，青年教师非常有必要开展文言文教学本位的重建工作，以期创新文言文的教学设计，在课堂教学中锤炼自己的教学智慧，以便深切地把握文言文"两语四文"的特质，促进语文学科核心素养四个方面的"一体"培育、协同发展。

有必要说明的是，就经验的形成过程来说，经验并不都是错误的，而是要看经验背后的思维观念如何，也就是要视教学本位而定。如果其教学本位是科学或正确的，其经验积累自然多多益善；如果其教学本位是片面或错误的，其经验积累自然还是不学为佳，应当重建教学本位；如果其教学本位是模糊的，或者在正确和错误之间摇摆不定，那就要廓清认识，追根溯源，去芜存菁，牢固树立科学或正确的教学本位。这对文言文教学来说也完全适用。总之，语文教师应依照时代发展、语文课程标准甚至学生认知规律，确立适切的文言文教学本位，才能更好地开展文言文教学，从而有效地提升学生的语文学科核心素养。

（原文发表于《中学语文》2022年第19期，收入本书时有改动。）

文本解读成果转化为课堂教学成果的模型构建

　　文本解读的成果不等于课堂教学的成果。这是语文教学的事实，也是语文教师的共识。将文本解读的成果转化成课堂教学的成果，确实还有很长的路要走。就文本解读来说，有指向文艺研究和指向课堂教学两种。暂且不谈哲学研究所作的文本细读，也不谈指向文艺研究的文本解读，只说指向课堂教学的文本解读，其成果若不能转化为课堂教学的成果，那么学生可能就只是一个听众，听教师宣讲其解读的成果或结论。事实上，教师自己解读的成果或结论再精彩，如果没有足够的实践活动，那么学生的主体地位也是无法得到体现的。"传统的语文教学，教师总是把自己备课的结果讲解给学生听。学生获得的是对课文的理解结果，但并未参与理解的过程。人们习惯地称之为'满堂灌'。"①如何转变教师直接告知解读结论的"满堂灌"现象，将教师的文本解读成果转化成学生的文本解读成果？引导学生通过具体的操作流程，模拟体验教师解读文本的过程，这不失为一种有效的做法。当然，限于学生认知和课堂时间等因素，这种具体的操作流程和模拟过程，跟教师的相比，只能是精简过的。按照认知心理学的解释，"现代认知心理学尝试用'产生式系统'来表征程序式知识"。这个"产生式系统"就是"程序性的操作流程，使大多数学生在课堂教学中的大多数时间里处于主动学习和认知探索状态"②。故教师作文本解读时，可以将自己的解读过程提炼成操作流程，并精选加工成一套可供学生操作的文本解读的简缩版流程，从而使他们获得类似教师的解读成果或结论。

　　对文本解读成果转化为课堂教学成果的研究，或结合实例说明策略③，或

---

①韩雪屏.语文教育的心理学原理［M］.上海：上海教育出版社，2001：255.
②韩雪屏.语文教育的心理学原理［M］.上海：上海教育出版社，2001：255-256.
③张斗和.文本解读与课堂教学策略［J］.语文教学通讯，2015（11）：50-52.

提出要求与方式①，或谈论课堂的实践②，或提出指向要求③，或指出转化的尺度与方法④，或阐说关键点⑤，或讲述教师素养⑥，等等。综合地看，多角度、多侧面的探索，已经走进系统化研究这一问题的"前夜"，文本解读成果到课堂教学成果的转化模型呼之欲出。

一、模型的要素

在指向课堂教学的文本解读中，教师是先行的解读者，学生是后发的解读者，前者是后者的指导者。而文本则是双方共同解读的对象，是居于教师和学生之间的，沟通教与学的媒介。叶圣陶先生所谓"教学凭借"，亦即此意。那么，文本究竟是如何起着沟通教与学的作用的？

众所周知，培养学生正确、熟练地理解和运用祖国语言文字，是语文教学的"独当之任"。落实到文本上，就是作者已经通过"正确、熟练地理解和运用祖国语言文字"创造了文本。换言之，就是作者运用某些写作方法将文字变成了文本。写作方法代表作者能够"正确、熟练地理解和运用祖国语言文字"，文本就是结果或证据。落实到文本解读上，就是要读出作者的写作方法、这种写作方法的效果和选择这种写作方法的意图。所谓解读就是解"写"，悟出了写作秘妙，就读出了文本秘妙。⑦落实到教学上，就是通过教师的教，学生能读出文本的写作方法、写作方法的效果和写作方法背后的用意，还能尝试运用这种写作方法来表达。故写作方法成为文本发挥"教学凭借"和沟通作用的实质所在。当然，看懂文本内容是前提。然而，这并不是语文教学任务的重心。

①张勃.文本解读成果课堂转化的要求与方式［J］.语文教学通讯，2015（29）：7-9.

②于保东.教师文本解读成果的课堂转化［J］.语文教学通讯，2015（29）：10-12.

③周志红.文本解读成果转化要贴着学生走［J］.语文教学通讯，2015（29）：13-14.

④何赐仁.文本解读进入课堂的"度"与"渡"［J］.语文教学通讯，2015（29）：15-16.

⑤罗晓晖，郭阳丽.文本解读及其成果的教学转化［J］.教育科学论坛，2019（2）：33-36.

⑥常娟.做文本解读向教学转化的"摆渡者"［J］.语文教学与研究，2019（22）：44-45.

⑦熊纪涛.用删改法教学《故都的秋》［J］.语文教学与研究，2020（3）：64-68.

所以，在学生读懂文本写了什么内容的前提下，文本的写作方法就架起了教师的教和学生的学之间的桥梁与纽带。

就写作方法来说，每个文本有每个文本的写作方法，但其背后又有着这一种文体的写作方法和这一类文章的写作方法。就教材选文来说，教师用课文教学生学语文，旨在使学生通过这一篇课文的写作方法，读懂或会用这一种文体或这一类文章的写作方法，即通一篇识一体、通一篇会一类。当然，一篇课文所用的文章体类，往往只是某一文体的亚类细分的具体体式，但这不妨碍学生对上位的文章体类有所认识和学习。就单篇来说，单篇文章写作方法蕴含着一种文章体类的写作方法和一种题材类型的写作方法。单篇文章的写作方法、文章体类的写作方法和题材类型的写作方法，自然是对写作方法的细化分解，也是深入解读文本的需要，更是学生凭借文本学会其写作方法的需要。为了便于构建模型，有必要将其概括提炼成概念或术语：篇法、体法和类法。三者之间的关系是：篇法蕴含着体法和类法，体法和类法虽有关联但也不能混淆。

然而，读懂了一篇文章的篇法、体法和类法，并不意味着学生就能将其运用好，因为学生这时仍处于"理解"层面。而将其加以运用，则处于"运用"层面。"理解"、读懂，是"运用"、实践的基础。正确、熟练地理解和运用祖国的语言文字，是语文学科的"独当之任"。这是语文学科关于文本教学并学习致用的学科逻辑，跟历史、政治等其他学科关于文本教学并学以致用的学科逻辑是截然不同的。换句话说，虽然都用文本，但每个学科有每个学科的教法和学法。学生通过课文学习语文，就该用语文学科的学法。当然，这个学法跟教师的教法是一致或相通的。学生的学法、语文教师的教法，都是有着语文学科规定性的方法。为了构建模型，概括提炼概念或术语的方法，可称为"科法"。不过这个科法，主要还是指学法。从实践上来看，科法是极其重要的，语文课堂教学的很多问题就出在这里，要么科法缺失，要么根本就不是科法，导致语文教学低效、无效甚至负效。

学生和教师，永远是教学的要素。然而，就文本的教学来说，写作方法细分后的篇法、体法和类法，还有学以致用的科法，都是不可或缺的要素。经过梳理和提炼，文本解读的成果到课堂教学的成果转化模型，就有了构建的基本要素。

二、模型的构建

根据前文梳理和提炼的要素，构建模型就是使其结构化、体系化。从文本解读的成果到课堂教学的成果转化，必然是一个对诸要素进行排列、组合并实现流程化的过程。

教师是先行的解读者，学生是后发的解读者，两者是转化模型基于课堂教学架构的两端。这两端的转化过程，则是其他要素的序列化、结构化和流程化的过程。具体地说，篇法是体法和类法的具体体现，体法和类法是从篇法生发而来的认识，而对篇法、体法和类法的运用实践，也就落到科法上。故篇法是起点，科法是终点，体法和类法则衔接两者。将文本解读成果转化为课堂的教学成果的模型图如下。

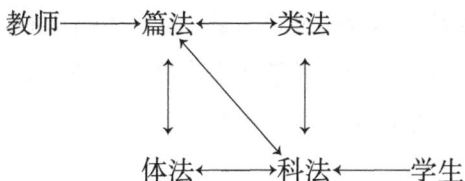

图1 教学成果转化模型图

在这个模型中，学生看出篇法、体法和类法，是通过科法来实现的。故教师应根据篇法、体法和类法设计科法活动。学生可能对篇法、体法和类法有深浅显隐程度不等的认识，然而他们毕竟是非专业读者，教师还是要设计科法活动将学生引入学习状态，最终使他们深刻领悟并学用篇法、类法和体法。

根据诸要素的关系，学生经由科法，才能学习篇法、体法和类法，最终将教师解读文本的过程模拟性地经历一遍。教师既要解读文本，也要设计引导学生感受文本、解读文本的活动，而且要以此作为学生认识并学用篇法、体法和类法的切入点。

三、模型的操作

模型的建构，虽然不易，但跟模型的应用和操作相比，还是相对容易的。回到实践中，这个模型具体该怎样操作呢？根据教材选文的特点和课堂教学的规律，模型的操作可以采用选点法，确定教学内容，形成板块式教学。具体来说，可以选一个点，设计三个左右的活动板块，引导学生体验循序渐进、螺旋上升，这是纵向性、深挖掘、层递提升的思路；也可以选三个左右的点，彼此形成关联，设计成相应的板块，引导学生体验铺开拓展、触类旁通，这是横向性、求类通、拓展提升的思路。纵向和横向是两种基本思路。当然，在具体教学实践中，思路是多种多样的，如两者还可以组合形成更多的思路等。

在将文本解读的成果转化为课堂教学的成果过程中，文本语篇居于教和学之间，发挥着独特的作用。文本语篇都有长短、难易之分。文本的长度和难度，是制约语文课堂教学实效的重要因素。从文本语篇的长短着手，并结合课程标准、教材编写意图等，选点教学来操作模型，是切实可行的思路。字词的用法、语句的句式与段落的形式等，都是作者的写作手法在文本中不同层次长度的体现。

（一）基于字词的操作

字词，是组成语句的基本单位。作者用字遣词造句，蕴藏了其写作方法的秘妙，这也是师生文本解读的关键。根据创作论，换字、组词、增减修饰成分以及造句等，都是作者常用的手段和技法。在文本解读中，品味字词就要从这些方面着眼，设计"科法"的活动，使学生理解作者写作方法的秘妙。

以统编版语文七年级上册教材中的课文《秋天的怀念》为例，"秋天的怀念"作为课文的题目，是一个偏正短语。教师解读文本，很容易读出作者对母亲的怀念之情，也能明白秋天在全文中的作用，甚至还能揣摩出关于秋天的文化意蕴。然而，对于学生而言，解读文本可就没有这么容易了。那怎么办？应使用作者创作时用字遣词造句的方法，并用其来揣摩标题的妙处。教师可据此设计具有"科法"特点的活动，例如：

（1）换：将"怀念"换成"思念"或"想念"，可以吗？

（2）删：将"秋天的怀念"变成"怀念"，可以吗？

（3）增：将"秋天的怀念"变成"秋天落叶的怀念"，可以吗？

第一问，突显作者对母亲的情感深度；第二问，突显"秋天"的情境和线索的作用；第三问，突显标题涵盖文意的作用。其实，这就是通过还原或模拟作者创作的思维活动，理解作者所要表达的意义，进而解读文本。在理解《春》《社戏》《散步》《春夜喜雨》《故乡》《孔乙己》等课文标题时，皆可如此操作。这样学生很快就能触类旁通，领悟标题对文章和作者的意义。教师还可选择话题或材料，供学生命制标题，或修改此前习作的标题，并以此作为教学评估的证据。

（二）基于语句的操作

语句，是组成段落和篇章的基本单位。其形式丰富多彩，短到独字成句，长到百字一句；有单句，有复句；有肯定句，有否定句；等等。作者所用句式句法，显示出其写作方法的妙处。创作论认为，调整语序、改变句式、增减成分等均为作者常用的手段和技法。教师看出文本秘妙后，就要将作者思考的过程设计成"科法"活动，使学生在文本解读中发现秘妙。

例如，"不，我不去！"（《秋天的怀念》）是感叹句，字数越少，语气就越强烈。教师很容易读出作者语气的坚决，对母亲伤害的程度之深。但对学生而言，未必就能很快读出其写作方法的妙处。教师就要利用句式句法设计"科法"活动，例如创设情境对话："铁生，咱们去北海（公园）看菊花吧？"用下列语句来回答，跟原文原句相比，效果好不好？

（1）增："我不去，我不去！"

（2）改："不！我不去！"

（3）删："不！我不！"

（4）调："我不去，不去！"

（5）改："妈，我不去。"

前四句都是感叹句，虽然句式一样，但其成分、顺序和标点符号等，都有不同程度的变化，而末句是将感叹句改为陈述句。学生经过对比揣摩，很快就能感受原句的语气、情感和表达效果及写作意图。显然，这比教师一味地讲解原句的妙处，学生埋头记录结论，效果要好很多。原因就在于学生通过"科法"的活动，回到作者对句子的写法中，体味其当时是如何思考的，自然就能读出其句子的秘妙。教师还可设计言语的活动或情境，以评估学生是否真正掌握感叹句、语序、成分的表达作用。

（三）基于段落的操作

段落，是构成篇章的关键部件。独字成段，独句成段，独段成文，数段成文，写法形式不一，表达效果也不相同。一般来说，文章越长，其脉络越要依靠段落来体现。每个段落都有其独特的内容和功能。教师对文本进行解读，看懂意思后会揣摩段落的写法、效果及意图，但学生就未必有这样的自觉性，因为学生容易停留在一望而知的内容层面上。对此，教师必须设计将学生引入思考作者写法的"科法"活动中，从而让学生看出或运用其写法。例如《秋天的怀念》中的三个段落：

她出去了，就再也没回来。

邻居们把她抬上车时，她还在大口大口地吐着鲜血。我没想到她已经病成那样。看着三轮车远去，也绝没有想到那竟是永远的诀别。

邻居的小伙子背着我去看她的时候，她正艰难地呼吸着，像她那一生艰难的生活。别人告诉我，她昏迷前的最后一句话是："我那个有病的儿子和我那个还未成年的女儿……"

（1）合：将第一个段落移到前一段的结尾，可以吗？

（2）合：将三个段落合并，可以吗？

（3）调：中间段落改成"我没想到她已经病成那样。邻居们把她抬上车时，她还在大口大口地吐着鲜血。看着三轮车远去，也绝没有想到那竟是永远的诀别"，可以吗？

（4）删：去掉中间的段落，可以吗？

（5）缩："她再也没有回来。她被抬上车，还在大口大口地吐着鲜血。我跟母亲就这样永别了。听别人说，她昏迷前一刻还在念叨着我和妹妹。"这样缩写可以吗？

段落在全文中的结构位置，是有其意义的，体现着作者的写法、效果和意图。至于所用语句的长和短、多和少、主动和被动等，都是写法的体现。"她出去了，就再也没回来。"单独成段，起到了"阴阳两隔"的间隔意义，作者从此失去母亲，剩下的都只是回忆，而且是痛苦的回忆，这跟其他段落所写的母亲关爱场景截然不同。如果三个段落合并，这一作用和意图自然也就不明显了。更重要的是，母亲被抬上车吐血的场景，就失去了永生难忘的那一幕的镜头感。其实，也正是这一幕，促使作者明白了母亲早已病重的事实，但自己被母亲瞒得滴水不漏。所以，这一段语句的句序也是不能调整的。至于三段缩写成一段话，不仅无法体现每个段落的结构功能和意义，而且语句几近客观叙述，没有多少情感。在教学评估时，教师可用本篇或其他课文的段落引导学生迁移应用。此外，教师还可以引导学生拿出自己曾经写作的记人记事的作文，重新审视每个段落的写法，根据自己的新认识进行修改。

（四）基于篇章的操作

篇章，是独立而完整的语篇文本。有多少个文本，就有多少种写法，有一线串珠式、对比式、分歧式等，篇章的写法不一而足。然而，"立主脑""一语立骨""气脉中贯"等诗文创作的经验和研究都表明，无论是怎样的写法，其脉络都是不变的。脉络是有标记的，故有脉络句、主旨句、中心句或线索句等说法。这就需要教师设计教学活动，引导学生研读段落并寻找相关语句，认识脉络、把握脉络和运用脉络，做到读能读出脉络，写能写出脉络。

例如《秋天的怀念》，作为写人记事的回忆性散文，作者的行文思路是有其脉络的。其段落记事顺序为：母亲首说看菊花，母亲肝疼彻夜难眠，母亲再说看菊花，母亲出去不再回，母亲吐血永别，母亲临终说牵挂，母亲去世看菊花。《秋天的怀念》中的段落记事，无论段落长短，直接或间接，都被文脉"怀念母亲"或"母亲"所贯穿。由此，教师可设计以下"科法"活动：

（1）用一个词语或一句话，概括每个段落"怀念母亲"的内容或角度。

（2）圈出每个段落中的"母亲"，用两三个词语概括作者的心情。

（3）找出写"菊花"和不写"菊花"的段落，概括作者这样安排段落顺序的意图。

（4）找出写"说话"和不写"说话"的段落，概括作者不一直写母亲说话的好处。

（5）找出写自己"病"和母亲"病"的段落，概括作者如此穿插段落的写作效果。

在动手圈画和笔答中，学生积累了对文脉的点状或片段性认识。前两个活动，学生只要把笔答内容连贯起来，就可发现文章脉络之所在。例如：直接描写和间接描写穿插进行；对母亲愧疚、感恩、追思等。后三个活动的笔答内容，稍加变形就是文脉。例如，三看菊花：一看菊花"我"发怒，二看菊花母忌讳，三看菊花怀母恩。母三说话：一说"我"反对，二说母敏感，三说母去世。母子三病：我病母解心，母病我不知，我见母吐血。教师要引导、帮助学生，反思并总结自己是如何发现文脉的。教学评估时，可让学生对《散步》《从百草园到三味书屋》等课内外的写人记事类的散文，进行文脉的发现和把握。在写作上，可开展旧文重写，利用"三字诀""交替写"等写法，梳理出文章脉络，再铺展成文。师生对比学习文脉前后所写的作文，就可看出学生在写作学习方面的进步。经由"篇法"，加上"句法""段法"的学习，"体法"

和"类法"就有可能落到实处。

四、结论

将文本解读成果转化成课堂教学成果是一个复杂的过程。所谓的模型建构，只是一种基本思路。这种模型构建了一种机制，即将教师的解读和学生解读、教师的教和学生的学充分连接起来，寻求语文课堂的教、学、评的一致性，找到语文教学的本质规律和学生学习语文的心理规律。从认知心理学的角度来说，学生在具体流程的操作中，领悟或学会了正确、熟练地理解和运用祖国语言文字，并能通过外显化的程序动作体现出来，使教师可观测、可评估、可反馈、可改进。

教师先于学生解读文本并取得成果，是其设计"科法"活动的前提和基础。学生在"科法"活动中，体验或模拟作者创作时的心理，从而读出或运用作者这一篇的写法，进而读出或运用这一体和这一类的写法，取得"由篇通体""由篇通类"的教学效果。这是语文教学高质量课堂建设的必由之路。就教师而言，先行解读并取得成果，是指导学生学习语文的基础；而设计"科法"的活动，则是指导学生学习语文的高层次活动。目前，语文课堂教学质量之所以不尽如人意，或是因为教师解读得不够充分，或是因为对课文缺乏深层次解读。就学生来说，在课堂学习中必须借助教师设计的"科法"活动，读出或运用篇法，借此读出或运用体法和类法。若教师未能设计"科法"活动，而学生又不能自创"科法"活动，只是一味地"满堂听""满堂看"，那么无论是课堂学习语文还是课下自学语文，都有可能陷入高耗低效的境地。

（原文发表于《中小学课堂教学研究》2022年第4期，收入本书时有改动。）

基于陈述性知识转化为程序性知识的"意象"教学

——以统编版高中语文必修教材中的诗歌为例

　　"意象"是诗歌创作中的重要概念，也是诗歌教学中的重要概念。统编版高中语文必修上册教材选入了大量的诗歌作品，例如第一单元中的《沁园春·长沙》《立在地球边上放号》《红烛》《峨日朵雪峰之侧》《致云雀》，第二单元中的《芣苢》《插秧歌》，第三单元中的《短歌行》《归园田居（其一）》《梦游天姥吟留别》《登高》《琵琶行并序》《念奴娇·赤壁怀古》《永遇乐·京口北固亭怀古》《声声慢（寻寻觅觅）》，再加上"古诗词诵读"中的《静女》《涉江采芙蓉》《虞美人（春花秋月何时了）》《鹊桥仙（纤云弄巧）》，共计19首（篇）诗歌，涵盖古代诗歌和现代诗歌，数量之多，种类之丰，足以显示诗歌教学的重要性。那么，"意象"作为诗歌教学的重要概念，应当如何教学呢？

　　根据教学调查，一线教师在教学"意象"时，多会选择以统编版高中语文必修上册教材第一课《沁园春·长沙》为例，引导学生学习"意象"。其教学具体思路有两种：一是直接告知学生"意象"的定义或特点，然后举例说明，这是演绎法的思路；二是引导学生列举"床前明月光""客舍青青柳色新"等已学诗句，然后从"明月""柳树"等景物归纳出"意象"的特点或定义，这是归纳法的思路。上述任意一种教学思路，都能让学生初步掌握"意象"的定义和特点。为了引起学生对"意象"的重视，教师还会要求学生读好教材、用好教材，如要求学生研读统编版高中语文必修上册教材第一单元助读系统中的补白《学写诗歌》，用横线画出其中的定义性语句："思想感情与具体形象相融合，就形成意象"，再用圆圈标出"红烛""云雀"等意象，加深对"意象"的印象。按道理说，这样的教学中规中矩，无可厚非。但问题是，经过这样的教学后，在后续的诗歌学习中，学生仍不能圈出诗歌中的意象，更说不出诗句中意象所蕴含的情感。"意象"这样教，学生学不会，教学效果不佳，这究竟是什么原因呢？

知识分类学习论认为："人类的知识有不同类型，不同类型知识的学习条件不同：只有依据每类知识学习的内外条件来设计教学，才能收到最佳教学效果。""知识分类学习论把人类学习的知识分为三类，亦即陈述性知识、程序性知识和策略性知识。"①据此分析其原因，多数教师对"意象"是何种类型的知识认识不清、定位不准，将"意象"当作陈述性知识进行教学，导致多数学生对"意象"的学习处于识记、复述等浅表层次，未能达到运用层次。按照知识分类标准，"意象"兼有陈述性知识和程序性知识的特征，虽然其定义是一种事实或概念，即可进行陈述的知识，但其运用过程中却涉及程序步骤或扎根实践操作的知识。所以，"意象"的教学应当基于陈述性知识与程序性知识双重属性，教师在指导学生识记其概念与特点的同时，需引导学生将其转化为一种特殊的程序性知识，即策略性知识，加以迁移运用。

一、在程序操作中充分意会概念

在诗歌教学中，为了加深学生对"意象"的构成、特点和功能的理解，教师需引导学生在具体的程序操作中学习"意象"，使学生形成自己的体验和认识，只有这样，才能避免教师"讲灌"、学生"听灌"的现象，才能避免"口耳之学"的产生。在课堂教学中，教师可采取两种方法促进学生动手，直接操作、运用"意象"。

（一）改写法

改写法，即改写诗句中的"意象"，对作者所用的"意象"产生一种情感、形象的体认。例如：以教学《沁园春·长沙》为例，教师引导学生阅读《沁园春·长沙》中的诗句，然后选择其他景物或事物，改写以下诗句。

鹰击长空，
鱼翔浅底，

---

① 黄方芳，庞维国.知识分类学习论在初中文言文教学中的应用［J］.当代教育科学，2010（18）：13.

万类霜天竞自由。

1.操作步骤。

第一步：结合自己的生活经验，分别写出一两种秋天的飞鸟和水中的动物。

第二步：在第一步所写的秋天的飞鸟和水中动物中选择一种，更换"鹰"和"鱼"。

第三步：揣摩所选的景物或事物，判断其与整首诗歌的意境和情感是否吻合，说说自己的看法。

2.操作结果。

改写一："雁飞长空，虾游浅底，万类霜天竞自由。"

学生发言：跟原句中的"鹰"相比，"雁"显得软弱无力，即使用"雁击"，不如"鹰击"有力量；"虾"形体太小了，摆尾也没有力量，而原句中的"鱼"游动起来力度更大，像鸟飞一样，显得轻快。

改写二："雀击长空，龟翔浅底，万类霜天竞自由。"

学生发言："雀"就是麻雀，是低空飞行动物，"长空"是指很高很远的天空，根本不是麻雀的天地，只能是雄鹰的天地。所以，"雀"跟"长空"不搭配。"乌龟"不太合适，带有一定的贬义色彩，毫无生机可言。

经过改写、比较和探讨，学生对原句中、改写后的意象有了深刻的认识：作者用"鹰""鱼"两种动物抒发情感，有着力量、力度、动作和情感色彩等方面的考虑，学生改写所用的"雁""雀""虾""龟"等动物，在表达效果上都比不上作者所选的动物。

（二）仿写法

仿写法，即仿写诗歌中的诗句或诗节，对自己所用的"意象"产生一种情感、形象的体认。例如，以教学《致云雀》为例，教师引导学生阅读《致云雀》中的诗节，要求其观察以下几句诗的句式，仿写一个诗节。

　　晶莹闪烁的草地，

　　　春霖洒落的声息，

　　雨后苏醒的花蕾，

　　　称得上明朗、欢悦、

　　清新的一切，全都不及你的音乐。

　　1.操作步骤。

　　第一步：结合现实生活，写出春天或夏天中的动物、植物等，合理想象画面，并使其建立关联。

　　第二步：根据所选景物，按照诗句相应的句式结构，仿写一个诗节。

　　第三步：将仿写的诗节代入整首诗歌中，思考其与《致云雀》的情感逻辑是否一致。

　　2.操作结果。

　　仿写一：

　　绿意盎然的森林，

　　　空气弥漫的气息，

　　冻后醒来的河水，

　　　简直是明媚、欢快、

　　清丽的一切，全都不及你的乐章。

　　关于仿写一，学生基本认同这个诗节的景物符合原诗的情感逻辑。对此，教师向学生提出疑问：将"森林""河水"分别换成"沙漠""大江"，可以吗？请说明理由。学生认为："沙漠""大江"跟《致云雀》的情感逻辑不一致，不是缺乏生机，就是不够柔美，明显与诗的格调不一致。

　　仿写二：

　　静谧辽阔的田野，

朝阳洒满的光辉，

睡后醒来的花果，

　称得上充实、美丽、

幸福的一切，全都不及你的乐曲。

关于仿写二，多数学生认为这个诗节跟原诗的情感逻辑比较吻合。对此，教师向学生提出疑问：将"田野""花果"分别换成"雪原""大地"，可以吗？请说明理由。学生认为："雪原"温度太低，不能表达《致云雀》的情意，"大地"显得沉重，缺乏明快之感，没有"致"的感觉。

在上述教学环节中，教师并未提及"意象"的概念，而只是用学生熟悉的"动物""植物""景物""事物"等概念进行表述，有利于学生建立"意象"源于生活、且多具有实物实体的特点的个人化认知。此时，教师可以引导学生说明自己改写或仿写诗歌时选用景物的规则，例如"选择的景物是自己熟悉的，而且能够表达心中的情感""无论是动物还是植物，要根据心中印象和诗歌情感进行搭配""选择景物时要注意把握感情色彩，不能把贬义和褒义搞混了"等。其实，学生在不知道"意象"这一概念的情况下，认识到这一层面，已经算是基本掌握了"意象"的定义和特点。接着，教师要做的工作就是进一步引导学生，对诗歌中的"景物""事物"下定义，用一句话描述其特点和作用。最后，教师启发学生提炼"意象"的定义。虽然这样的教学思路也是归纳法的思路，但跟先列举若干景物、事物作例子，再下定义的归纳法相比，有着很大的不同。因为这样的教学基于学生动手写作诗歌的实践，其所提炼的"意象"概念，是学生基于自身写作实践经验的归纳，而非教师直接告知或宣讲。

二、在程序操作中深刻领悟本质

诗歌教学中最大的难题是：学生学完"意象"的概念和实例后，再换一首诗歌，仍读不懂诗人所用的"意象"在诗歌中所蕴涵的情感含义。这就要求教师引导学生在程序操作中洞悉"意象"的本质规律："景物""画面"为何能够蕴涵某种"情感"？在阅读诗歌中，见到陌生的"意象"，应该如何推断其蕴涵的"情感"?

众所周知,"意象"是诗人抒发情感的形象,其核心要义在于"意象"的背后的思维生发机制,即"意象(景物、人等)—情感(意图、含义等)"的对应关联机制。学生若能洞悉这一机制,便可以举一反三、触类旁通,不仅可以明了已经掌握的"意象"为何表达的是这种情感而不是其他情感,还可以推测未能掌握的"意象"应当表达何种情感。因此,教师要引导学生观察"意象"的外在特征和"情感"的内涵意蕴之间的对应关联,真正理解和掌握"意象"的产生规则或形成规律,从而学会运用"意象—情感"的对应规则来阅读诗歌或理解诗歌,最终形成可迁移的运用能力与语文核心素养。据此,笔者制作了一份《"意象—情感"关联对应规则一览表》(见表1),帮助学生把握已学"意象"的内涵规则,推测未能掌握但并不陌生的"意象"的情感,以便触类旁通地学习"意象"。

表1 "意象—情感"关联对应规则一览表

意象	情感	诗文例句	对应关联点 (角度:形状、色彩、气味、大小、高低、环境、时间、音韵、活动规律等特点)	备注
梅	品质高洁	墙角数枝梅,凌寒独自开。零落成泥碾作尘,只有香如故	环境:寒冬季节,迎风傲雪; 时间:腊月盛开,暖时不开; 气味:幽香、暗香	示例
莲	洁身自好	出淤泥而不染	环境:长在淤泥中却不被污染	示例
月	思念之情	举头望明月,低头思故乡	形状:"圆"引发"团圆"的联想	示例
竹	品德操守	立根原在破岩中	环境:清幽、艰苦; 形状:节节挺拔	示例
兰	品德美好	兰幽香风定	气味:芬芳	示例
柳	送别惜别	客舍青青柳色新	形状:风吹柳枝摆动似留人; 谐音:"柳""留"谐音	示例
菊	……	……	……	仿写
松	……	……	……	仿写
鹰	……	……	……	仿写
细雨	……	……	……	仿写
骤雨	……	……	……	仿写

续　表

意象	情感	诗文例句	对应关联点 （角度：形状、色彩、气味、大小、高低、环境、时间、音韵、活动规律等特点）	备注
秋夜	……	……	……	仿写
秋风	……	……	……	仿写
江水	……	……	……	仿写
落叶落木	……	……	……	仿写
金戈铁马	……	……	……	仿写
……	……	……	……	仿写

　　对于这份《"意象—情感"关联对应规则一览表》，教师可根据学情引导学生加以修改，甚至再添加一些"意象"。表格中的"意象"，经过添加若能达到近百种，就基本上涵盖了整个高中学段所学所见的经典"意象"。当学生填完表格后，也就形成了一张"意象"的知识图谱。在动手整理这张"意象"知识图谱的过程中，学生对"意象"的运用规则进行思考，从而对"意象"形成谱系、系统化的认识，这就极大地提高了学生学习"意象"触类旁通的可能性。为了帮助学生深入理解"意象—情感"的关联对应规则，教师可选用诗句作为变式练习，指导学生破解诗句中"意象"的"情感"，并点拨其进行总结思考的策略。

　　以《声声慢（寻寻觅觅）》"雁过也，正伤心，却是旧时相识"中"雁"这一意象教学片段为例，引导学生进行探究，过程如下。

　　教师提问：词人用"雁"这个意象，抒发了什么情感？

　　学生回答：伤心、悲伤的情感，内心的悲愁等。

　　教师追问：你是如何看出词人用"雁"抒发了"悲伤""悲愁"的情感？

　　学生回答：大雁是迁徙性动物，每年秋季往南飞，大雁南飞就意味着离别。

　　教师点拨：各位同学的回答都着眼于大雁迁徙的活动规律，迁徙就是离别，离别就会产生悲伤之情，很有逻辑性。这可以形成"雁—悲伤—活动规律：迁徙离别"的思维逻辑链。

　　教师提高难度，再次提问：词人说"雁过也，正伤心"，确实能够印证

"雁"作为"意象"的"悲伤"情感内涵。但词人说"雁"是"旧时相识",原因何在？

由于这一问题难度较大，学生暂时无法作答。

教师引导学生思考：大雁飞翔的队形，具体是什么形状？

学生立即回答："一"字形和"人"字形。

教师点拨学生：将两个字合起来，读两遍，看看有什么情感含义？

个别学生领悟惊叫：哦！我明白了，"一""人"原来是这么回事！

教师做个手势，说道：嘘！先不要说。请其他同学继续思考，李清照熟悉的是某只大雁，还是大雁的阵型？

越来越多的学生悟到"一""人"的奥妙，教师引导学生互相交流，并提问学生解说"一""人"的奥妙："一""人"是大雁每年南飞的阵型，从来没有变过，显然词人对大雁南飞的阵型非常熟悉，这让词人联想到自己孤身一人的悲伤。

教师提问学生：大家遇到未知的"意象"，究竟该怎样破解其"情感"呢？请总结一下自己破解未知"意象"情感的策略或学习策略。

学生回答出的策略要点有："依据已经学过但又相似的意象，进行联想推理""从意象的形状、环节、时间、活动规律等角度进行推测""以后再多找一些诗句，锻炼破解'意象'的能力"等。这些策略虽然并不一定都是最有效的策略，但是对学生来说，却可能是最适合的策略。因为这是学生自己动手操作、动脑思考后的学习心得，是非常可观的成长与进步。

三、在程序操作中验证技能策略

通过诗歌教学，学生在程序操作中对"意象"的概念有了充分的认识，继而对"意象"的本质有了深刻的洞察，那么，学生究竟是否形成了可迁移的能力呢？这需进一步验证。因此，设计适合学生学情的试题进行测评就显得十分重要。针对前面各个环节的学习，笔者采取纸笔测试的形式，设计了两道试题让学生进行练笔。

试题设计如下：

其一，一般难度的试题。

阅读下面选自《古诗十九首》中的诗歌，回答问题。

涉江采芙蓉

涉江采芙蓉，兰泽多芳草。

采之欲遗谁？所思在远道。

还顾望旧乡，长路漫浩浩。

同心而离居，忧伤以终老。

第一问：首句中的"芙蓉"，代表什么情感？

第二问：你破解"芙蓉"的策略或角度是什么？请简要阐述。

关于第一问：学生的回答，基本上都能够扣住"思念丈夫""采芙蓉花送给丈夫"等要点，踩点率达到90%。

关于第二问：回答"女人如花，需要男人欣赏"的学生，超过40%，这类学生使用的是文化语境中关联转义的策略；回答"'芙蓉'谐音'夫容'（指丈夫的容貌）"的学生，超过20%，这类学生使用的是音韵关联策略；回答"根据'所思在远道'推断，'远道'是游子走的道路"，超过20%，这是上下文语境关联策略和形状关联策略的综合运用。这三种策略的运用覆盖率达到80%。其中，有20%的学生运用了至少两种策略。学生答题的正确率与"意象"有关的破解策略或解题策略是密切关联的。这正说明，策略性的迁移运用对于学生来说具有不可忽视的重要意义。

其二，更高难度的试题。

阅读下面这首唐诗，完成问答题。

野歌

李贺

鸦翎羽箭山桑弓，仰天射落衔芦鸿。

麻衣黑肥冲北风，带酒日晚歌田中。

男儿屈穷心不穷，枯荣不等嗔天公。

寒风又变为春柳，条条看即烟濛濛。

问：诗的最后两句有何含义？请简要分析。

（注：本题是2018年高考语文全国Ⅰ卷的古代诗歌阅读题。其参考答案为：①意为凛冽的寒风终将过去，和煦的春风拂绿枯柳，缀满嫩绿的柳条好像轻烟笼罩一般摇曳多姿；②表达了诗人虽感叹不遇于时，但不甘沉沦的乐观、自勉之情。）

教师在教学测试时，要求学生回答三点以上，所有要点用圆圈序号标示。在受测学生中，谈及"寒风""春柳"的环境转变和情感变化的学生，占80%；谈及"烟濛濛"画面和含义的学生，占70%；谈及诗人不甘心处于社会底层，对人生奋斗仍充满一线希望生机的学生，占40%。最终学生答题得分率为50%。该题当年的得分率不足30%，而受测的学生本题得分率，高于其将近一倍。可见，策略性知识的介入，进一步强化了学生学习"意象"的实践操作性质，提高了其运用"意象"的能力和灵活性。

教育心理学者皮连生教授指出："学校教育发展学生智力的任务，实际上就是帮助学生有效地掌握陈述性知识、程序性知识和策略性知识。"[1]"策略性知识也是一种程序性知识，不过，一般程序性知识所处理的对象是客观事物，而策略性知识所处理的对象是个人自身的认知活动。所以加涅说：前者是对外的，后者是对内的。"[2]教师应按照知识的类型，为学生创造相应的学习条件，以免将某些兼有程序性知识属性的知识只按照陈述性知识进行处理，将原本属于策略性知识的知识，也作为陈述性知识进行教学。"对学生进行某种技能的培养和训练时，不应该忽视有关概念、规则等的传授，也不应该将学生埋入题海之中，埋头苦练，而是应当首先掌握或理解有关操作或运算步骤的知识，即这些知识进入学习者原有的命题网络；然后设计变式练习，让学生在多种问题情境中进行练习，以促使陈述性知识转化为程序知识（技能）。"[3]

（原文发表于《中小学课堂教学研究》2021年第10期，收入本书时有改动。）

---

①皮连生.一种关于智力的新观点［J］.湖南教育，1995（3）：13.

②皮连生，卞春麒.论知识的分类与教学设计［J］.铁道师院学报，1991（2）：86.

③皮连生，杨心德，吴红耘.学与教的心理学［M］.5版.上海：华东师范大学出版社，2009：96.

基于知识分类的初中语文深度教学诊断和改进

——以统编版语文教材九年级上册现代诗歌"意象"的课堂教学为例

"人类的知识有不同类型，不同类型知识的学习条件不同：只有依据每类知识学习的内外条件来设计教学，才能收到最佳教学效果。"[①]其实，这就是语文深度教学。按照知识分类进行设计和实施教学，语文教师应当如何操作实施呢？下面就以统编版语文教材九年级上册现代诗歌"意象"的课堂教学为例，在对教师的课堂教学进行观察和诊断的基础上，指导教师基于知识分类改进课堂教学，将学生引入语文深度学习，以期呈现并提炼基于知识分类的语文深度教学的规律。

一、未基于知识分类的课堂教学案例

案例背景：统编版语文教材（2018年版）九年级上册第一单元，共有五篇课文，分别是《沁园春·雪》《我爱这土地》《乡愁》《你是人间四月天》《我看》。教师采用大单元教学设计理念，第一课时预习本单元课文，学习生字词、熟读课文；第二课时，学习第一课《沁园春·雪》；第三课时，整合第二至五课的诗歌，学习"意象"并仿写诗歌；第四课时，举行诗歌朗诵会……下面介绍的案例，就是第三课时的教学案例。

教学过程：主要有三个环节。

环节一：温故知新说"意象"。教师带领学生诵读《沁园春·雪》，抛出问题："联系《沁园春·雪》，用你自己的话说说，你心中的意象是什么？"在学生作答后，教师明确定义："意象是包含着诗人独特情感的客观事物或景象。"

---

①黄方芳，庞维国.知识分类学习论在初中文言文教学中的应用［J］.当代教育科学，2010（18）：13.

"意象是一个个富有特殊意蕴的具体物体,是可以感知、实在的、具体的。""一首诗可以有一个主意象和多个小意象。"

环节二:分组探究品"意象"。全班学生分为八个小组,每两个小组认领一首诗歌,分析下列问题:这首诗有哪些意象?它们分别具有怎样的特点?诗人借此表达怎样的情感?诗人为何要选取这些意象表达情感?小组发言时,教师以《我爱这土地》为例,带领学生依次梳理上述问题并作出解答。后面三首诗,由学生依次回答。

环节三:模仿创作抒情怀。从以下题目中任选一题:①假如我是……;②乡愁是……;③你是……;④我看……。仿照所学的诗歌,用一个或多个意象,写一节或多节小诗,抒发某种情感。小组内推选出优秀作品,用投影展示,小组互评,着重对意象的选取和运用作点评。

教学效果:从时间分配看,在课堂教学实践中,前两个环节用时30分钟,第三个环节用时10分钟。从课堂氛围看,前两个环节较为沉闷,尤其是第二个环节,教学过程推进艰难,进入第三个环节后学生争相递交诗歌仿写作品、朗读自己的诗歌,气氛比较活跃。然而,限于时间关系,教师只选择两个同学展示作品,匆匆结束本课。

教学反馈:很多学生感到展示作品的时间太短,大家刚进入状态就结束了。观课教师提出,应将第三个环节作为教学重点,花更多的时间,促进学生对"意象"的内化和运用。笔者和教学评价专家都认为,无法确定学生的仿写跟教师的教存在何种关联性:即使没有前两个环节,一上课就仿写,部分学生也可以写得很好,再经过教师的点评和鼓励,最终大部分学生都能完成诗歌仿写。

二、基于知识分类的课堂教学诊断

在语文知识体系中,尤其是在诗歌教学中,"意象"的重要性不言而喻。正因如此,教师特意对"意象"下了定义,并作以解说。按照皮连生教授对构成智力的三类知识的研究解释:"知识分类学习论把人类学习的知识分为三类,亦即陈述性知识、程序性知识和策略性知识。"①作为诗歌教学重要知识的"意象",当属陈述性知识。陈述性知识是"能直接陈述的知识,它主要用来回答世界是什么或为什么的问题"②。"陈述性知识一般通过理解和记忆获得,又可称为语义知识。加涅在其学习结果分类中称其为'言语信息',并把它分三个亚类:符号学习、事实性知识学习和有组织的整体知识学习。"③认知心理学研究证实,学习不同类型的知识,必须经由相应具体的学习条件达成。这意味着教师在教学过程中必须采用不同的程序、方法和技术。按照加涅的学习结果分类,"意象"属于有组织的整体知识学习,既不同于像古代诗文中通假字那样的符号学习,也不同于像文学常识那样的事实性知识学习,其有独特具体的学习条件。教师开展教学设计并实施教学,必须创造或构建相适切的条件,才能促进学生的学习接近或达到理想状态,从而实现语文的深度学习。

"有组织的知识是由互相联系的事实构成的更大的知识体系。""这类知识学习的重要过程是理解,影响这类学习的唯一最重要的条件是原有知识及其组织的特征,亦即原有认知结构。"④就"意象"的学习而言,教师就有必要使学生对"意象"的认知结构产生真正的理解,即从原有知识及其组织特征层面来理解"意象"。据此诊断课堂教学,主要结论有三。

其一,学生在仿写诗歌时,研读诗歌前面或后面的诗节的相关部位,其关于"意象"的原有知识及其组织特征被激活。尤其是在小组推选优秀作品时,其他同学阅读或聆听已经完成的诗歌仿写,会进一步证实自己对"意象"的原有知识及其组织特征的推测,激发自己想要完成诗歌仿写并试图展示仿写作品的强烈欲望。其实,这也是学生感到第三个环节时间短暂而非常遗憾的心理根源。由此可见,充分利用知识分类的规律进行教学,对学生进行强烈心理刺

①黄方芳,庞维国.知识分类学习论在初中文言文教学中的应用[J].当代教育科学,2010(18):13.

②黄方芳,庞维国.知识分类学习论在初中文言文教学中的应用[J].当代教育科学,2010(18):13.

③黄方芳,庞维国.知识分类学习论在初中文言文教学中的应用[J].当代教育科学,2010(18):13-14.

④黄方芳,庞维国.知识分类学习论在初中文言文教学中的应用[J].当代教育科学,2010(18):14.

激，激发学生强烈的学习欲望，乃是深度教学的秘密所在。

其二，从教师关于教学过程的设计来看，尤其是三个环节的程序的安排，教师对"意象"的理解和教学，缺乏知识分类的自觉意识及必备的相关知识。教师无法自觉地按照"意象"所属的亚类知识，为学生学习"意象"创造适切的学习条件。这也是无法确认学生的仿写跟教师的教存在明显关联的深层原因之所在。学生仿写的诗歌，是学生学习的结果，按照正常的课堂教学逻辑推断，就应当是教师教的结果，但是由于教师的教没有按照所教知识的类型，没有自觉而精准地为学生创造学习该知识的适切条件，就无法判断这样的学习结果是否是教师教的结果。因此，也就无法判定前两个环节是否属于深度教学和深度学习。由此可知，教师基于知识分类，通过创造适切的条件而促进学生学习知识，是契合认知心理规律的教学，自然也是具有深度的教学。

其三，教学设计所采用的理念、思路是演绎法。教师带领学生学习"意象"的定义，然后根据设计的问题，通过研读诗歌而理解定义，最终运用定义完成仿写任务。就整节课的学习体验来说，学生对前两个环节的体验并不深刻，而对第三个环节仿写诗歌的体验最深刻。从结果来看，前两个环节很难被视为深度学习，但所用时间却是最长的，而第三个环节作为深度学习的环节，其用时恰恰是最短的。就本节课而言，采用演绎法教学"意象"，未必是最佳思路。

三、基于知识分类的课堂教学改进

由于本节课的教学内容是确定的，改进的内容自然是教学过程的程序、方法和技术。前面诊断的主要结论其实就是改进的方向。整合前文所述的三点主要结论，概述如下。充分利用知识分类的相关知识和规律，教学思路主要采用归纳法，增加学生的学习体验，促使学生产生强烈的心理刺激、学习欲望。将其转化成具体教学过程，仍是三个环节：其一，仿写诗节，仿照《我看》第一诗节，大约12分钟；其二，品景论情，品味仿写诗节中的景物，8分钟左右；其三，再次仿写，从《我爱这土地》《乡愁》《你是人间四月天》中任选一首诗仿写其中一个诗节，大约20分钟。

就本课来说，在改进前的教学中，教师深知"意象"是一个重难点知识，对初中学生来说，掌握起来十分不易，所以教师才将"意象"的定义解说得很全面，并用了将近30分钟的时间，带领学生在四首诗歌中反复揣摩和运用定义，以期学生真正理解"意象"。然而，在改进后的教学中，教师仍然紧扣"意象"，环节一是在仿写诗节的体验中初步感知"意象"，环节二是在师生对仿写作品所用景物的品味中明确言说"意象"，环节三是融合前两个环节的感性经验和理性认识，并在再次仿写中深化对"意象"的体验。

基于知识分类的教学设计和操作，三个环节都是为了创造学生学习"意象"的适切条件，但其功能又有所不同。

环节一，促使学生根据自己在研读诗节中对景物的认知，对"意象"形成一种原始的理解，并且将其置于诗节这一具体结构中，对"意象"形成一种个人化的、直观感性的"原有知识及其组织的特征"。

环节二，教师邀请仿写得又快又好的学生，说出自己的仿写心得，教师针对学生仿写诗节中的景物、事物等设计问题。例如，《我看》第一诗节及其仿写：

我看一阵向晚的春风/悄悄揉过丰润的青草/我看它们低首又低首/也许远水荡起了一片绿潮

我听一条潺潺的小溪/悄悄抚过圆圆的鹅卵石/我看它们旋转再旋转/也许远山舞起了一条绿带

在教学时，教师就学生仿写所用景物发问："你的仿写，为什么选用'小溪'这个景物？说说你心中的想法和真正的意图。"学生回答的思路，基本如下："我最熟悉这个景物""我感到这个景物最合适""它最能代表我的情感"。（教师板书：景物——适合全诗——代表情感。）此时，教师可采用替换法改变"意象"来设计问题：将你选用的景物"小溪"换成"蟒蛇"，将第一句改成"我听一条粗粗的蟒蛇"，可以吗？学生很快回答"不可以"。教师当即追问："为什么不可以？说说理由。"学生回答的要点有："蟒蛇"令人厌恶，而"小溪""鹅卵石"之类的景物惹人喜爱，跟《我看》这首诗的情感一致；"蟒蛇"太粗了，花纹令人害怕，样子有点丑，"小溪""鹅卵石"的形状优美。（教师板书：景物——色彩、形状、美感——情感一致）

研讨大约三个同学的仿写作品，教师就可以指导个别学生用一句话概述：自己仿写诗歌时，选择景物应当注意哪些方面。例如，学生的说法主要有："我说不出来，但是我知道是怎么回事，我能看出来，也会用。""选择景物，应该跟其他景物相似相关，像花和草在一起，鸟和兽在一起。""选择景物抒发情感，心中有什么样的情感就选什么样的景物，表述高兴喜悦的心情就选美丽可爱的景物。"然后，教师抓住学生所概述的内容，及时予以肯定或点拨："你们的理解很深刻，在通常情况下，景物和情感就是这样的对应关系。""你们这样理解诗歌中的景物和情感，是对的；像这样能够抒发心中情感的景物，有个学名就叫意象。"教师将一些学生的个体经验或认识，提炼成一种共识，及时板书并固化为学习成果。这样就可以提升学生对"意象"的理解，促使学生加深对"意象"的"原有知识及其组织的特征"的领悟，从环节一中个人化的、直观感性的层面向公共性的、理性思辨的层面跃迁。

环节三，教师指导学生反思环节一所选景物是否符合环节二对"意象"所形成的共识。同桌之间互相检验，需要修改的同学立即修改。不需要修改的同学，从《我爱这土地》《乡愁》《你是人间四月天》中任选一首诗，仿写其中一个诗节，大约10分钟。最后留约10分钟的时间，学生自由分享，教师指导学生自评或互相点评仿写的作品，从"原有知识及其组织的特征"的角度来固化学生对"意象"的理解。这样可以使能力较强的学生仿写不同的诗歌两次，并且深刻体验"意象"的"原有知识及其组织的特征"，能力较弱的学生对"意象"的"原有知识及其组织的特征"形成初步的认识。

学生对"意象"的理解、内化和运用，是一个循序渐进、螺旋上升式的过程。学生的学习有三个环节，即自仿写体验开始，而后自我归纳、教师点化，到再次仿写体验结束。"一旦'规则'被'悟'出来以后，接着要引导学生把规则应用于语文实践，在变式练习中使用规则应达到自动化，即达到自动应用或直觉理解水平。"①以此来看教学改进之处的核心是，始于仿写、终于仿写。这旨在促成学生自我体验、集体体验、教师点拨、自我归纳和自觉应用。基于知识分类的教学改进，促进语文深度教学的效果是显而易见的。

四、基于多种知识分类理论的解释

人类知识是人认识和研究的对象，不同的研究者从不同的角度出发，在知识的分类方面形成了不同的理论或学说。反过来说，这些理论或学说，对人类知识的研究殊途同归，常常可以彼此印证、互相融通。此前所说的教学改进，用不同的理论或学说加以解释，可进一步确认其学理性。

（一）认知心理学家安德森的知识分类学说

安德森将知识分为两类，即"陈述性知识"和"程序性知识"。前文提及的加涅、皮连生等人的研究分类，跟安德森主张的知识分类内在相通。"这两类知识并不是二元对立的，它们之间有相互促进和转化的关系。陈述性知识是程序性知识的基础和前提，而程序性知识的获得，又有利于陈述性知识的掌握。"②在教学改进前，"意象"被认为是用来回答"是什么"的知识，教师就设计了下定义并明确教授学生理解定义的环教学节。在教学改进后，教师指导学生学习"意象"，主要是通过解答"意象"如何在诗歌中运用而获得具有可操作性并蕴含在实践行动中的知识，甚至更多的是只可意会不可言传的知识等相关问题。因为学生无论怎样概述对所选景物的认识，都不能道尽其关于所选景物的具体经验和体会。改进后的教学充分重视了对"意象"在诗歌中"怎么做""怎么运用"的程序性知识，扭转此前过于偏重"意象"在诗歌中"是什么""为什么"的陈述性知识的现象，这就实现了教学从偏于静态性的陈述性知识传授到偏于动态的程序性知识掌握的转变。"让学生在多种问题情境中进

---

①姚夏倩，皮连生.关于语文学习与教学规律的思考：知识分类学习论和教育论在语文学科中的应用研究［J］.华东师范大学学报（教育科学版），1999（3）：67.

②骆婧婷.初中古诗文中的陈述性知识与程序性知识：以"意象"的教学为例［J］.中学教学参考，2018（27）：5.

行练习，以促使陈述性知识转化为程序性知识"①，使得陈述性知识和程序性知识深度融合，从而使学生进入深度语文学习。

（二）心理学家罗伯的内隐学习学说

"内隐学习"是由罗伯首先提出来的，指无意识、自动化地获得知识的过程。"内隐学习的研究首先提出人类存在内隐学习这种无意识的认知模式，然后设计精巧的实验揭示它的本质特征，考查它与外显学习的关系、内隐知识和外显知识的联系，以及外显指导发挥作用的方式和效果。"②根据罗伯的内隐学习概念，可将知识分为外显知识和内隐知识。"从学习过程来看，语文内隐学习的过程没有明显的逻辑认知程序，是在无意之中以潜移默化的方式进行的。""从学习结果来看，语文内隐学习所获得的主要是缄默知识，即'只可意会不可言传'的知识。它储存于潜意识之中，不能有意识地加以提取，但能在适当的情境下被激活。"③在教学改进之前，学生所学习"意象"的定义，是毫无争议的外显知识，但是在无法调动、形成和丰富学生内隐知识的情况下，这种外显知识的学习恰似"无根"的浅表学习。在教学改进之后，学生在初次仿写中就形成了大量的内隐知识，为环节二中归纳对"意象"的认识这种外显知识的学习提供了"根基"，并且可以在教师的"追问"、自我的"反思"以及再次的"仿写"等适切的活动情境中被激活。这种学习，显然已经走进了深度学习语文的境地。"语文内隐学习是脱离逻辑思维的非语言的心理过程，具有直觉感悟性。"④这也证实，少数学生无法说出"意象"的定义却能灵活运用"意象"，跟那些能够流畅完整地说出"意象"的定义却不能运用"意象"的学生相比，前者发生深度学习语文的可能性更大。

---

①皮连生，杨心德，吴红耘.学与教的心理学［M］.5版.上海：华东师范大学出版社，2009：96.

②杨金鑫.内隐学习研究对我国语文教学的启示［J］.课程.教材.教法，2002（3）：45.

③郭睿.内隐学习：语文学习的新视野［J］.语文建设，2005（12）：7.

④郭睿.内隐学习：语文学习的新视野［J］.语文建设，2005（12）：7.

（三）哲学家波兰尼的默会知识论学说

波兰尼认为："人类的知识有两种。通常被描述为知识的，即以书面文字、图表和数学公式加以表述的，只是一种类型的知识。而未被表述的知识，像我们在做某事的行动中所拥有的知识，是另一种知识。"[1]能够用各种名言符号加以表述的知识，被称为明确知识；我们知道但难以言传的知识，被称为默会知识。波兰尼认为"我们所知道的要比我们所能言传的多"[2]，这意味着能够言传的那些明确知识远远少于不能言传的默会知识。若说明确知识是海面上的冰山，那默会知识就是海面下的冰山底座。改进前的教学，教师对学生的默会知识重视程度不够，导致学生对"意象"这种明确知识的学习用时过多，促使学生进入语文深度学习的时间较短；而改进后的教学，则充分挖掘了学生学习"意象"过程中的默会知识，促使学生一直沉浸在对默会知识的领悟中，加上教师穿插明确知识的点拨和调节，两次仿写成为其默会知识的深化和升华之旅，学生沉浸在语文深度学习状态里。

"默会知识是自足的，而明确知识则必须依赖于被默会地理解和运用。因此，所有的知识不是默会知识就是植根于默会知识。"[3]"明确知识的接受者，只有通过默会，使知识在自己的头脑中复活"[4]，才能真正理解并能运用知识。改进后的教学，环节二虽然涉及"意象"的定义这种明确知识，但仍然植根于学生在仿写诗歌中关于"意象"所产生的默会知识，可在头脑中复活"意象"这一知识。促进学生体验人类知识的生成历程，产生领悟并加以运用，这无疑是深度教学的应有之义。

斯滕伯格认为获取默会知识有三种有效途径：一是选择性地进行信息解码，即吸收与自己的目标最相关的信息；二是选择性地进行信息组合，即把零碎的信息整合到一个有意义的信息流之中；三是选择性地进行信息比较，即利

---

①郁振华.波兰尼的默会认识论［J］.自然辩证法研究，2001（8）：5.

②郁振华.波兰尼的默会认识论［J］.自然辩证法研究，2001（8）：5.

③郁振华.波兰尼的默会认识论［J］.自然辩证法研究，2001（8）：6.

④丁际旺.怎么想，就怎么教：从默会知识到思维教学［M］.北京：教育科学出版社，2015：16.

用过去的信息来理解当前的信息。①由此分析改进后的教学，也可看出学生在初次仿写中，针对"意象"的体验与认知，吸收了与学习目标最相关的信息；由于诗节或整首诗歌都是结构化的信息，形成一个有意义的信息流，学生关于"意象"的种种感性体验和零散认识，所形成的"有效的规则只存在于个人的知识行为中"②，在环节一和环节三中仿写时就已被自动整合其中；环节二则是选择性地进行信息比较，利用学生过去关于景物的认知来理解"意象"。学生在明确知识层面时学习，能够进入默会知识层面的加工、关联和建构阶段，这意味着深度学习的发生。

在社会科学和自然科学的研究中，关于知识分类的理论或学说还有很多，这些理论或学说为教育教学提供认识和研究知识的工具。语文教师在课堂教学中，树立知识分类的意识，学习并掌握其相关知识，为学生学习知识而创设适切条件，才有可能实现深度语文教学，学生也才有可能从浅层语文学习走向深度语文学习。

（原文发表于《黄冈师范学院学报》2021年第4期，收入本书时有改动。人大复印报刊资料全文转载。）

---

①覃玉荣.默会知识与二语习得［J］.教学与管理，2008（18）：106.

②迈克尔·波兰尼.个人知识：朝向后批判哲学［M］.徐陶，译.上海：上海人民出版社，2017：36.

第四篇

培育语文学科核心素养的有效路径

程序、知识和方法：语文教学解读基本功的修炼

　　教学解读和文本解读，既有区别又有联系。教学解读是语文教师的基本功。语文教师修炼教学解读的基本功，需要掌握教学解读的程序、提炼课文中所包含的语文核心知识，以及考虑选用何种专业方法促进学生学习语文核心知识。借用作家贾平凹的"站桩"说法，教学解读的程序、知识和方法，就是语文教师教学解读修炼所要"站"的"三个桩"。

　　语文教师想把课上好，前提是要有教学解读基本功。这如同作家要写好作品，前提是要有写作基本功。著名作家贾平凹谈论写作基本功时说："有一天，我与少时习武的师傅坐在台阶上唠嗑。师傅说，平娃，我看了你写的东西，那些花架子有些不管用啊。你看，不管干哪一行，败得最快的，都是那些急于求成、研究了很多拳脚招式的。你得让气息沉下去，两脚像树的根一样，紧攥着泥土。一句话，你得下去站个桩。"只有站桩，才能潜心静气练好功。若说语文教师需要"站桩"，才能练好教学解读基本功，那么教学解读所需的程序、知识和方法，就是语文教师要站的"三个桩"。

　　语文教师在"站桩"前，有必要厘清教学解读和文本解读的联系与区别，认清教学解读的本质，决不能稀里糊涂地"站错桩""乱站桩"。教学解读和文本解读都是对言语成品的解读，很多时候有着相同或相似的思维、方法和知识，教学解读有时也要从文本解读中借鉴和吸收新鲜的知识、方法和理论，以便提升教学解读的质量。然而，教学解读不等于文本解读。两者之间虽然有着千丝万缕的联系，但是价值和功能迥然不同。从本质上说，教学解读是对课文的解读，不仅要考虑将其作为普通文本的原生价值并加以解读，而且要考虑其作为教学文本的教学价值并加以解读。而文本解读则是一种具有专业意味的研究性解读，一般属于高校文艺学专业的研究范畴。其成果虽然也可以为中小学教学所用，但主要是为文艺研究所用。教学解读跟文本解读的最大不同点，就

在于教学解读是为了中小学语文教学。就中小学语文教学来说，其教学解读有着特有的程序、知识和方法。这些方面显示着教学解读的独特之处，并在实践层面上跟文本解读进一步区分开来。

一、程序：形成基本路数惯习

教学解读，其步骤、做法和习惯，可谓言人人殊。根据一线教师运用的频次和实践效果，教学解读的程序可以概括为"四轮解写法"。所谓"四轮解写法"，就是通过四个连锁性问题解读课文，每一个问题都促成一轮解读，在四个层面上形成系列性的解读成果，从而为教学设计及其实施打下坚实的基础。

（一）读出内容：课文写了什么

语文教材中的课文，除了古代诗文相对比较难以理解之外，大多数课文都是现代白话文，师生基本上能够无障碍阅读并说出课文写了什么，即把握住课文的内容。读出内容，是教学解读的首要环节，也是后续三个环节的基础，但并非教学解读的重点环节和关键环节。从"言""意"关系来看，"读出内容"就是由言入意，即通过课文的语言来把握课文的内容。其实，这是一件非专业读者都能做到的事情。例如：小学生阅读童话、社会公众阅读流行小说等，基本上都是停留在"读出内容""看懂写了什么"这一层面上。

然而，教学解读并不止于这一层面。教学解读的目的是教师用语文教学专业的眼光解读，将学生培养成准专业的读者或专业的读者。语文教师至少要通过教学促成学生学习和进步，在"读出内容"的层面上有所提升。例如教材中的课文：安徒生的童话《皇帝的新装》，学生很容易读出课文写了皇帝爱新装、穿新装而受骗的故事；李白的诗歌《梦游天姥吟留别》，学生也不难读出课文写了作者梦游天姥山的过程和感受。教学解读和课堂教学若是把"读出内容"作为重点，遇到《秋天的怀念》《中国石拱桥》《青蒿素：人类征服疾病的一小步》《中国建筑的特征》等课文，语文课很有可能变成亲情感受课、科学普及课等非语文课，使语文课失去其"独当之任"的学科价值和课程内容。所以，语文"独当之任"的学科价值和课程内容，还需要通过后面三个环节的解读来实现。

（二）读出写法：课文是怎么写的

解读教材中的课文，能够读出课文的写法，比起读出课文的内容，显然要高出一个层次。当然，这一轮解读，也是后续两轮解读的基础。读出写法，就要思考课文是怎么写的，即：课文是用什么样的文体、什么样的笔法、什么样的修辞、什么样的词语等策略、方法和手法来写的。从"言""意"关系来看，"读出写法"就是由意入言，即通过课文写的内容悟出课文的篇、章、句、词是怎样的写法。例如：《从百草园到三味书屋》是用散文的笔法写的，《白杨礼赞》是用借物喻人、托物言志的手法写的，《芣苢》是用四言句式、重章叠句的手法写的，《与妻书》是书信中的家书这一文体。从"读出内容"到"读出写法"，就是张志公先生所说的"在课文里走一个来回"。

读出课文的写法，不能停留在泛泛而论上，应当将课文的写法从篇章落实到字句上。这样才能指导学生领悟到课文写法的关键之处，从课文中的细节找到证据来坐实课文的写法。目前，一些教师满足于从教参、教学设计等教辅用书中寻找课文的写法。教师通过教学设计或课堂教学，只是将课文的写法当作一个结论告诉学生，学生未经历思考得出结论，导致学生语文学习成为"接受式学习""机械式记忆"，这可以说是令人悲痛的教学现象。更重要的是，久而久之，语文教师的教学解读基本功荒废，学生学习语文倍感枯燥乏味并且其语用能力无法得到培养，致使语文课处于高耗低效、少慢差费的困境。

（三）读出妙意：课文为什么这样写

读出妙意，就是读出作者写作的用意和妙处。此轮解读，是读出内容、读出写法的深化。所以，在教学解读时，教师应当追问：作者为什么写这篇课文？课文为什么要这样来写？换作其他写法，为什么不可以？就"言""意"来说，这显然是对"言""意"背后的写作动机、写作意图的追问。经此追问，可以解读文章写法的妙处和作者的深层写作意图，促使教师将课文作为普通文本的原生价值挖掘殆尽，进而为挖掘课文作为教学文本的教学价值奠定基础。例如课文《背影》，作者为什么要写背影，而不写父亲的白发、书信等？例如课文《从百草园到三味书屋》，作者为什么要用"不必说……也不必说……单是……"这样的句式来写？例如课文《念奴娇·赤壁怀古》，作者泛舟之处明明并非赤壁大战之地，为什么还要当作真的来写？正史中的周瑜明明是英武的戎装形象，作者为什么要把他塑造成儒雅的书生形象？再如课文《声声慢（寻寻觅觅）》，词人为什么要用"寻寻觅觅，冷冷清清，凄凄惨惨戚戚"这样的叠字句作为起句？

教材中的课文多是文质兼美的经典之作，其自有妙意。语文教师有必要在课堂上带领学生共同充分挖掘课文的妙意，提高学生的解读能力和审美鉴赏能力。就当前语文课堂来说，很多教师不是停留在课文一望而知的内容上，就是对课文写法人云亦云，而对课文写法艺术效果的精妙、作者的深层意图和言语动机，缺乏洞察和体悟。这导致语文教学设计和课堂教学缺乏具有生命感、贯通性和牵引力的主问题，不能将学生引入"有意义的学习""深度学习"的沉浸状态之中。

（四）读出教法：怎么教学生学会这样写

在充分挖掘课文作为普通文本的原生价值后，教师应当从学生学习、学会的角度来思考并挖掘其教学价值。课文的原生价值经过课程原理与学科知识框架的筛选，再经过从课程标准到教学目标的分解，才能转化成教学价值：教师要考虑教学生学哪些？怎么教才能使学生学会这样表达？就"言""意"来说，教师怎么教学生学会像作者那样用"言"达"意"，这是发挥"课文无非是个例子"的作用最为关键的一环。

在语文课上，常常可以看到教师将自己解读的感悟或结论宣讲一通，学生有时候也能被感染打动，听得津津有味，但有时候也无动于衷，课堂就成了教师的"独角戏"。由于缺乏利用课文学习运用语言文字的实践活动，学生无论是否听得入神，都很难真正提高自己解读的能力。学生的语文能力，不是通过教师满堂灌而"听"出来的，而是通过教师具体指导而"练""习"出来的。有鉴于此，教师应高度重视指导学生借助课文学习语文的方法及相应活动，将自己的教学解读的过程转化成适于学生学习语文并提高语文能力的训练，使学生也经历跟教师类似的解读和思考过程，感受解读过程中的困惑与纠结、矛盾和冲突，最终在语言、思维、审美和文化等方面获益。教师将"读出妙意"和"读出教法"结合，引导学生从"为什么这样写"走向"学会这样写"，实际上是又一次"在课文中走一个来回"，跟第一次相比，是一种螺旋式的上升和提高。

二、知识：提炼核心教学内容

语文教材是文选型教材，基本上是依托课文来呈现语文知识的，学生在自学语文教材时，很难一眼看出应该学到的语文知识。就现行的语文学科状况和语文教材特点来看，从总体上说，语文知识不是显性的，并非单列于课文之外，而是蕴涵于课文之中。所以，教材编写者特意选择和安排了相关知识，将其分布在单元导语、课前学习提示、课后练习等助读系统中。从课文来看，语文知识需要开发；从助读系统来看，语文知识需要整合；从学生角度来看，语文知识需要提炼。如何将最精要、最有效、最好用的知识提炼出来，是语文教师教学解读的核心工作。否则，语文教师的教学解读，即使见解和结论很新颖，学生很感兴趣，但是对这一篇课文"究竟要学什么知识"，仍然是不清晰的，这将影响教学解读成果向教学成果的转化。

提炼学生在一篇课文中要学习的知识，其实就是精选和确定核心教学内容。提炼核心教学内容的前提，是开发课文中蕴涵的知识。开发课文中蕴涵的知识，需鉴别三种层面的知识，即内容知识、语文知识和教学知识。其一，内容知识，即课文所写对象这一层面的知识，可能是非语文学科和领域的知识，例如《植树的牧羊人》中涉及的植树知识、《喜看稻菽千重浪——记首届国家最高科技奖获得者袁隆平》中涉及的水稻及其历史背景知识等。这不是教学解读和教学过程的重点，而是为教师进行教学解读和学生学习语文知识服务而存在。有些教师以此知识为重点，结果就是把语文课上成了思想品德课、历史文化课、科学普及课等非语文课。其二，语文知识，即课文的写作表达这一层面的知识，包括文体、章法、段法、句法和词法等知识，还有写作和鉴赏等实践操作的知识。例如《皇帝的新装》作为童话，其中涉及的文体知识、写作知识和写作技能，就是语文知识；再如《雷雨（节选）》作为话剧，其中涉及的文体知识、鉴赏知识和表演知识，也是语文知识。其三，教学知识，即语文教师为了将内容知识和语文知识教给学生而使用的知识，包括策略、方法、程序和技术等方面的知识。由于这跟教学解读的方法、教师教学的方法和学生学习的方法密切相关、多有重合，稍后再作详述。总体说来，根据课文提炼语文知识，就是在精选和确定核心教学内容，旨在回答"一篇课文教什么"这一问题。

核心教学内容，即一篇课文中学生要学习的知识。教师提炼核心教学内容，应当立足于文体、章法、段法、句法和词法等着知识，将其变成好懂、精要、管用的内容，而非停留在概念、术语、名词等知识的宣讲和介绍上。例如小说、童话、诗歌中所用的"比喻"这一修辞手法，在说明文教学中就变成了"打比方"的说明方法，在驳论文中又变成"比喻论证"的论证方法，教师能否抓住"比喻"的思维或本质，提炼出两三句好懂、管用、精要的要点呢？若能结合课文所用的文体将其成功提炼出来，在随文教学中，就可作为学生学习一篇课文的语文知识。否则，教师在随文教学中就无法有效地指导学生学习这一知识。

教师根据课文提炼语文知识，将其作为核心教学内容，有两个条件至关重要。一是关于文体、章法、段法、句法、词法及修辞等的知识。这些知识大多是源于文艺理论、古代汉语、现代汉语、文字学、语言学、语用学、语篇学、文章学、写作学、朗读学等大学专业学科或学术领域研究成果的知识，往往有其特定的概念、定义、术语及内涵，学生直接学习起来，过于艰深、庞杂，相当于学生所学语文知识的"前身"或"原生知识"。鉴于此，教师要掌握这些知识，然后才能进行提炼和转化。二是提炼、转化"原生知识"的能力。由于语文学科旨在培养学生正确熟练地理解和运用祖国语言文字的能力，教师应将那些"原生知识"从概念、定义、术语等名词，变成可运用、可操作的智能或能力，即所谓"化知为能""转识成智"。从本质上说，这种提炼能力是教师将"原生知识"这一静态知识，转化为"新生知识"这一动态知识的能力，以便学生好懂、好学、好用。

按照认知心理学所提出的知识分类理论，知识分为陈述性知识、程序性知识和策略性知识。那些"原生知识"基本上都是陈述性知识，属于静态知识，而要"化知为能""转识成智"，就要将其转化成程序性知识，才能够应用和操作。对此，教育心理学者皮连生有类似的研究结论："让学生在多种问题情境中进行练习，以促使陈述性知识转化为程序性知识（技能）。"①据此来看，语文教师如何形成提炼语文知识的能力呢？这可从三个步骤做起。

第一步，研读课文的写法，研判其所用的知识有哪些是所谓的"原生知识"，即选定具体"原生知识"。

第二步，将"原生知识"从相对艰深、复杂和表述文字繁多的复杂句，变成极其简明、易懂和表述文字较少的简单句，甚至是一个只有主谓宾而没有其他句子成分的语句，形成简明易懂的"新生知识"。

第三步，教师能够应用简明易懂的"新生知识"，创造出适合学生理解的示例并指导学生运用，以便学生看破课文中的"原生知识"，或在教师的指导下，运用"新生知识"创造出自己的示例，也就是操作"新生知识"

例如《皇帝的新装》这篇课文，是一篇童话，如何教学生学习"童话"这个知识呢？"童话"作为文体知识，有教师在教材研读时就直接陈述定义："童话指的是在现实生活的基础上，以符合儿童想象力的情节，采取拟人、夸张、象征等方法编写而成的一种富于幻想色彩的故事。"②这种非常学术化的定义，显然是一种陈述性知识。教师提炼"童话"这一知识点，可从以下三步做起：第一步，根据课文选定"原生知识"即"童话"。"原生知识"附着于教材课文中，处于潜藏状态，不过教材编写者为了提示教师将其转化为教学内容，对于其中比较重要的知识，常常利用课文的单元导语、学习提示、思考探究等作以提示。《皇帝的新装》这篇课文，教材编写者就提到了"童话"这个知识。第二步，形成简明易懂的"新生知识"。童话的思维本质是假定和虚拟，一种是假定猫狗、花草、风雨、屋石等，都会像人一样说话，有人的情感和动作，小

①皮连生，杨心德，吴红耘.学与教的心理学［M］.5版.上海：华东师范大学出版社，2009：96.

②汪潮.小学语文教材研读［M］.上海：华东师范大学出版社，2015：151.

学课文中的童话多是这种类型；一种是假定人物只有某种想法和心理，在行为和事件中蕴涵深刻的意义；还有一种是介于两者之间的类型。《皇帝的新装》属于第二种类型，假定皇帝只喜爱新装，不会让人对其产生胡编乱造的怀疑。在《皇帝的新装》教学中，将"童话"从"原生知识"转化成"新生知识"就是：童话会假定人物只有一种心理，按照这种心理形成具有前因后果的故事。这样虽然不严谨，但简明易懂，学生容易接受和应用。第三步，应用简明易懂的"新生知识"。学生寻找作者假定中皇帝的心理、骗子的心理、大臣的心理，寻找故事发展中的前因后果关系，揭示其中蕴涵的深刻意义，再根据这种学习体验和认识写一则童话的概要。

其实，课文中蕴涵的语文知识，主要是"什么文体""怎么写的""为什么这样写"等方面的知识。比如小说文体的课文所蕴涵的"白描""情节""叙述视角""圆形人物"等知识，诗歌文体的课文所蕴涵的"意象""情景交融""视听结合""以动衬静"等知识，话剧文体的课文所蕴涵的"话轮""冲突""潜台词"等知识，散文文体的课文所蕴涵的"托物言志""以小见大""景物描写""情思""联想""想象"等知识，基本上都要经历一个从"原生知识"到"新生知识"的转化过程。因为只有经历这样三步流程，教师提炼出的语文知识，在教学过程中才有可能被学生听得懂、记得住、学得会。

事实上，语文知识可能并不局限于以上谈论的知识范围，比如还有关于标点符号的知识等。王荣生教授结合皮连生的"广义知识观"，提出"'（广义）语文知识'，它的主体是听、说、读、写的事实、概念、原理、技能、策略、态度"。①比如写作教学中"如何写好作文开头"的知识，可能并不局限于"开门见山""首尾呼应"等知识，教师同样可以根据课文或范文来提炼出一种具有指引、支撑学生学习写作的支架性知识，促进学生学习写作。提炼好懂、好学、好用的语文知识，是教学解读的核心工作。

三、方法：促进有效学用语文

认知心理学研究指出，不同类型的知识有着不同的学习条件，不同的条件

---

①王荣生.语文科课程论基础［M］.上海：上海教育出版社，2003：242.

对应着不同的教学方法。换言之，专业方法之所以有效，关键就在于其契合了认知心理学的原理、创造了学习某一知识的相应条件。

例如在概括文意或文章内容时，对于作者所写的内容这种陈述性知识的加工和学习，可采用缩写法：教学《皇帝的新装》时，可以采用挖空的形式，请学生通过填空来概括故事内容；教学《苏州园林》时，要厘清说明方法，可以设计表格请学生填写；教学《散步》时，可以采用集句的形式，概述文章的内容；教学《老人与海》时，可以将捕鱼过程设计成一段文字，将具体数字、关键动词留空，请学生填写并概述小说情节。

例如在品味原文原句的写法、妙处或逻辑时，对于作者所用的写法、表达妙处等程序性知识或策略性知识的加工和学习，可采用删改法：教学《皇帝的新装》时，可删改其开篇的语句，将主人公从只爱好看的新衣服，不关心军队、不喜欢看戏的皇帝，改成一个既喜欢歌唱，又喜欢跳舞，更喜欢钓鱼和看戏的皇帝，童话假定的逻辑就变得显豁起来；教学《故都的秋》时，可删改其语句，将长句变成短句、短句变成长句，或将散文语句变成诗行的形式诗句，其情意和表达效果就更易传达出来；教学《芣苢》时，可将其从四言诗变成二言诗，即"芣苢，采之。芣苢，有之。芣苢，掇之。芣苢，捋之。芣苢，袺之。芣苢，襭之"，通过声调语气等诵读比较，原诗四言诗体独有的节奏感等就显现出来。

例如在学习原文的写法时，对于写作策略性知识的学习，可采用仿写法：教学《乡愁》时，可以加上一个诗节仿写："在未来，乡愁是……"，学生不仅能够更好体会作者选择意象的策略，而且可以学习用意象表达情感的策略；教学《苏州园林》时，可以开展仿写，即"务必使游览者无论站在哪个点上，眼前总是一幅完美的图画。为了达到这个目的，他们讲究亭台轩榭的布局，讲究假山池沼的配合，讲究花草树木的映衬，讲究近景远景的层次"，在四个"讲究"语句后，根据后面语段的内容再仿写两句，学生不仅能够体味作者写作内容连贯的策略，而且能够学习利用排比句式表达内容"言之有物""言之有序"的策略；教学《芣苢》时，可以利用"采采芣苢，薄言（）之"的句式，根据诗歌中描述采摘过程的六个动词，选择描述回家过程的动词，再仿写一个诗章，通过仿写，学生不仅能够学习诗歌语言精练传神的表达策略，而且能够学习写诗重章叠句充满节奏感的表达策略。

教师进行教学解读时，应当有意识地总结、提炼和选择专业方法，用适切的方法创造教学活动，将教学解读产生成果的过程转化成学生解读课文产生成果的过程，引领学生将自己的学习水平提升到教师教学解读的水平，从而实现教师教学解读和学生学习语文的贯通一致。

（原文发表于《中学语文》2021年第19期，收入本书时有改动。）

工程思维：语文课堂教学的底层逻辑

长期以来，语文教学低效为人所诟病，语文课堂教学尤甚，以至于产生了著名的"吕叔湘之问"："十年的时间，2700多课时，用来学本国语文，却是大多数不过关，岂非咄咄怪事！"换句话说，语文教学是一项工程，这项工程的施工效率不高，效益自然好不了。站在工程学的视角来看，语文课堂教学是语文教学的核心工程，其效率不高的一个关键因素就是工程思维的匮乏。

在语文课堂教学中，语文教师常常以要求代替指导，以言说代替训练，以至于产生"我教了，学生明明也听懂了，为什么还是不会做""已经讲过多次，学生还是没有学会"之类的困惑。其实，这种困惑正是语文教师在课堂教学中缺乏工程思维的表现。诚如温儒敏先生所说："你让学生'抓住关键词'，很多教材的练习题也都有类似的要求。可是怎么去抓关键词？有什么可以操作的方法？如果你说'抓'，学生就马上会'抓'，那就不用学了。""现在的语文课虽然也注重阅读教学，但对于阅读方法技能的传授和训练做得不够。比如默读、浏览、快读、跳读、猜读等，都有技巧方法，需要一一学习。但是我们对这些方法技能的传授仍然很粗糙，这些方面的基础研究也很不够。你教学生默读，总要给点具体的方法，让学生做到不动唇、不出声，又读得快。不会默读就读不快。到一些大学的图书馆看看，不少学生都在那里念念有词，他们可能就是在中小学没有学会默读、浏览和快读。一定要教给学生一些方法，不能大而化之。"[①]其中的"操作""方法"，就跟工程思维有关。由此可见，语文教师在课堂教学中缺乏工程思维是不争的事实，缺乏工程思维的严重性也绝不是危言耸听，目前这已为教材编写者所注意。

工程思维已然成为制约语文课堂教学质量提高的因素，那么语文课堂教学

---

①温儒敏.语文课要"聚焦语用"：在济南明湖中学的讲话［J］.语文教学通讯，2014（7）：8-9.

的工程思维究竟是什么？语文教师应该怎样发挥工程思维的作用改进课堂教学？语文教师又该怎样培养课堂教学的工程思维呢？这些问题都是摆在语文教师面前的难题，亟待研究和解决。

一、语文课堂教学的工程思维

"工程思维是指人们在进行工程规划、设计、建造、运行、维护、管理与评估过程中所形成的独特思维方式，它以集成构建性为根本特征，是综合运用并有效集成各种知识（自然科学知识、社会科学知识、管理科学知识、人文科学知识等）解决工程实践问题——构建特定的人工物（人工系统）。"①简而言之，工程的本质是造物，工程思维的本质是造物思维。

工程思维"与科学思维——发现事物的本质与规律，揭示事物的普遍原理（共相）的创造性（科学思维具有普遍性与重复性）不同，也与技术思维——革新与发明新方法、新手段与新技艺，寻求变革世界更有效的工具与手段的创新性（技术思维也具有一定的普遍性与重复性）不同"，"着力于优化集成并建构应然而未然的理想实体，它遵循的是建构主义逻辑，即人工系统的生成性逻辑，以构建出一个新的存在物"②，属于一种完全独立的思维活动，"最重要特征是系统性、集成性、跨学科性、综合性、建构性、创造性与复杂性"③。"工程思维的内在结构包括工程设计思维、工程实施思维和工程消费思维；工程思维的外在功能主要体现在创造功能、理性化功能和标准化功能。工程思维在现实活动过程中表现出具备综合判断和选择的能力、面向对象性、复杂性、系统性以及非线性等特征。"④

人们通过工程思维首先在头脑中建构出一个"虚拟实在"（观念模型、实践模型或实践模式），然后在这一"虚拟实在"的指导与支配下进行现实建构。⑤就语文课堂教学而言，这个"虚拟实在"指的是学生经过语文教师的教

①李永胜.论工程思维的性质、特征与作用［J］.创新，2018，12（1）：52.
②李永胜.论工程思维的性质、特征与作用［J］.创新，2018，12（1）：56.
③李永胜.论工程思维的性质、特征与作用［J］.创新，2018，12（1）：51.
④衡孝庆，魏星梅.工程思维简论［J］.哈尔滨学院学报，2010，31（1）：13.
⑤李永胜.论工程思维的性质、特征与作用［J］.创新，2018，12（1）：57.

学而获得的学习结果。例如：学生的认知发展、行为变化等，或学生所掌握的知识与技能等。这相当于教师预期的教学结果，目前教学论专家所主张的教学目标，其实就是这种"虚拟实在"。就此来看，语文课堂教学工程思维指语文教师整合多种课堂教学要素建构出具体的操作系统，可依此逐步做成事情并符合预期结果的思维。

二、发挥工程思维的作用改进课堂教学的方法

语文教师发挥工程思维的作用改进课堂教学，其实质是语文教师努力将课堂教学的"应然（应该存在的状态）"转化成"实然（实际存在的状态）"。将"应然"转化成"实然"，离不开语文教师在语文课堂教学中的实际操作。这种实际操作只有凸显板块化、层进化、路径化、可视化和监测化，才有可能使"实然"基本符合"应然"，或"实然""应然"完全融合。

1.课堂教学的板块化。

课堂教学具有一定的结构，可按照学习任务的数量和难易程度划分为不同的板块，每个板块用10分钟左右的时间，集中资源完成一个相对独立的任务。一堂课除了导入、结语及作业布置之外，安排三个任务较为妥切。王荣生教授经过课堂观察和研究，认为一节语文课以3～5个板块为宜。例如：《天上的街市》这篇课文的阅读教学，可以采取"朗读训练——赏析美句——仿写活动""识读雅词——概述大意——朗读训练"等板块组合形式，实现课堂教学的板块化。

2.教学板块的层进化。

层进化是层层递进性，是指课堂教学的板块组合具有一定的逻辑性，不能随意打乱教学板块的顺序。教学板块的组合，既要符合课文的文体、篇章等特点，也要切合学生、设备等情况，力求循序渐进，形成逐阶升高的语文学习样态。例如：《济南的冬天》这篇课文的教学，余映潮老师将其设计为"紧扣几个词语，总体把握济南冬天的特点——抓住一种修辞，品析比喻修辞带来的表达效果——聚焦一个段落，从内容到表达多角度品析"这三个板块的组合，就至少蕴含着两种层进性：一是从词到句再到段的逻辑性，二是表达效果赏析从

无到有、从简单到复杂的逻辑性。①

3.板块操作的路径化。

每个教学板块，都体现着教师对学生指导和训练的力度，其具体操作则是生成这种力度的保证。在某种程度上，无法操作的指导和训练，几乎是没有力度的，容易导致课堂教学效率低下。教学板块是否具有操作性，关键在于其过程能否分解成具体的路径。例如，《散步》这篇课文的教学，"欣赏章法妙处"这个板块的教学，就可指导学生采用删改法来操作：第一步，先挑选原文中描写"散步"的语句，将其整理成一篇小短文；第二步，按照记叙文"六要素"即"人物、时间、地点以及事情的起因、经过和结果"，用一两句话概述改文的内容；第三步，针对改文所删掉的语句，揣摩作者在文中穿插这些语句的写作意图。教学板块按照步骤和路径实施操作，其教学效果远远胜过"请你谈谈课文写法有什么妙处？""请大家说说作者如此安排的写作意图是什么？""课文中描写景物语句有什么作用呢？"之类的问法和做法。操作分解步骤化，乃是工程思维的外化表现。

4.操作路径的可视化。

人是如何学习的，至今仍是有待破解的研究之谜。人的大脑像一个黑箱一样，观察者和研究者很难看到其内在的变化，然而，这不等于无法对学习者进行观察和研究。根据行为主义心理学和学习科学研究的成果，可见的学习日益成为观察和评估教学是否有效的外显化标志。在语文课堂上，追求学生看得见的成长，日渐成为共识。教师通过言语、行为等精准的指点和示范，若能使学生获得肉眼可见的言语、行为等外显化的改进和提高，基本可以判断教师的"教"是有效的，学生的"学"不仅真实发生而且有效。例如，课文《谁是最可爱的人》的"朗读训练"教学板块，利用"把敌人抱住，让身上的火也要把占领阵地的敌人烧死"这句话训练学生读出情感味道，程翔老师说："学生读不出味道来，我就启发学生，发音时'咬牙切齿'能表现对敌人的恨，'烧'这个字的字音应该从牙缝里发出。学生马上就明白了，咬着牙读'烧'字，效

---

①余映潮.余映潮中学语文散文名篇教学实录及评点［M］.武汉：长江文艺出版社，2017：65-82.

果好多了。"①学生读"烧"时咬着牙，字音从牙缝里发出，不仅声音产生了变化，而且面部表情也产生了变化，产生了"以声传情""声情并茂"的效果。学生的成长变化看得见，如此突出的教学效果，得益于教师在朗读训练中对学生精准的指导操作，体现了操作路径的可视化。其实，在教学行为背后起支配作用的正是工程思维。

5.路径可见的监测化。

教学之难，难在无法在瞬间一一收集每个学生学习的证据，做到即时评估、反馈和改进。在课堂教学中，可以借助信息技术统计选择题的学习结果并作出评估，然而，学习证据包含但不限于学习结果，如问答题或复杂的学习任务的完成，则很难在瞬间内收集所有学生的学习证据并作出评估。但是，若是选择个别学生或十几个学生作为抽样观察的样本，进行即时监测、即时评价，还是完全可以做到的。由于操作路径可视化，教师"教"的路径是可见的，学生"学"的路径也是可见的，教师对每个路径的操作可以直接观察和反馈，即时监测就有了可能性。例如余映潮老师教学《白雪歌送武判官归京》"学习吟诵美诗"的教学板块，在训练学生"二吟：特别节奏"时说："大家听一下这一句'北风卷地/白草折'，四三节奏吧？不要读成'北风/卷地/白草折'。还有，这句话中'白'字要读长，'北风卷地/白——草折'，这样味道就出来了。试一下。"由于学习任务是读准节奏，教师通过倾听做到了即时监测，经过即时的评估和反馈，学生们一试，果然就读成了"北风卷地/白——草折"，有效提升了"教"和"学"的质量。②再如余映潮老师教学《饮酒（其五）》，先板书"记结庐之事"，再明示任务以及完成的操作路径："那么'采菊东篱下'这中间四句诗该怎样概括呢？最后两句诗又怎样概括呢？你们可以仿照'记结庐之事'这样的形式来概括。把这个概括出来我们的课就上完了。'前四句诗……''中间四句诗……''最后两句诗……'试一下吧，谢谢！"一位学生回答："记结庐之事，观山中景象，品人生真谛。"余老师监测到其回答的内容符合要求，但在言语形式上存在句式不统一的不足，立即评价并指导："哦，

①程翔.深究学理讲语文［J］.师资建设，2018（3）：4.

②余映潮.余映潮中学语文古诗词教学实录及点评［M］.北京：中国人民大学出版社，2017：130-131.

'山中景象'没有'之'啊，'人生真谛'也没有'之'啊。"另一位同学回答："绘山中之景，悟人生真谛。"余老师监测到其言语形式有所改进，即时评价："'绘'字用得好，'绘山中之景'。又总结出一个了。"余老师当即板书"绘山中之景"，然后说"'悟人生真谛'没有'之'字"，明确指点学生着手改进。此时，又一位同学回答："悟人生之理。"①教师对学生语文学习的指导，体现着工程思维，即在具体操作上有着明晰的路径，而路径又是清晰可见的。这自然便于教师跟踪学情，做到即时监测、评估和反馈，促使学生逐步提升认知水平和实践能力。

三、培养语文教师课堂教学的工程思维的方法

工程思维，对于语文教师达成课堂教学目标和实现良好教学效果的作用是不言而喻的。这意味着语文教师有必要培养课堂教学的工程思维，从"观念支配行为"的角度来看，先优化甚至重塑语文教师对"课堂教学是教师带着学生做事"的认知，再通过自我行为的监控、觉察和反思，持续训练并养成在课堂教学中"做事""做成事""持续做成事"的行为习惯。

（一）引导语文教师区分"认知"和"筹划"的差异

"理论思维的任务在于建构理论，工程思维的任务在于设计工程。理论表现为前提与结论之间的必然联系，所以理论思维的特点就是一以贯之地逻辑推导。工程是各种实体及其属性的复合物，这些实体和属性之间不必然存在逻辑联系，所以工程思维就是一种非逻辑的复合性思维。用理论思维设计工程，工程不可实施；用工程思维建构理论，理论没有效力。"②理论思维是关于认知的思维，跟工程思维一旦混为一谈，将导致两败俱伤。"认知与筹划有紧密联系——可行的筹划方案必须建筑在正确认知的基础上，正确的认知往往能够引

---

①余映潮.余映潮中学语文古诗词教学实录及点评［M］.北京：中国人民大学出版社，2017：130-131.

②徐长福.思维方式：僭越与划界：人文社会学科中理论思维与工程思维之批判［J］.学海，2001（1）：5.

导出可行的筹划方案。然而，它们毕竟是有区别的两桩事情，在弄不清区别的情况下，实际上也就不可能将之恰当地联系起来。这就要求我们自觉地遵守思维方式的划界：用理论思维构造理论，用工程思维设计工程。而划界的前提，是要求我们能够分辨出：何者是工程问题，需要筹划来应对？何者是事实或理论问题，需要认知去解答？语文课程标准研制是一项复杂的系统工程，尽管存在着多种认知问题，但筹划是其主导的方面。"①语文课堂与其类似，其方案研制实际上也是"一项复杂的系统工程"，"筹划应当是其主导的方面"。那么，"筹划"主要指什么呢？王荣生先生认为："对筹划方案的内部论证，当然包括对价值的确认，但主要不是'讲'应该如何的'道理'，而是分析方案的构成、研究实施的条件。"②对此，温儒敏先生也有类似的论述："就是不能简单地以'认知的方式'来取代'筹划问题'，否则很容易导致对现实问题的视而不见，使研究工作沦为'坐而论道'。无论是制定课程标准、改革课程，还是编写教材，都是复杂的系统工程，必然牵涉方方面面，要靠某些'合力'来最终完成。""所以说不能以'认知的方式'来取代'筹划问题'，不能以经验主义遮蔽科学的态度，重要的是既实事求是、脚踏实地，又有高远开阔的胸怀，以及必要的理论观照。"③就语文课堂教学来说，"筹划"就是分解任务，统筹完成任务的资源和条件并设计流程以确保完成任务。在某种程度上而言，这种"做事""成事"的思维就是工程思维。

（二）训练语文教师对知识、概念和技能的拆解能力

人类知识的建构，是一个总结提炼经验并且不断运用和衍生的过程。"我们把前人的经验封装在一个小的概念当中，然后后人拿来就用，而不至于临场

---

①倪文锦，洪宗礼.回顾、反思与展望：读《语文教材编制基本课题研究》[J].新语文学习（中学教学），2009（4）：10.

②王荣生.从德国两个州的课程标准看语文课程形态的筹划[J].外国中小学教育，2007（8）：46.

③温儒敏.不能以"认知方式"取代"筹划问题"[J].课程.教材.教法，2021，41（2）：10.

去思考。"①例如"意象"就两个字，貌似简单，但它背后有着非常丰富的含义，只有清晰了解了它的内涵和外延，你才能把这个概念或知识学到手。语文教师想要修炼成为拆解知识或概念的高手，毫无疑问，是需要刻意训练的。面对语文知识、概念，语文教师必须做的工作是"把大的知识体系拆碎，成为一个一个小模块，成为一个一个小的知识罐头，然后分头去练"②。其实，技能的训练也是如此。"我称之为工程学的见解，就是面对一个具体的目标，我们能不能够拆解为具体的行为，一张一张的图纸，一颗一颗的钉子，我钉上去，能够把这个工程建造出来。"③语文教师对知识、概念和技能的拆解能力，跟演奏家练琴、篮球运动员运球等一样，"必须靠大量地重复训练。有针对性地重复练习，这就是练习的本质"，其在大脑神经中所发生的变化就是"神经元在物理状态上被改变"④，建立了稳固的神经链接，形成了一个神经网络。

（三）培养语文教师从结果倒推充要条件的逆向思维

在区分"认知"和"筹划"的基础上，语文教师拆解知识、概念和技能，为有效训练学生学习并掌握知识、概念和技能提供了可能。然而，要想将这种可能变成现实，则需教师根据预期的学习结果，逆推达成这种结果所具备的各种条件。这种思维是一种逆向思维，旨在基于学生学习的结果逆向推演学习的过程、步骤和条件。语文教师培养这种思维，既要依托成功的教学经历中学生对某些知识、概念和技能的学习进行"复盘"和"逆推"，找出其成功的规律和条件，也要对失败的教学经历中学生对某些知识、概念和技能的学习进行"复盘"和"逆推"，找出其失败的规律和条件，从而比对并提炼出训练学生学习知识、概念和技能获

---

①罗振宇.终身学习：怎样与世界同步进化［M］.北京：北京联合出版公司，2017：216.

②罗振宇.终身学习：怎样与世界同步进化［M］.北京：北京联合出版公司，2017：218–219.

③罗振宇.终身学习：怎样与世界同步进化［M］.北京：北京联合出版公司，2017：215.

④罗振宇.终身学习：怎样与世界同步进化［M］.北京：北京联合出版公司，2017：220.

得成功的关键条件与要素。然后，语文教师更要针对学生即将学习的知识、概念和技能进行模拟性的"复盘"和"逆推"，以期在实践中检验模拟性"复盘"和"逆推"的可靠性，并开启新一轮的成功教学经历或失败教学经历的"复盘"和"逆推"，从而形成螺旋式上升的逆向思维的训练闭环。

（四）帮助语文教师围绕教学操作粗略处进行反思和改进

语文教师的教学操作之所以低效，根源在于指导不到位，即指导细节过于粗疏甚至缺失。围绕一节课的失败之处开展精细化的研究，其价值就在于引导教师盘点并改进教学操作中的粗略处，提高教学操作和指导学生的精准度。例如，课文《天上的街市》阅读教学中的"朗读训练"板块，教师为了激发学生朗读的热情，叮嘱学生认真倾听教师的范读，学生学习热情很高。教师就以身示范深情地诵读全诗，但随后学生朗读的水平仍未有明显提高，教师再次朗读全诗，学生的朗读水平仍未达到教师的预期。朗读训练花费10多分钟，效果却不佳，其原因就在于教师的指导过于粗略，没有拆解朗读的知识和技能。教师若反思到此并加以拆解，那么训练学生学习朗读的正确路径是：读准字音——读准节奏——读准重音。"读准字音"这一部分，针对生字、读音易混字等出示正确的字音作矫正，2分钟左右即可取得立竿见影的效果。针对"节奏"这个部分或"读准节奏"这项技能，进一步拆解：词语短语间的停顿或连续——语速的控制，因为没有停连和语速的掌控，节奏就无从谈起。对此，教师可范读一两句，说明其停连的依据或规律，引导学生揣摩其余诗句的停连，教师提问学生作抽样监测来掌握学情。语速控制也是如此操作，教师先分别范读语速中等、较快或较慢的诗句，并针对诗句的情感和语速之间的关系解说一二，再引导学生揣摩类似诗句的语速。"读准重音"也可如法炮制，教师范读并简叙依据或规律，然后引导学生揣摩如何读出同类诗句的重音。教师只需范读少量的诗句，目的是给学生的学习提供模仿的例子。用课文教朗读，就是要把课文当做朗读的例子。在实践活动中训练学生掌握朗读的知识、技能，教师的指导精细化，学生的学习结果达成才能精准化。当然，若是学生的学习热情不高，教师自然要从兴趣入手，激发学生的学习兴趣。查找粗略处，再拆解知识并做到训练路径化，实现精准施策、精细操作，这都是课堂教学诊断、反思和改进的题中应有之义。

就课堂教学来说，教学设计类似施工图纸，学情探测就是实时反馈，实际操作则是具体施工……工程思维是做事、做成事的系统性思维，把教学设计、学情探测、实施操作等多个子系统聚合运行，以便完成课堂教学这项复杂的工程。就语文学科而言，基于课堂教学的工程思维，可培养语文教师对自我或学生刻意训练的意识和能力。"所谓的刻意，就是持续地做你不会做的事。"[①] "可以联系需要将需要掌握的技能分解成不同的阶段，为每个阶段设定明确、可测量的目标"[②]，语文教师尤其需要将课堂教学技能拆解为导入、提问、解答、板书、朗读等若干技能，经过刻意训练，最终能够提高语文教师的课堂教学水平。

---

① 罗振宇.终身学习：怎样与世界同步进化［M］.北京：北京联合出版公司，2017：222.

② 江学勤.看不见的力量：有关成功、学习和创造力的真相［M］.赵小莉，译.北京：中国人民大学出版社，2021：101.

语文教学语言专业术语库的构建理路

语文教师是专业人士，语文教学是专业人士所开展的专业行为和专业活动。专业人士用专业行为从事专业活动，是离不开专业术语的。在语文课堂教学中，教师的语言表达、板书以及作业设计等，都离不开专业术语的筛选、积累、梳理和运用。从教师专业素养和专业化发展的层面来说，专业术语的筛选、积累、梳理和运用也关涉语文教师专业思维的涵养和形成。可以说，能否自觉地进行专业术语的筛选、积累、梳理和运用，是语文教师是否成熟的一个重要标志。从这种意义上说，一个成熟的语文教师拥有或构建自己的专业术语库，显得尤为重要。语文教师积累和运用专业术语，构建语文学科教学语言的专业术语库，是其作为专业技术人员具有专业行为，从事语文教学这一专业活动的学理使然。

一个教师的术语库是一个总库，包括若干分库或子库，例如课堂教学语言术语库、测量评价术语库、教研写作术语库等。就课堂教学语言术语库来说，其术语来源有国家课程方案、学科课程标准、学科教材、专业论文著作，以及名师教学实录评课文字等。下面，就从一线教师的角度，谈谈立足于统编教材、课程标准以及跟语文相关的论文论著等资源，构建语文教师个人课堂教学语言术语库的认识和做法。

所谓课堂教学语言术语库，就是语文教师在语文课堂教学中所用的能够凸显学科专业性、提升课堂教学效果的术语的有机汇编。用语言学家的话来说，就是在课堂教学语言中将专业术语形成一部"个人词典"。这类似于教师的心里有一本课堂教学常用术语的词典，并随时可以诉诸口、笔而使其外显化。其具体表现形式是，语文教师在语文课堂中开展口语交际、阅读、写作、评价等教学活动及其教学行为中，为了使教学意图、教学行为和教学活动等凸显专业性所使用的一套术语。例如，第一种教学语言："请同学们说说课文讲了什么事?"第二种教学语言:"请同学们用几句话概述这篇小说的情节。"同样是教学指导语,第二种教学语言的专业性显然超过了第一种教学语言,其原因就在于第二种教学语言使用了专业术语,用"概述"代替了"说说",用"小说"代替了"课文",用"情节"代替了"什么事"。语文教师教学时的文体感、文章感以及指导力都明显增强,专业术语所显示出的语文教学专业性也是显而易见的。而"概述""小说""情节"之类的专业术语,其实都源于教材,并非高不可及。所以,以语文课堂教学为核心,从语文教学的认识、操作和评价等方面入手,构建一整套课堂教学语言术语库,既是必要的,也是可行的。语文教师立足于课标教材和课堂教学,构建教学语言专业术语库,不仅能够直接提高语文教师课堂教学语言的专业性,而且可以提升语文教师课堂教学的专业化水平和语文课堂教学的质量。

术语是教学语言表达专业化的"晶体"。教师要做教学生活中的有心人,平时多读多记,尽可能积累丰富的词语,形成个人的术语库。术语库充实了,才有选择的余地,才能更好地发挥术语的专业性。积累是为了运用,要让术语库中的术语"活"起来,就要准确地理解术语的含义,能对术语进行比较、辨析,并根据表达的需要而恰当地选择和使用。

就一名语文教师来说,其语文学习生涯从学生到教师,一直都在积累术语。术语数量极多,很难悉数掌握。即便如此,每个人也都应当有意识地扩充自己的术语库,努力提升教学语言的专业性。有些教师的课堂教学语言毫无语文味,拙于表达,除了有生活语言不够丰富鲜活的原因之外,还有课堂教学语言术语积累太少的原因,有些教师缺乏运用术语和积累术语的意识。

一、了解术语"家族",让教学语言积累更加有效

语文课堂教学语言术语并非杂乱无章,而是有"家族"、成系统的。在筛选、积累和梳理时,就可以按照一定的"血缘关系"构成"术语家族",使术语形成富有逻辑的话语系统。

（一）按照共同的语素来编制术语库

有些术语包含共同的语素，可以形成一定的术语串，近似于一个小型的术语库。

①包含语素"读"的术语：阅读、朗读、诵读、默读、快读、缓读、跳读、演读、点读、速读等。

②包含语素"述"的术语：叙述、讲述、记述、描述、阐述、概述、详述、简述、略述、分述、总述、综述等。

③包含语素"语"的术语：词语、成语、谚语、俗语、警语、术语、惯用语、缩略语、歇后语、谜语等。

④包含语素"句"的术语：语句、起句、结句、单句、复句、分句、警句、秀句、奇句、上句、下句、长句、短句、散句、整句、对句、绝句、兴句、俳句、句意、句群、肯定句、否定句、主动句、被动句、转折句、递进句、对比句、对偶句、拟人句、比喻句、排比句、解说句、总括句、省略句、强调句、陈述句、疑问句、祈使句、感叹句、抒情句、议论句、描写句、宾语前置句、状语后置句、定语后置句等。

按照类似的方式梳理术语，还有"写""说""记""析""言""词""段""篇""体""文""章""事""情""意""景""比""美""论""理"等。对包含同一语素的术语作以梳理，可以形成众多的小型术语库，每个术语库都是一个专题式的术语库，能为教师进一步研究术语之间的关系打下坚实的基础。

（二）按照语义的关系来编制术语库

有些术语存在语义的关系，可以形成一定的术语串，也近似于一个小型的术语库。

1.同义关系的术语。

点评、评点、批点，简写、略写、省略，概说、概述，分说、分述，开篇、开头，收尾、煞尾、结尾、末尾、收束全文，叙述视角、叙事视角，先后顺序、前后顺序，虚实结合、虚实相应，融情于景、寄情于景、情景结合、情景交融、情景合一，写作思路、行文思路等。

2.反义关系的术语。

起句、结句，开头、结尾，首段、尾段，朗读、默读，总说、分说，详写、略写，上阕、下阕，古义、今义，常用字、生僻字，自我、他者，发散思维、聚合思维等。

3.上下义关系的术语。

这跟概念中的"上位概念"和"下位概念"的关系有着通同之处。上下义关系是逻辑学上的属种关系，具有属种关系的组词就是上下义词，其中表示属概念的词是上义词，表示种概念的词是下义词。上义词的所指范围包含下义词所指范围，可以套用"乙是甲"的格式，但不能反过来说"甲是乙"。例如"词—偏义复词""词—联绵词""写—略写""写—总写""手法—衬托""衬托—反衬"等。

4.总分关系的术语。

在语义上，两者是整体与部分的关系。例如："语篇—语段""语段—语句""语句—词语""对联—上对""文章—开头""宋词—上阕""律诗—颔联""剧本—台词""小说—情节""书册—序言"等。表示分义的术语跟表示总义的术语，两者所指的对象可以套用"乙是甲的一部分"的格式。总分关系与上下义关系有相似之处，都可套用"甲包括乙"的格式，但上下义关系是属与种的关系，可以套用"乙是甲"的格式，总分关系是整体与部分的关系，不能套用"乙是甲"的格式。

此外，术语的语义关系还有类义关系等。类义关系又有广义和狭义之分，相对比较复杂，限于篇幅就不一一阐述和举例了。

二、丰富术语积累，让教学语言更加专业

语文教师无论是课堂教学还是课堂研究，经常会用到术语。按照使用次数的多寡，术语可以分为高频术语和低频术语。根据顾之川主编的《名师语文课》（分为小学卷、初中卷、高中卷，均为山东教育出版社2019年出版）作以统计，高频术语主要涉及文体、文章、阅读、写作以及测评等方面。可按照这

几个类别，分类搜集、整理一些高频术语。每一类各选若干例子，理解他们的含义，并分别将它们运用到课堂教学中，体会其对课堂教学效果的影响力。例如：朗读、造句、仿写、删改和咬文嚼字等。

当然，也可以围绕语文学科课程标准以及名师的教学实录、评课文字等论文著作，梳理其使用的高频术语。

此外，还可以找出不同文体中所指对象相近或意义相通的术语，做好术语之间的互通、互释等工作，例如议论文写法中的比喻论证、记叙文修辞手法中的比喻、说明文说明方法中的打比方等。

三、关注古代术语，让教学语言更有底蕴

中国文学源远流长，积累了非常丰富的创作经验、批评理论和文体知识等文化遗产。其中，大量的文话、诗话、词话、文章学、文体学以及诵读等内容，跟语文教学密切相关，是语文教学所用术语的一个重要来源。

例如章句、秀句、奇句、奇笔、妙笔、伏笔、映衬、蓄势、评点、批注、章回体、回目、曲目，以及"无巧不成书""草蛇灰线，伏脉千里"等，都有着十分丰厚的文化底蕴，对中国古代诗歌、散文、戏剧和小说等文体作品的解读和教学，常常具有很强的概括力和解释力。

再如，中国古代文论名著《文心雕龙》中的术语，《神思篇》的吟咏、文思、言、意等，《风骨篇》的意气、文风、风骨、文笔、笔墨等，《章句篇》的首尾、章句、四言、五言、六言、七言、改韵等。又如一代文学批评家金圣叹名作《第五才子书施耐庵水浒传》中的术语，倒插法、夹叙法、草蛇灰线法等创作手法，绝笔、奇笔、神笔、妙笔、好笔、闲笔、险笔、如镜之笔、如画之笔、闲中冷笔等笔法，这些名作足以作为语文教师丰富教学语言的来源，增强教学语言的指导力、概括力、解释力。

阅读古代文论、笔记、札记等创作、鉴赏、批评之类的著作，并及时提炼和吸收其中的一些术语，非常有益于语文教师课堂教学语言的醇化、美化和雅化，提高语文课堂教学语言的专业含量。

四、吸纳外国术语，让教学语言更有活力

外国文学及其研究是一个充满异域色彩、体现异质文化的文化世界。外国文学的创作理论、批评理论等所使用的术语，也常常能够给我国的语文教学带来深刻的启发。尤其是在教学外国文学作品时，一些理论、概念和术语具有很强的适切性、工具性和阐释性。

例如，叙事学理论中的叙事视角、叙事时间、叙述者、叙事节奏等；戏剧理论中的"悲剧""喜剧""正剧""三一律"等；文艺美学理论中的"崇高""优美""荒诞""虚无""审丑"等。

再如，福斯特在《小说面面观》一书中所提出的扁形人物和圆形人物等，加拿大文论家弗莱所提出的原型等，巴赫金所提出的复调等。

五、关注新创术语，让教学语言生机蓬勃

随着社会生活各方面的变化，新术语也会不断涌现，为语文课堂教学语言增添鲜活的生命力。积累术语，不能不关注新术语，尤其是文学创作理论、文学批评理论、文本解读理论、语言学理论等学术界创生而又切合语文教学实践的新创术语。新术语的来源多种多样，主要包括语文教学自身的新造术语和外来术语。

语文教学研究中创造的术语。王荣生教授在《语文科课程论基础》中提出的用来分析选文类型的定篇、例文、样本、用件等，余映潮老师主张的板块式教学、主问题设计、诗意性手法等，程翔老师提出的脉络句、目录句和对应段等，以及一些研究者所提出的"语识""语理""篇性""类性""体性""文本个性""文本特质""篇体特性""通篇达类""写作支架""语文意识"等术语。

语文教学实践创造的术语。跟阅读相关的屏读、演读、美读等术语，跟写作相关的屏写、微写作、发圈等术语，跟语文的习得相对应的学得、练得等术语，跟议论文写作相关的理据、循证等术语。

语文教学自身之外的新创术语。跟摄影、电影有关的视距、焦点、聚焦、

特写、画面等术语；跟绘画、雕塑相关的视点、散点、等距、视觉中心等术语；跟医学、生物学相关的切片、取样、分解等术语；跟物理学、化学、地质学相关的转化、升华、凝固、探测等术语；跟心理学、管理学相关的注意、动机、需要、程序、实操、评估等术语。跟语文教学术语组合起来就显得很有专业性，像阅读注意、阅读程序、批注实操、写作评估、教学理据等组合式术语。

需要说明的是，语文教师构建教学语言专业术语库，并非白手起家、毫无参照。语文教师应善于借助文学批评术语词典、文学理论著作索引以及《辞海》《中华人民共和国国家标准质量管理体系——基础和术语》等工具书，还有全国科学技术名词审定委员会主办的规范术语知识服务平台"术语在线"、中国外文局和中国翻译研究院主持建设的首个国家级多语种权威专业术语库"中国特色话语对外翻译标准化术语库"等国家权威的大型的术语库。例如时任中国教育学会中学语文教学专业委员会理事长顾之川主编的《新编语文教育术语手册》，于2018年由上海交通大学出版社出版，其收录的术语主要包括"语文课程""语文教材""语言文学""图书出版""语文教学""语文考试""语文教师"七大部分内容。再如2013年经国务院批准设立的"中华思想文化术语库"，明确提出"梳理反映中国传统文化特征和民族思维方式、体现中国核心价值的思想文化术语，用易于口头表达、交流的简练语言客观准确地予以诠释"，目前已收录术语近千条，涵盖文学、史学、哲学等学科，例如文艺学科中的"白描""本色""当行""典雅"等术语，本身就是语文教学语言中常用的术语，是语文教师构建教学语言个人术语库的宝贵资源，值得珍视。其术语的著录格式非常清晰：术语、释义、引例和引例释义。这种格式简明扼要，非常实用，也值得借鉴。例如"辞达"，其著录格式的结构，一目了然，便于内化于心、外化于形，做成卡片或文档。

【术语】辞达

【术语释义】说话、写文章要能简明扼要地表达内心的意思。孔子反对过度追求辞藻华丽，强调文辞只要能确切而简洁地传达出思想感情即可，并倡导"文质彬彬"的审美观念。这一术语后来经过刘勰、韩愈、苏轼等人的不断继承与发展，形成了中国文学追求语言自然凝练、反对过分雕琢的美学旨趣与风格。

【引例1】子曰："辞达而已矣。"（《论语·卫灵公》）

【引例释义】孔子说："言辞能把意思表达清楚就行了。

【引例2】辞至于能达，则文不可胜用矣。（苏轼《答谢民师书》）

【引例释义】文辞如果能够做到达意，那么文采的运用也就无穷无尽了。

当然，针对所积累的术语，语文教师完全可以在著录格式中加上自己的心得体会和使用情境，甚至举例说明，从而实现学以致用。例如：在著录格式中，增添"术语应用"部分，更能规范术语的格式，丰富和充实术语库的内容。

【术语应用】

作文语言应注重"辞达"，避免语无伦次、拖泥带水和言不及义，做到语意连贯、语句流畅，就有可能通往语言"辞达"的境界。

从语文教师和语文教学的专业性来说，一个语文教师在自己的学识内存中拥有一个相对完善的教学语言术语库，在语文教学中其思维、行为和活动等方面就容易凸显专业性。否则，为师为学就容易滑入不专业的境地而被视为外行。因此，语文教师建构一个满足课堂教学的专业术语库，可以促进自身课堂教学行为的专业化，提高课堂教学的专业化水平，从而有利于增强语文教师的职业幸福感和学生语文学习的获得感。

（原文发表于《中学语文》2020年第23期，收入本书时有改动。）

语文教师阅读的效用反思与模型建构

"读了很多书，为什么上不好课？""读那么多书，为什么还是提高不了学生的语文成绩？""看书越多，我越觉得不会上课了！"诸如此类的问题，仿佛教师版的"读了那么多书，为什么还是过不好这一生"，道出了不少语文教师的心声和困境。众所周知，语文教师教人读书、学阅读，理应是最会读书的人，为什么却跳不出类似"师不会读"的悖论和怪圈？透过现象看本质，这些问题、困惑和心声都不约而同地指向了语文教师阅读的效用价值。其关键何在？一言以蔽之，语文教师阅读的效用和价值取决于其阅读的具体模型。鉴于此，有必要对语文教师阅读的效用展开反思，透视其背后的阅读模型，以期自觉运用高效能的阅读模型，增进语文教师阅读的效用。

一、观察：三位教师的阅读案例

语文教师是教学生学习阅读的专业人士，但在阅读上也同样会存在一定的困难和问题。就语文教师的实际来看，主要集中在"读什么""怎么读"和"读得怎么样"这三个问题上。"读得怎么样"，其指向实即"阅读效用"。为了研究语文教师的阅读效用即"读得怎么样"，就有必要从语文教师"读什么""怎么读"这两个前置性问题入手，而这两方面则在语文教师中有着非常清晰、具体的案例呈现。下面就是三位语文教师的阅读案例，分别呈现了"读什么""怎么读"的情况。

案例一：W老师的阅读自述

【案例背景】W老师任教于某县一中，今年秋季从初中调入高中，担任语文教师兼班主任，目前职称是中小学一级教师，获得过地市级优秀班主任、县"巾帼建功"标兵等荣誉。任教高中后，W老师顿感压力增大，感到高中语文教学不好把握。

【当事人描述】通过阅读孙绍振和钱理群两位教授的专著，我备课时，要求自己先"素读"教材，有意识地进行解读，然后再看教参。几年过去了，觉得没什么效果。读一篇课文，思维依然是从字上滑过去，感受不到什么深刻内涵。我的困惑是，如何通过读书提高文本解读能力？

最近几年才开始读书，都集中在文本解读、教学实录等书籍上，没有读过解构主义、叙事学等西方文论以及其他领域的书。例如钱理群的《名作重读》和孙绍振的《名作细读》《月迷津渡:古典诗词个案微观分析》等。在读书时，特别注意作者所讲的文本解读方法，例如孙教授说的还原法，在书中以文章进行方法例说的部分写得很好，但是自己拿着方法去用，效果不太好。**(案例来源：《教师高效阅读秘笈》，熊纪涛著，大象出版社2021年7月第1版，有删改)**

案例二：X老师的阅读自述

【案例背景】X老师在本科毕业后到市区一所高中任教语文课，一年后考上研究生，毕业后无班主任聘其教课，就在学校科研处担任专职科研员。一年后接手一个班级，但在学生和班主任强烈要求下，只得回到科研处继续担任专职科研员。经科研处主任指点，发愤读书，三年后蝉联两届学校十佳教师，被评为市级骨干教师；五年后被评为省级骨干教师、省级教育科研骨干教师。

【当事人描述】被人赶下讲台后，我就回到了科研处，幸运遇到德高望重的吴富安主任指点：别人阻挡你教课，但阻挡不了你读书，更阻挡不了你写作。我就跟着吴主任先读《老子》，然后是《庄子》，还写了一些文章并在市社科联主办的刊物上发表。后来，我意识到读书还是要专业一些才好，就先后读了所有能够搜集到的名师教学实录，还有语文出版社的"名师讲语文"整套丛书。为了参加"国培计划"的经典诵读培训，我特地买来张颂的《中国播音学》《朗读学》等专业著作，模仿齐越、夏青、鲍国安、孙道临、濮存昕等朗诵作品，把朗读功夫提了上去。通过在职教师招考来到省城后，我参加"基于标准的教学评一致性教学设计""课堂教学切片研究""基于学科核心素养的学历案研制"等前沿研究和培训，一边工作，一边阅读专业著作，如皮连生的《学与教的心理学》、泰勒的《课程与教学的基本原理》、加涅的《教学设计原理》、布卢姆的《教育目标分类学》等，补学了课程论、教学论和教育心理学等相关知识。随着专业阅读越来越深入，我又陆续购买了人民教育出版社的《汉译世界教育经典丛书》《外国教育名著丛书》《中国教育名著丛书》，教育科学出版社的《20世纪苏联教育经典译丛》和《世界课程与教学新理论文库》，华东师范大学出版社的《教育神经科学译丛》等整套的专业书籍。我边读边用，逐一攻克了在教学设计、方法提炼、试题命制等专业方面的难点和制高点，同时，论文写作也越来越有深度，并在《中国教育报》《中学语文教学参考》等报刊上发表，而且近年有论文被人大复印报刊资料全文转载。**（案例来源：笔者阅读成长经历的梳理）**

案例三：Y老师的阅读自述

【案例背景】Y老师毕业于教育学专业，在学校党组织安排下改行教语文，当时就提出自己不是学中文的，教学有困难，隔行如隔山。若干年后，Y老师学养深湛，德艺双馨，成为全国语文教师的楷模。

【当事人描述】"隔行如隔山"，这话一点不假。一捧教科书，难题就来了。文言文可串讲，现代文怎么教，学生基本能看懂，教什么？首先须认真备课，读懂教材，读通教材；其次是向高手求教，向高明的老师求教。对我而言，除了上述二者外，还得老老实实打中文的底子，补先天的不足。b、p、m、f不认识，没学过，得从汉语拼音学起；只粗知英语语法，汉语语法没学过，我不得不花双倍乃至数倍的时间学习，从语音、语法、修辞、逻辑到中外文学史，阅读一定数量的中外文学名著，以文学史为纵线，以各个时代重要的作家作品为横线，纵横交错，再旁及其他，力求在两三年内把中文系的主要课程捋一遍，增添一点教学的底气。为此，我拼命挤时间学。那时，一周有两个晚上政治学习，回家总得九点半以后。每天晚上九点以前备课、改作文，九点以后学习、自修，咬着牙学，天天明灯陪我过半夜。不学，上课就没有发言权。**（案例来源：《岁月如歌》，于漪著，上海教育出版社2007年8月第1版）**

就案例来看，"读什么"是非常清晰的，三位教师都研读了语文教学的专业书籍，均属语文教师的专业阅读，这就避免了语文教师非专业阅读而达到专业研修提升的悖论。在案例中，"怎么读"也有体现，通而观之，一是在备课时读书，或工作之余读书；二是填补知识缺口，缺什么读什么；三是读书时间较长，都坚持读书长达数年。正如列夫·托尔斯泰所说"幸福的家庭都是相似的，不幸的家庭各有各的不幸"，阅读的效用也类似，高效的读书都是相似的，低效的读书各有各的低效。那么，为什么W老师的阅读效用比较小，而X老师、Y老师的阅读效用比较大呢？除了个人天赋、地域环境等不可控制因素之外，个人可控制因素中究竟有哪些是关键的呢？同是专业阅读却效用迥异，这一反差现象令人深味。

二、探究：发挥阅读功效的关键

众所周知，专业人士必须读专业书、做专业事。语文教师阅读专业书籍而成长，乃是天经地义。这是语文教师阅读的基本逻辑，也是发挥阅读功效的主要逻辑。回到三个案例，问题是：同样属于专业阅读，为什么促进教师专业发展却功效迥异呢？究其原因，关键在于阅读书籍的数量存在显著差异。

从案例来看，无论是X老师，还是Y老师，都阅读了大量的专业书籍，而W老师虽然也阅读了专业书籍，但其数量少得多。具体来说，X老师先读儒家、道家等中国文化经典，再读名师的教学实录、专业成长等专著，接着又读了教育学、心理学乃至教育神经科学等方面的大型丛书，再加上朗读等专题研修书籍，其专业书籍的阅读数量和种类之多，恐为W老师所不及；Y老师则是为了打中文底子，将语音、语法、修辞、逻辑、中外文学史等系统阅读一遍，并且结合工作实际作针对性研读，这些书籍的数量已经不算少，更重要的是，Y老师以文学史为纵线，选择各个时代重要的作家作品作系统啃读，中文专业的毕业生人人深知，中外文学史上各个时代重要的作家作品的总量不低于百人百本，这是何等的海量阅读！而W老师的专业阅读，固然也有一定的数量，但相比之下，明显过少，想要达到发挥专业阅读效用的程度尚且有着不小的距离。

需要指出的是，Y老师为了"补先天的不足"，阅读范围基本限定在语言学、文字学、逻辑学、文学理论、中外文学史等方面，看似未涉猎汉语言文学专业或中文专业之外的其他书籍，但不要忘记Y老师是一流名校教育学专业的毕业生，上学期间对教育学、心理学等方面的著作早已学习攻读，其在教育学、心理学方面的阅读数量和质量，远远超过大多数毕业生所学的《教育学》《教育心理学》这两门课程用书。

从三位教师的成长来看语文教师阅读，X老师是新时期成长起来的老师，Y老师是改革开放前成长起来的老师，在语文教师阅读方面有着共性特征：首先是阅读专业书籍，其次是阅读书籍数量较多，再次是阅读书籍种类相对齐全；W老师也是新时期成长起来的老师，虽然也阅读专业书籍，但在阅读书籍的数量、种类上明显不足。透过现象看本质，可以看出"专业""数量""种类"至少是影响语文教师阅读发挥功效的重要因素。详而言之，其一，书籍是否专业，应以语文教学为核心；其二，数量是否合宜，应不低于100本书；其三，种类是否完善，至少要涵盖汉语言文学、教育学、教育心理学这三类的基本书籍或经典名著，甚至还要阅读管理学、传播学、社会学等种类的书籍。

三、提炼：语文教师阅读的模型

影响语文教师阅读发挥功效的因素有很多。不过，语文教师在工作中开展阅读，是为了读用结合、学以致用，在此基础上，专业、量多、类全应当是三个主要因素。基于此，提炼语文教师阅读的模型，形成以"是否学以致用"为逻辑、以"是否专业""是否足量""是否足类"为要素的逻辑架构。其中，"是否学以致用"的逻辑，从"非专业阅读"和"专业阅读"开始贯穿整个链条。系统来讲，语文教师阅读的模型基本类型有8种，图示如下。

第一类：截然分明的类型。

在本类型中，两个亚型分别处于语文教师阅读效用的两极：亚型1-1的左侧和右侧分别呈现了语文教师非专业阅读效用的最低水平和专业阅读效用的最高水平。亚型1-2的两侧，分别呈现了语文教师非专业阅读效用的较低水平和专业阅读效用的最低水平。

（忽视学以致用）**非专业阅读   专业阅读**（重视学以致用）

数量较少   数量较多

种类单一   种类较全

图1   亚型1-1示意图

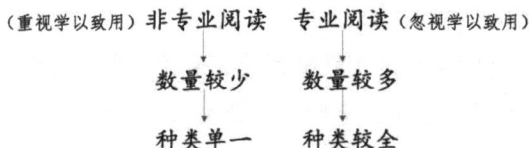

（重视学以致用）**非专业阅读   专业阅读**（忽视学以致用）

数量较少   数量较多

种类单一   种类较全

图2 亚型1-2示意图

第二类：轻度交织的类型。

在本类型中，四种亚型因逻辑和关键因素的交织状况不同，而呈现了不同的阅读效用水平：亚型2-1左侧和右侧分别呈现了语文教师非专业阅读效用的较低水平、专业阅读效用的中等水平；亚型2-2左侧和右侧分别呈现了语文教师非专业阅读效用的中等水平、专业阅读效用的较低水平。亚型2-3左侧和右侧分别呈现了语文教师非专业阅读效用的较低水平、专业阅读效用的较低水平；亚型2-4左侧和右侧分别呈现了语文教师非专业阅读效用的较高水平、专业阅读效用的最低水平。

（忽视学以致用）**非专业阅读   专业阅读**（重视学以致用）

数量较少   数量较多

种类单一   种类较全

图3 亚型2-1示意图

（重视学以致用）非专业阅读　专业阅读（忽视学以致用）

数量较少　数量较多

种类单一　种类较全

图4　亚型2-2示意图

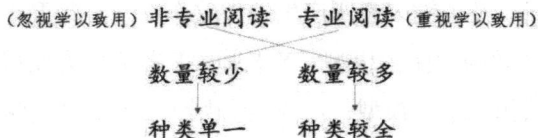

（忽视学以致用）非专业阅读　专业阅读（重视学以致用）

数量较少　数量较多

种类单一　种类较全

图5　亚型2-3示意图

（重视学以致用）非专业阅读　专业阅读（忽视学以致用）

数量较少　数量较多

种类单一　种类较全

图6　亚型2-4示意图

第三类：深度交织的类型。

亚型3-1左侧呈现了语文教师非专业阅读效用的较低水平，右侧呈现了专业阅读效用的中等水平；亚型3-2左侧呈现了语文教师非专业阅读效用的中等水平，右侧呈现了专业阅读效用的较低水平。

（忽视学以致用）非专业阅读　专业阅读（重视学以致用）

数量较少　数量较多

种类单一　种类较全

图7　亚型3-1示意图

（重视学以致用）非专业阅读　专业阅读（忽视学以致用）

数量较少　数量较多

种类单一　种类较全

图8　亚型3-2示意图

纵观各种类型，就两侧的比较而言，涉及了四重比较：其一，"重视学以致用"胜过"忽视学以致用"；其二，"专业阅读"胜过"非专业阅读"；其三，"数量较多"胜过"数量较少"；其四，"种类较多"胜过"种类单一"。

综合上述分析，除了两个极化水平毫无争议之外，其余模型的水平划分可能存在一定的争议，即便如此，8种模型也能够清晰地刻画出影响语文教师阅读效用的运行逻辑以及关键因素所产生的大致作用。由此重新审视三个阅读案例，分析三位语文教师的阅读模型，X老师、Y老师均为亚型1-1右侧呈现的模式，属于最高效用水平的模型；而W老师则为亚型2-3左侧呈现的模式，很难称得上是较高效用水平的模型，两类模型所造成的阅读效用差异是显而易见的。

四、验证：培养教师实践的检验

唯物辩证法认为，理论源于实践，再回到实践，在实践中丰富和发展。语文教师阅读模型作为一种理性认识和规律总结，是从语文教师阅读实践的案例中提炼出来的，源于语文教师阅读实践，并且能够对语文教师阅读现象作出一定的解释，这是顺理成章的事情。马克思在《关于费尔巴哈的提纲》第十一条中说"哲学家们只是用不同的方式解释世界，问题在于改变世界"，据此来看，语文教师阅读模型仅对语文教师阅读实践作出解释是不够的，问题的关键是，能否运用语文教师阅读模型改变语文教师阅读实践，使语文教师阅读对语文教师专业发展起到更大的作用。对此，采用语文教师阅读模型培养语文教师就成为研究之必需，经过三年的实践检验，两位语文教师的阅读实践作出了回答。

中年教师M老师的案例：

M老师系笔者同事，从事高中语文教学已有十多年，但在40岁"不惑之年"之际却越发感到自己不知道怎么上语文课了，自认为这是常年担任高三毕业班语文教师，形成了只会上复习课却不会上语文课本新授课的思维定式。四年前，笔者介入其专业发展，从专业阅读、技能训练和日常研究等方面，与其反复沟通、交流和确认。M老师常年阅读文学书籍和历史书籍，文学书籍分为中外文学名著和当代文学期刊，历史书籍则多为流行性的历史读物。按照阅读模型来看，优点是读书数量较多，不足之处是读书致用的意识不强、专业性不足、种类较单一，属于亚型3-1左侧的模式，显然处于语文教师非专业阅读效用的较低水平。

对此，笔者建议其从语文教学法、语文课程论、汉字研究等方面入手，大量购书阅读。由于学校继续安排其担任高三语文课教师，M老师决定先从阅读入手开始改变，其他方面寻机而动。经过反复挑选，M老师购买了王荣生教授主编的"参与式语文教师培训资源"丛书，并开始阅读，对书中的理念和做法甚为服膺。而后，又购买了王荣生教授的《语文科课程论基础》、叶圣陶先生的《叶圣陶语文教育论集》等书。过了三年，M老师终于走出了语文教学不知应该怎样教的迷茫境地，而且主动承担公开课教学、积极参与申报课题研究。不过，从总体来看，M老师的专业发展状态虽有改变，但速度颇为缓慢，若想加快专业发展，教育学、心理学等方面书籍的阅读仍然不可缺少。

青年教师C老师的案例：

C老师在大四实习期间，被实习学校的语文教师指出缺乏当语文教师的潜质，建议其改行不要当老师。毕业一年后，来到笔者所任职的学校担任临聘教师，学校举行师徒结对活动，笔者担任其师傅。在观课议课、问答交流的基础上，笔者得知其阅读范围主要是当代著名作家作品，对语文教学法、教育学、心理学等方面的著作的阅读几乎是空白状态，跟中年教师M老师的情况类似。或许，缺乏足够数量专业书籍的阅读是很多语文教师的通病，不分教龄长短，也由此可见一斑。

综合考虑C老师的具体情况，笔者建议其保留当代著名作家作品的阅读，可将此作为自身优势资源而开展师生共读活动，只需适当压缩即可。随后，笔者讲解了语文教师阅读的性质、层次、数量和种类，并列出30余种书籍供其选择，建议其从研读王荣生教授主编的"参与式语文教师培训资源"丛书开始，扩展至语文名师的课堂教学实录、语文大家名家的论著，同时力争将高中语文教材中涉及的作家作品读一遍，为开展备课、课堂教学等工作服务。经过半年的辅导，C老师选取当代著名作家余华的《活着》开展师生共读活动，设计了一节关于《活着》的整本书阅读汇报课，上了一节校级公开课。半年后，C老师根据录播课的视频整理出课堂教学实录，对教学设计、课件等适当修改完善，将其上传至"一师一优课，一课一名师"平台，先后获得省级一等奖和部级奖。临聘教师上班一年左右，就在全国课堂教学评选中获奖，一时成为全校传颂的美谈，这也成为其教师专业发展历程中的关键事件。来校上班两年左右，C老师通过了公开招考，从临聘教师变成了编制内教师。笔者伴随并见证其带完三年高中语文课程，其所带班级学生的语文高考成绩位居年级前列。现在，C老师已经成为高一年级语文备课组组长，三年时间就成为了学校独当一面的语文骨干教师。学校聘任笔者担任中学语文卓越教师工作室主持人，C老师积极报名参加，笔者又建议其若有余力，可拿出读本科期间的中外文学史，选择各个国家、各个时代的代表性作家作品，逐一攻读，同时研读教育学、心理学等方面的著作，通过主动阅读和课堂实践，以期在省级课堂教学现场课比赛中摘金夺银。其实，笔者意在引导其逐渐形成一套属于自己的语文教师选书、买书、读书和用书的方法论，将来可通过省级优质课比赛来检验这套方法论的成效。

综合两则案例来看，中年教师M老师和青年教师C老师均为语文教师，虽然所处的年龄阶段不同，但都存在专业理论书籍阅读数量偏少的通病，在保持文学作品阅读习惯的基础上，大量增加语文教学理论、文学理论乃至教育学和心理学等理论书籍的阅读，是非常必要的，在达到专业阅读效用的峰值以前，阅读专业书籍数量越多，其专业发展也越快。与此相印证的是，前文述及的W老师，后经笔者作针对性的指导，优化了语文教师阅读模型，在保持读以致用习惯的基础上，增加所阅读专业书籍数量、扩大种类范围，一年后通过在职教师招考调入了省城学校，三年后被评为市级名师。

上述案例和分析表明，针对语文教师阅读促进专业发展这一问题，笔者根据语文教师的意愿、学校的支持等情况，有意识地运用语文教师阅读模型，在中年教师和青年教师身上均取得了成效。相对而言，青年教师可塑性大，其成效自然也大。由此可见，在一定程度上，运用语文教师阅读模型能够诊断语文教师阅读存在的问题和误区，积极运用其指导语文教师阅读，能够促成语文教师专业发展。

五、余论：关于效用的研究空间

从研究性质来看，人文社会科学的研究既有质性研究也有实证研究，质性研究侧重于定性问题的思辨，实证研究侧重于定量问题的分析。事实上，在具体的研究中，为了解决问题，两者是交融使用的，只是侧重点有所不同而已，研究者也很难将两者截然分开。就教师阅读模型的研究来说，也是如此。先反思语文教师阅读效用的底层逻辑，再在诸多因素中找出能够产生高效或低效"分水岭"作用的因素，将其作为关键要素提取出来，从而研究其组合的层次和逻辑，然后架构出要素一致、逻辑一致的基本模型，最终对亚型作出区分及解释。反思逻辑、提取关键要素都偏重思辨的定性研究，而研究关键要素的相互作用、划分亚型种类则均偏重定量研究，对具体亚型的效用水平的划分及解释明显融合了两种研究。探讨语文教师专业阅读的效用问题，可以有多种研究范式，例如程序范式、案例范式和思辨范式等，相比之下，引入要素、模型和逻辑形成系统研究的视角，以定性为主，兼顾定量，既有一定的概括性，又有一定的可检测性，在一定程度上能够满足一线语文教师的阅读实践需要。

虽然观察、验证的时间已有数年，但跟语文优秀教师成长周期长达十年乃至十几年相比，仍显得非常短暂，跟踪时间足够长的历时性统计数据仍暂付阙如。同时，限于笔者个人的时间、经历和资源都很有限，未能在数年内选择多个省市学校的语文教师阅读作大量样本的观察和验证，导致共时性数据统计直接缺失，这两者使得定量研究偏弱。这正是后续研究改进的地方。

语文教师阅读效用是一个复杂性问题，对其研究也是一个系统性工程。由于不可控因素较多，而可控因素较少，只能选取较为有限的因素或变量作以研究，根据手头有限的案例素材进行归纳和提炼，初步建构出一个相对简便、具有一定解释力和可实践操作的模型。由于是初次研究语文教师阅读模型并细分模型类别，所选择的要素和划分的标准未必合理，即使选择的要素、划分的标准和构建的模型比较适宜，对具体模型的效用解释也未必毫无瑕疵。因此，在关键要素、模型类别、运行逻辑以及专业阅读与专业发展的相关性等方面，还有值得研究和改进的空间。

综上所述，语文教师阅读实践的背后蕴涵着某种模型，而对语文教师阅读模型研究是有其实践和理论价值的，这也给广大一线语文教师带来了深刻的启示：语文教师阅读应当将学以致用作为贯穿整个阅读行为过程的逻辑，始终牢牢抓住专业书籍、数量适宜和种类较全这三个关键要素。对大多数语文教师来说，想要通过阅读促进专业发展，真正应该努力的方向是优化中等效用水平的模型而走向最高效用水平的模型，在专业阅读之路上追求数量和质量的丰满度。一言以蔽之，语文教师阅读的实践应采用最高效用水平的模型，摒弃最低效用水平的模型。

（原文发表于《黄冈师范学院学报》2022年第4期，收入本书时有改动。人大复印报刊资料全文转载。）

语文教师专业发展规划：内涵、研制和落实

语文教师是从事语文教育教学的专业技术人员，其专业化程度决定着语文教育教学的质量和效果。促进语文教师专业发展，逐渐成为摆在教育部门、学校、工作室（坊、站等）以及广大语文教师面前的重要课题。在此背景下，语文教师专业发展规划的重要性也日益凸显。正确地看待语文教师专业发展规划、规范地撰写语文教师专业发展规划、有效地实施语文教师专业发展规划和及时地评估语文教师专业发展规划，既是发展实践的热点，也是理论研究的难点。语文教师专业发展规划是什么？怎样研制？又该怎样实施、评估？这些疑惑亟待破解。

一、内涵：定义和解析

何谓教师专业发展规划？钟祖荣认为："教师的专业发展规划，是对教师专业发展的各个方面和各个阶段进行的设想和规划。"①王少非认为："教师专业发展规划是教师本人为自己的专业发展设计的一个蓝图，它可以为教师的专业发展提供引导和监控，也能为教师对自身专业发展的反思提供一个参照。"②叶继永、李哉平指出："教师专业发展规划是教师在教育背景和学校环境下，结合自身实际为自己专业发展设计的未来蓝图，可为教师专业发展提供引导、监控以及参照。"③

从本质上说，教师专业发展规划是遵循教师专业发展规律，对教师专业发展实施的积极的人为干预，能有效提升教师专业化水平。因此，教师专业发展

①钟祖荣.教师专业化发展的重要一环：制定教师专业发展规划［J］.中小学管理，2004（4）：44.

②王少非.教师专业发展规划：意义 内容 策略［J］.中国教育学刊，2006（2）：60.

③叶继永，李哉平.教师如何作好专业发展规划［J］.教学与管理，2013（8）：12.

规划是教师可持续发展的行动指引，具有合理论性、可操作性和强改进性。"规划"作为一种意识是有其渊源的，即教师专业发展规划受制于教育发展规划，而教育发展规划则从属于或起源于国家和社会的发展规划。跟教师成长计划相比，教师专业发展规划更加突出科学性、可行性和系统性。在某种程度上，教师专业发展规划是教师成长计划基于教师发展规律的科学版、系统版、操作版和升级版。

简而言之，语文教师专业发展规划是基于语文教师的自身状况、周围环境而研判语文教师专业发展的目标，依照进度统筹方法、资源而最终达成目标的过程管理。通常来说，语文教师专业发展规划同样需用文本形式呈现，以便按照进度分阶段具体实施，最终作出相应评估。

二、研制：要素和叙写

关于教师专业发展规划的内容，目前学界尚存争议。例如：钟祖荣认为教师专业发展规划"具体包括：教师对职业目标与预期成就的设想，对工作单位和岗位的选择，对各专业素养的具体目标的设计，对成长阶段的设计，以及所采取的措施等"[①]。郭继东认为，"教师专业发展规划的内容尚未形成固定不变的程式，但一般应包括以下一些构成要件"："现有起点描述""发展目标构想""操作策略设计"[②]。总体来看，教师专业发展规划主要涉及教师专业发展的外部环境、自我基础、目标、措施、条件、阶段等方面。

就语文教师专业发展规划来说，其文本呈现具有自身独特的结构要素，主要包括发展规划导言、发展背景分析、发展目标、发展过程与方法、发展评估、评估提升指标、适时调整机制等。

①钟祖荣.教师专业化发展的重要一环：制定教师专业发展规划［J］.中小学管理，2004（4）：44.

②郭继东.试论教师专业发展规划的编制［J］.江苏教育学院学报（社会科学版），2008（4）：4.

（一）发展规划导言

在语文教师专业发展规划的文本的开篇，通常要概述语文教师专业发展规划的研制目的、主要方面、基本方法等内容，形成一段类似绪论、前言或序言等的导读性的文字。例如：笔者在2018年6月申请加入海南省宋如郊中学语文卓越教师工作室时，提交了一份《2018—2021年三年发展规划》（下文所引相同，不再注明），其导言如下。

> 为了加强教师发展规划的科学性，切实提高个人的教育教学情感、态度和价值观以及业务技能水平，推动工作室乃至区域内学科的健康发展、可持续发展，在采用SWOT分析法而认真分析个人实际情况的基础上，寻找教师发展变革的动力和突破口，使教师专业发展的目标更加具有针对性，促进教师专业发展的目标、定位和措施变得更加准确具体、适配、有效，在具体的操作和评估上更方便，依据"卓越教师工作室"的实施方案，制订本人的《卓越教师工作室成员个人三年发展规划》。

（二）发展背景分析

发展背景分析旨在充分认识语文教师专业发展的基础、现状，从优势、劣势两方面对语文教师本人及其成长环境开展深入细致的分析，以便提出相应的发展策略。

目前，SWOT分析法已被广泛应用于行业发展[①]、学科建设[②]、职业发展、企业管理[③]等领域，其研究成效日益彰显。更令人欣慰的是，有研究者还将

①吕栋.中国体育产业发展：机遇、挑战与转型策：基于SWOT分析的视角［J］.山西财经大学学报，2021，43（12）：127-132.

②赵跃，马晓玥，张佳欣.中国计算档案学发展的SWOT分析与策略研究［J］.图书情报工作，2022，66（4）：56-66.

③曾智洪.SWOT分析工具与企业战略危机管理［J］.科技管理研究，2009，29（11）：465-467.

SWOT分析法应用于数学教师专业化发展的研究①。关于SWOT分析法的诸多应用性研究，从观察角度和分析框架等方面对语文教师专业发展规划的研制提供了有益的借鉴。

为促使教师专业发展规划具有深刻的现实基础和强操作性，采用SWOT分析法，分析个人内部条件的优势、劣势，分析个人外部条件的优势、劣势，以期获得清晰、完整的认识，进而充分利用优势提炼出可努力的方向和可完成的目标。表1是笔者所做的语文教师专业发展背景分析表。

表1 语文教师专业发展背景分析表

	个人内部条件		个人外部条件
优势 (S)	1.喜爱阅读，阅读量很大，具有一定的阅读基础，自学能力较强。 2.热爱课堂教学，敢于尝试新型教学模式和教学法等。目前教学水平，跟同年级、同学科的教师相比，位居前列。 3.爱好思考问题，发表多篇论文，写作能力较为突出。 4.主持过6项省市级课题，具有一定的课题研究的能力；目前参与一项省级课题，已结项，即将颁发结项证书。 5.在"师徒结对"中，被学校指定担任一名青年教师的师傅。 6.擅长试题研究，受到金太阳、天一大联考、百校联盟和《金考卷》等邀请担任命题人和审题人。 7.参加"卓越教师工作室"，有了导师的指导和学员们的帮助，能够参与较多的活动和任务，提高相关技能	机遇 (O)	1.学校领导班子比较民主开明，校长属于2015年海南省"好校长、好老师"工程从内地引进的校长，较为重视教师培训和教师专业发展。 2.学校支持有想法、有干劲的教师大胆进行教学改革，在课时安排、印刷材料等方面给予大力支持。 3.学校现有在职特级教师1人，学科带头人1人，学校期盼培养更多省骨干教师、省学科带头人、省特级教师等高层次教师。 4.在绩效考核和职称评审中，对教师在省级和国家级的课题研究、核心期刊和非核心期刊的论文发表、省级和国家级的论文评选等方面，予以奖励。 5.一些教师对课题研究兴趣浓厚，愿意积极参加课题研究。 6.参加"卓越教师工作室"的各种活动和完成其分配的各种任务

---

①李菲，刘淳安.基于SWOT分析法的新手型数学教师专业成长策略研究［J］.首都师范大学学报（自然科学版），2022，43（3）：62-67.

个人内部条件		个人外部条件
劣势 （W）	1.阅读缺乏团队支撑，不能通过及时性的讨论交流而更新个人的思考和认识，限制了阅读效益的提升。 2.在课堂教学中处理师生关系方面，可以达到作为学生良师益友的程度，但是还未达到在学生心目中"师父如父"的程度。 3.思考的系列性不够强，专题性写作仅有"教师阅读方法论"，在阅读引领、阅读推广等方面仍有较大不足。 4.近三年尚未主持省级课题，需要带领学科同仁继续申报省级课题。 5.在"师徒结对"方面，尚未形成有效的指导方法体系，不能给予徒弟更加深刻有效的提升方法。 6.试题命制方面，还未参加官方的省级和国家级统考统测性试题的命制	1.本人作为2017年"好校长、好老师"工程从内地引进的学科骨干教师，肩负高三年级教育教学任务，导致部分试验和改革不能从高一开始实施。 2.学校领导班子考虑教师整体素养实际状况，积极推动教师投身教学变革，但很多老教师积极性不高。在教学改革中，学校总体经费受限制，不能加大实质性的投入力度。 3.学校评选荣誉称号，需要考虑均衡性，对班主任倾斜力度较大，不担任班主任获荣誉称号可能性较小。 4.学校在课题研究、期刊论文发表、教研论文评选等方面，配套经费较少。 5.许多教师在参加课题研究前积极性较高，但在进入实质性研究阶段和课题研究后期，常常产生懈息等消极情绪

威胁（T）

这份发展背景分析，以学校支持、课堂教学、课题研究、论文写作、考试研究等为基础，包括但不限于以上5项内容，分类别、分板块地指出优势和劣势，目的是使教师专业发展规划更具有精准性、可控性和实操性。

（三）发展目标

教师专业发展规划目标是教师专业发展所呈现的结果，所谓预定目标即未来发展之结果。从优势和劣势两方面，经过对个人的内部条件、外部条件的认真分析，寻找通过奋斗可以改进和提高的领域，列出通过努力奋斗可以完成的业绩。例如：

①通过"卓越教师工作室"的专家引领和研训，并结合个人实践，提炼出可表述、可实践的教学主张。

②通过"卓越教师工作室"的年度计划和送教送培等任务，提高异地借班上课的能力和开展微型讲座或专题讲座的能力。

③通过"卓越教师工作室"开展较大规模的课题研究、教学改革实验等，深入研究"基于《普通高中语文课程标准（2017年版2020年修订）》提升高中学生语文核心素养"等课题。

（四）发展过程与方法

教师专业发展规划目标的实现，需要过程与方法的支撑和保障。过程与方法，是对教师专业发展规划目标进一步细化的结果，也是推动教师专业发展规划目标落地并提高其可行性的不可或缺的环节。例如：

①围绕"教学主张"，进行思考和阅读：每学期至少读完两本教育教学名著，每学期至少撰写2篇教育教学论文，每学年至少发表2篇教育教学论文。

②围绕"基于《普通高中语文课程标准（2017年版2020年修订）》提升高中学生语文核心素养"，进行课堂教学和课题研究：每学期举行1次校内或校外公开课，三年内主持或参与1项省级课题。

③围绕"卓越教师工作室"，积极参加送教送培等任务，提升教师教育和教师培训的专业素养和技能。

④围绕"高层次教师"，申请当班主任，提高教学管理和班级管理的实践技能，加大力度开展书香班级建设活动，扩大学生阅读推广的规模，将阅读实践的活动推向纵深。

⑤围绕"师徒结对"，再招收一名徒弟，搭建"教师专业发展三人行"的研修架构，探索培养青年教师的系列性方法。

⑥围绕"试题研究"，参加省教培院等官方统考统测指导机构举办

的学业水平测试命题人培训等研修活动，提高试题原创的能力。

（五）发展评估

所谓发展评估，就是按照评价先行的思路或结果逆推的原则，将发展目标分解为发展年度目标，并在发展的年度或周期结束时全部完成或基本达成。

在语文教师发展周期内，完成既定的关键指标，语文教师专业发展可获得较为显著的提升，教师专业发展的评估即可视为达到合格及以上层次。

发展评估至少可以分为两种形式：一是由年度评估构成的过程性评估，二是在发展周期结束时所开展的终结性评估。一般来说，发展评估多采取过程性评估和终结性评估相结合的方式实施。

其一，过程性评估。为便于评估，采用数字化的形式，按照每个年度一个阶段的进程，若干个连续年度形成一个完整周期，而且需将关键的评估指标和相应的时间长度予以量化与适配。例如：

第一年度（2018年6月—2019年5月）：

①阅读专业书籍：教育学经典或教学论专著4本。

②教育教学论文：独立撰写4篇，在报刊公开发表2篇。

③教育课题研究：撰写省级课题申报书，并报送学校教研室。

④教学公开课：举办校内观摩课或校际研讨课2次。

⑤教学专题讲座：举办校内专题培训任务或积极申请并承担工作室送培任务1次。

⑥参加师徒结对：新招收徒弟1人，三年内招收和培养徒弟共计2人，送每人研读书籍1本，指导备课、上课2次。

⑦更新教学博客：及时上传教学计划、教学设计、教学实录、观课议课分析等文章10篇以上。

⑧学生阅读活动：开展师生共读活动，非毕业年级学生阅读书籍8本以上，毕业年级学生阅读书籍6本以上。

第二年度（2019年6月—2020年5月）：

①阅读专业书籍：教育学经典或教学论专著4本。

②教育教学论文：独立撰写4篇，在报刊公开发表2篇。

③教育课题研究：如果上一年度申报省级课题获准立项，积极开展省级课题研究活动；如果上一年度省级课题未立项，根据卓越教师工作室导师和成员的意见，修改上一年度省级课题申报书，或重新选题并撰写省级课题申报书，或参加卓越教师工作室成员所主持的课题申报，并报送学校教研室。

④教学公开课：举办校内观摩课或校际研讨课2次。

⑤教学专题讲座：举办校内专题培训任务或积极申请并承担工作室送培任务1次。

⑥参加师徒结对：送徒弟每人研读书籍1本，指导备课、上课2次，鼓励和指导徒弟上校内公开课1次。

⑦更新教学博客：及时上传教学计划、教学设计、教学实录、观课议课分析等文章10篇以上。

⑧学生阅读活动：开展师生共读活动，非毕业年级学生阅读书籍8本以上，毕业年级学生阅读书籍6本以上。

⑨班主任工作：本年度争取担任班主任，建设师生之间更加亲密、协作的教学关系。

第三年度（2020年6月—2021年5月）：

①阅读专业书籍：教育学经典或教学论专著4本。

②教育教学论文：独立撰写4篇，在报刊公开发表2篇。

③教育课题研究：如果第一年度申报省级课题获准立项，积极完成省级课题研究结项；如果前面两个年度申报省级课题而未立项，根据卓越教师工作室导师和成员的意见，修改上一年度省级课题申报书，或重新选题并撰写省级课题申报书，或参加卓越教师工作室成员所主持的课题申报，并报送学校教研室。

④教学公开课：举办校内观摩课或校际研讨课2次。

⑤教学专题讲座：举办校内专题培训任务或积极申请并承担工作室

送培任务1次。

⑥参加师徒结对：送徒弟每人研读书籍1本，指导备课、上课2次，鼓励和指导徒弟参加全省调教课、中小学优质课比赛等活动1次。

⑦更新教学博客：及时上传教学计划、教学设计、教学实录、观课议课分析等文章10篇以上。

⑧学生阅读活动：开展师生共读活动，非毕业年级阅读学生书籍8本以上，毕业年级学生阅读书籍6本以上。

⑨班主任工作：本年度继续担任班主任，或积极争取担任班主任，建设师生之间更加亲密、协作的教学关系。

其二，终结性评估。由于若干连续年度形成一个时间相对较长的发展周期，在其终结时开展评估，就要将所有年度的发展业绩合并同类项，拟定一份集成性的发展业绩清单。例如，三年发展规划周期结束，可将评估合格的关键指标合计为：

①阅读专业书籍：教育学经典或教学论专著12本。

②教育教学论文：独立撰写12篇，在报刊公开发表6篇。

③教育课题研究：至少参与1项，尽力争取主持1项，并力求结项而领取结项证书。

④教学公开课：举办校内观摩课或校际研讨课6次。

⑤教学专题讲座：举办校内专题培训任务或积极申请并承担工作室送培任务3次。

⑥参加师徒结对：送徒弟每人研读书籍3本，指导备课、上课6次，鼓励和指导徒弟上校内公开课2次，积极鼓励徒弟争取机会参加省调教课、中小学优质课比赛等活动1次。

⑦更新教学博客：及时上传教学计划、教学设计、教学实录、观课议课分析等文章30篇以上。

⑧学生阅读活动：开展师生共读活动，非毕业年级学生阅读书籍

24本以上，毕业年级学生阅读书籍18本以上。

⑨班主任工作：争取担任班主任1—2年，建设师生之间更加亲密、协作的教学关系。

（六）评估提升指标

在某一个发展周期内，在完成评估合格的关键指标的同时，还应尽力争取完成具有提升性的指标，以利于教师专业发展评估能够从合格层次达到优秀层次，更好地推动教师专业发展。例如：

（1）质量要求：以省级课题、省级以上报刊、市级教研活动和工作室任务等为基准层次。

（2）数量要求：以分类的形式，将具体任务进行数据化处理，形成直观、可操作的标准。

①完成经典名著的导读撰写任务并出版1本，或出版教育教研专著1本。

②提高论文质量，在全国中文核心期刊发表论文1篇，或被人大复印报刊资料全文转载或观点摘编1篇。

③鼓励、指导徒弟在省优质课等比赛活动中，获得三等奖以上等次的荣誉证书1次。

④积极参加省市组织的送教下乡活动，获得证书或证明1次。

⑤担任班主任期间，在学校的优秀班集体或优秀团支部等评选中，获得表彰1次。

⑥完成中国教育科学研究院的访问学者工作，获得结业证书1次。

⑦积极跟知名考试研究机构或大型教辅公司合作，担任特约编审、特聘研究员等，获得证明或证书1次。

⑧在学校年度专业技术人员考核或学校先进工作者、优秀教师评选中，获得优秀等次或表彰1次。

⑨担任中小学高级教师职称评委或中小学教师招聘考试评委，获得

证书或证明1次。

（七）适时调整机制

常言道，计划赶不上变化。从实际出发即可发现，一线语文教师可能因班主任工作、教研组活动、上级部门举办的培训、个人身体状况以及家庭事务等情况，无法正常完成发展规划既定的任务或指标，这就需要建立适时调整机制。例如：

遇到教学任务繁重或因公出差时间过长等情况而造成本规划不能100%完成，如能完成80%，其余20%可顺延至下一年度完成。

三、落实：操作和效果

语文教师专业发展规划的研制、实施和评估，是一个系统工程。特别是实施和评估涉及落地后的实效，可谓至关重要。根据一线语文教师的通常情况来看，落实语文教师专业发展规划的实效，不仅源于其研制阶段必须遵循的科学性追求，而且得益于实施阶段及时发现问题并改进。

（一）落实的前提

语文教师专业发展规划的研制增强科学性，使其比计划更有规划性，应秉持以下原则。

1.适度性原则。

语文教师专业发展的背景分析，应力求实事求是，既要看到自身的优势特长，也要看到自身的缺点不足；既不应夸大自身的主观能动性，也不宜悲叹外部的客观性困难。语文教师专业发展的目标设定，应是经过一番努力可以基本实现的，过高则无法达到，过低则缺乏意义，要做到"跳一跳，摘到桃"。

2.操作性原则。

语文教师专业发展规划的内容涉及课堂教学、课题研究、论文撰写与发表等诸多方面，均需制成能够量化的数据，做到表述清晰、准确，比如每年阅读专业书籍8本、撰写论文6篇并发表1篇等，方可使整个规划具有可操作性，以便在年度性评估或终结性评估中形成客观、真实而全面的总结报告。

3.渐进性原则。

遵循渐进性原则，例如：必须先撰写论文才能投稿并发表论文，必须主持或参与县区级课题才能主持省市级课题，必须经历校级和县区级的优质课比赛才能参加省市级优质课比赛，包括获奖论文、获奖课件以及骨干教师、优秀教师等表彰奖励，均是按照由低到高、从小到大、先弱后强的顺序发展进阶。

（二）操作的关键

要增强语文教师专业发展规划的科学性，使其能够操作落地见效，应遵循以下原则。

1.优先性原则。

将语文教师专业发展规划涉及的可操作事项摆在有限发展的位置，甚至要挤占原本用于娱乐、社交等方面的时间。如因考试、出差、生病等不可抗力因素，导致既定任务及目标不能如期完成，可在随后的较短时间内将其完成。应当警惕部分语文教师将研制完毕的语文教师专业发展规划，贴在墙上或存在抽屉而不落实到行动上。

2.联动性原则。

阅读专业书籍和论文写作具有联动性，读完一本专业著作就可以写成一篇随笔；参加校级及其以上的公开课、比赛课等，可以将其整理成课堂教学实录，也可以撰写成教学随笔，甚至可以将其作为对所研究课题进行的实践检验。语文教师通过课堂教学、试题研究、研讨交流等，完全能够做到一次投入、多次受益，实现语文教师在听说读写方面的联动性发展。

3.反馈性原则。

针对语文教师专业发展规划的实施，当事人可在每个学期开展自查自评，也可由其师傅、导师、教研员等开展评估，旨在查找问题，补齐专业发展上的一些短板。每学期、每年度的评估做到常态化，其反馈的及时性就远胜于三年或五年周期终结性评估。反馈是为了发现问题并改进现状，这就促使当事人遇到问题积极寻求帮助，最终走上自我主动发展、充分挖掘资源的良性循环之路。

（三）常见的问题

语文教师专业发展规划的研制，虽然有导师的指导、学校以及教研机构的培训，但终归是以由语文教师本人主研的，这就避免了他人主研或领导主导而造成的"人规脱节"或"人规错位"的问题。所以，语文教师专业发展规划能否有效落地，主要取决于作为语文教师专业发展规划主研者即语文教师本人。

有研究者指出，实施语文教师专业发展规划的过程中会出现诸多常见的问题：重规划轻践行、重个人轻组织、重静态轻动态、重抽象轻具体、重学科专业轻基础性素养、重条件依赖轻自我更新。[1]还有研究者先指出问题："在现实中，很多教师虽然制订了规划，但不去自觉、主动地执行，或是为了完成任务而被动执行；有的规划脱离实际，缺乏执行的条件；有的规划目标过高或过低，起不到促进专业成长的作用；有的规划措施不具体、操作性差无法落实等。"然后分析其原因：规划并非出于教师的意愿、规划没有体现教师的个体差异、规划本身存在瑕疵、规划实施缺乏保障机制。[2]

其实，规划内容脱离自身实际和环境状况、规划目标不恰当、操作措施不具体等，究其原因，主要是规划研制不科学。在笔者看来，在实施语文教师专业发展规划时遇到的最大难题当属"知行脱节"，即当事人无法做到知行合一。也就是说，身为当事人的语文教师，认识很到位，但做起来就不是那么回事，直接导致语文教师专业发展规划变成一纸空文。

解决"知行脱节"问题，比较有效的方法是当事人通过元认知监控或即时性评估来发现问题，及时解决，避免问题日益严重或长期积攒而毫不自知。这原本是学习心理学或教育评价的基本原理，不过，跟儒家所讲"自省""内省"之精神颇有相通之处。

①李飞.对教师专业发展规划的再认识［J］.现代教育论丛，2010（6）：48-53.
②戴建国.教师专业发展规划：功能、问题与策略［J］.江西教育，2014（31）：34-35.

综上所述，语文教师专业发展规划是教师可持续发展的行动指引，具有合理论性、可操作性以及发展性。加强语文教师专业发展规划的科学性，有利于语文教师的教育教学情感、态度和价值观的优化，有利于语文教学业务技能水平的提升，推动语文学科工作室乃至区域内语文学科的健康发展、可持续发展。就语文教师个体而言，采用SWOT分析法认真分析个人实际情况，为语文教师寻找发展变革动力和突破口提供了可能和条件，便于制定更加科学、合理和具有针对性的目标，使目标、定位和措施变得更加准确具体、适配、有效，最终实现高质量的语文教师专业发展。

（原文发表于《语文教学通讯》2022年第32期，收入本书时有改动。）

语文教师的教学图式：内涵、解析与更新

一、缘起：处理同一语篇的思路差异

作为语文教师，看到下面的语篇，你会怎么想？会怎么处理？

> 大学之道，在明明德，在亲民，在止于至善。知止而后有定，定而后能静，静而后能安，安而后能虑，虑而后能得。物有本末，事有终始，知所先后，则近道矣。
>
> 古之欲明明德于天下者，先治其国。欲治其国者，先齐其家。欲齐其家者，先修其身。欲修其身者，先正其心。欲正其心者，先诚其意。欲诚其意者，先致其知。致知在格物。物格而后知至，知至而后意诚，意诚而后心正，心正而后身修，身修而后家齐，家齐而后国治，国治而后天下平。自天子以至于庶人，壹是皆以修身为本。

语文教师的回答，可能会有以下几种：

（1）这语篇不用管它，教材上（指人教版高中语文必修教材）没有，高考文言文根本不会考。

（2）这是一种文化，蕴含着中华优秀传统文化的思想精髓，很有深度，可以作为"立德树人"的教学材料。

（3）被选进了选择性必修教材（指统编版高中语文教材），是必教必学的课文，必须好好地教学生学习。

（4）将其编成试题：第一自然段的首句起到了什么作用？两个自然

段都运用了什么修辞手法?

（5）它蕴涵着逻辑关系和丰富的逻辑知识，可用来当作学生思维发展与提升的学习材料。

（6）除了用这样的言语形式来表达大学之道，还有其他的言语形式吗？其他的道理意义也可以这样表达吗？

由此可见，对于同一个语篇，不同的教师有不同的处理方式。用心理学的原理解释，这是每个教师的教学图式决定的，从而形成了不同的处理思路。

这样的情况在语文教学中屡见不鲜：同一篇课文，有的教师教学生读懂章法并应用到类似文章的阅读中，有的教师教学生模仿章法并迁移到写作练习中，有的教师则教学生品味遣词造句的妙处……每位教师的教学图式决定了其处理思路的不同。"认知图式作为现代认知心理学和认知语言学的重要研究成果，主要分为语言图式、内容图式和形式图式。"[①]来自外国语言学科的"实证研究结果表明：译员的内容图式对同声传译中预测策略运用有显著作用，而且内容图式的建立能帮助译员及时对下文进行准确预测，减少同传中不必要的等待时间，避免过于滞后而引起的信息遗漏，有效提高译文的信息完整性和准确性，大幅改善译员表现"[②]掌握与口译材料主题相关的知识图式可以提高口译者的口译流利度。[③]这也能旁证语文教师对语篇的处理可能会受到包括内容图式、知识图式等图式在内的教学图式的制约。

二、图式理论的内涵解释

图式是皮亚杰认知发展理论中的一个核心概念。"图式是指个体对世界的直觉、理解和思考的方式。我们可以把图式看作是心理活动的框架或组织结

---

①关舒文，吕立杰.基于认知图式理论的文言文阅读教学策略［J］.中学语文教学，2019（8）：20.

②黄静.内容图式与同传中的预测——基于图式理论的实证研究［J］.哈尔滨学院学报，2020，41（4）：81.

③石卓.知识图式对交替传译流利度影响的实验报告［D］.石家庄：河北师范大学，2020.

构。""图式的形成和变化是认知发展的实质。"①图式是一种心理的结构和系统，有着不同的种类和亚类。例如"语文学习的认知图式一般包括内容图式、形式图式、语言图式"②。

按照图式理论的解释，语文教师的教学图式就是一种系统性的组织结构，凝结着语文教师关于教学的经验、知识和技能，蕴含着教学设计、语文专业知识、课堂教学等图式。在教学设计的下位，还有教学目标、教学过程等亚图式。语文教师在开展语文教学时，其教学图式对遇到的信息作出某种反应，这就是皮亚杰所说的同化和顺化，最终达成一种相对的平衡。换言之，语文教师的教学图式对遇到的信息会主动识别，对符合既有图式的信息，就充实和纳入到既有图式中而将其同化；对不符合既有图式的信息，既有图式因不能适应被迫打破，形成新的图式，以实现顺应发展。

三、解析语文教师的教学图式

（一）图式的来源

图式的来源是什么？皮亚杰在"对人类行为的解释中，他就给心理的生物学发展因素以首要地位，而文化学习因素只是第二位的"③，由此可知，图式来源有二：一是源于生物学的遗传图式，二是源于教育的习得图式。

具体到语文教师的教学图式来说，其来源也主要有二：其一，教师在学生时代学习语文，对语文教师的教学等进行观察所形成的教学图式；其二，教师参加工作后从事语文教学，并观察他人语文教学而形成的教学图式。

（二）图式的内容

语文教师的教学图式的主要来源已确定，那其教学图式具体包括哪些内容

---

①施良方.学习论［M］.北京：人民教育出版社，2001：172.

②杨九俊.论语文学习的认知图式［J］.江苏教育，2020（65）：7.

③比格，谢米斯.写给教师的学习心理学［M］.徐蕴，张军华，译.北京：中国轻工业出版社，2005：173.

呢？这需要结合语文教师所置身的语境来回答。有研究者指出："人们大脑中的图式不是从来就有的"，在图式的形成与建构中，"语境发挥了积极作用，语境是图式建构的素材。人们大脑中建构起概念图式、意象图式以及隐喻扩展后，特定语境会填充到图式槽道中，激活图式，形成图式的具体化，有助于人们理解和应对生活场景"①。其实，语文教师的教学图式，正是在语文教育生活语境中形成与建构起来的，并为语文教师理解和应对语文教育生活而服务。下面，就从语文教育生活中的主要观念即课程观、教学观和学生观这三个方面来分析，以期探究语文教师教学图式的内容。

1.课程观。

经历过学生时代，教师大都会对语文课程产生两大认知图式：其一，课程主要分为阅读、写作这两大类。前者例如诗歌、散文、小说等阅读，后者例如记叙文、议论文以及读书报告等作文。其二，课程还包括围绕两者所进行的练习和考试，这也构成了教师在学生时代对语文课程的印象。关键是，读写练几乎是分离的。

在中学语文课程的实施中，也有两种典型的现象值得关注：一是教师上阅读课，基本上没有试题训练，上作文课就拿一道作文题让学生写，基本上没有具体的过程指导；二是围绕做题大量讲练，同样，读写练基本上也是脱节的。

产生这种现象的根源就在于语文教师的教学图式是个体对语文课程理解的产物。

2.教学观。

每位语文教师从走上教学岗位开始，就有了语文教学实践，至少前三年的工作都是全新的活动，这使得个体的教学图式发生了极大的变化。工作不到十年，大多数语文教师就形成了个人的教学图式。

放眼语文教师教学，上新课两年左右，内心里早已直指中考或高考的目标，此时则立即转入中考或高考的备考，两轮复习、三轮复习等模式做法纷纷出笼，做考题、练考题、讲考题、辅导考题等，围绕考题转的教学经历，塑造

---

① 宋保林，郭慧华.语境在图式建构及其具体化中的功能［J］.郑州大学学报（哲学社会科学版），2021，54（4）：78.

着教师个体的教学图式。语文教师的教学经验是围绕中考或高考的目标，紧扣中考或高考的要求，不断做题、讲题和练题而积淀下来的，跟中考或高考不相关的事情不做，自然也就很难积累相应的经验。

在如此教学图式的作用下，教师按照中考或高考的目标教学，带着学生学习语文。在语文学习中，开展项目制、探究性或研究式的学习，发挥学生学习图式的主动性、创造性，帮助学生"自能读书，自能作文"，并没有受到真正的重视。

3.学生观。

教师跟学生打交道的时间久了，耳闻目睹的各种现象多了，就会有意无意地进行思考和交流，逐渐发现和总结一些经验体会或规律性认识，形成个体基于学生层面的教学图式。

强调学生集中注意力，要求学生专心学习，批评学生记忆力或思考能力有问题，偏爱一些学生，对某些学生存在偏见等行为，都是个体教学图式的外化显现。

有没有"学生是发展中的人"的思考，有没有"人的禀赋、资源存在差异"的考虑，有没有"学生每天学习五六门学科也是挺累的"的移情体验等感受和理解，这也取决于每个教师的教学图式。

教师的"三观"有着内在联系，重视语文考试而忽视语文习惯养成，重视解题练题而缺乏对兴趣动机的激发，能够条分缕析地讲解但不擅长学法活动的设计，诸如此类，都深深地植根于教师个体的教学图式。

根据上述考察可知，个体的教学图式跟教学实践具有关联性，但跟当前课程教学改革的需要相比，差距也是非常明显的。

（三）图式的固化

源于两种经历，语文教师形成了个体的教学图式。在胜任教学岗位的基本要求后，个体有没有开展教学研究行动？若没有类似的行动，那将会是什么结果？

根据实践观察和访谈，有的教师采取类似的行动，研究中考或高考的试题，以解题为乐并乐此不疲，解题能力非常突出；有的教师还能模拟中考或高考的真题，命制一些试题，积累个人经验；有的教师则没有类似的行动，试题是从网上下载的，而且都是带有答案的，但其他活动都没有了。

众所周知，新手教师跟专家型教师有着明显的区别。用图式理论解释，主要就在于两者的教学图式有着显著差异。一般来说，新手教师的成长黄金时期，一般是职初的三至五年，原因是学生时代所形成的教学图式，难以应对入职后复杂的语文教学实践，被迫发生巨大的改变，逐步形成满足现阶段教学任务需要的教学图式。新手教师必须同化：其一，再现性同化，即对出现的某一刺激作出相同的反应；其二，再认性同化，即辨别现象之间差异，并借以作出不同反应的能力；其三，概括性同化，即个体基于知觉现象之间的相似性并将其归为不同类别的能力。教学新手也必须经历顺化：当个体遇到不能用原有图式来同化新的刺激时，便要对原有图式加以修改或重构，以适应环境或任务。当然，同化和顺化是相伴而行的，皮亚杰认为"智慧行为依赖于同化与顺化这两种机能从最初不稳定的平衡过渡到逐渐稳定的平衡。"①

对教师的行动进行分析，可以判断教师的语文教学图式已经基本定型：一是两种来源所产生的教学图式，使个体感到对付语文课堂教学已经绰绰有余；二是教师根据既有的教学图式，感到一看答案、过程就"懂"，鉴别好题、答案以及选题组卷等也有一套自己的标准；三是个体对教学内容可能不再做重新设计，而是沿用或重看一遍，即使重新设计可能也感到不在话下，很少像职初那样费时费心地考虑。有鉴于此，可以得出这样的认识：教师当前的教学图式固化了，失去了职初三至五年的黄金时期发展状态，教学立意较低、追求不高、成长途径单一、发展代价沉重等。也就是说，教师陷入成长的高原现象，教师的教学图式亟须更新、发展！

四、更新语文教师的教学图式

（一）教学图式的更新内容及学理依据

教学图式需要更新，究竟应该更新哪些内容？这要从教学图式的两个主要

---

①施良方.学习论［M］.北京：人民教育出版社，2001：173.

来源探寻，并将其作为更新内容的学理依据，即所谓"返本探源""返本开新"。

两个主要来源所形成的教学图式，还缺少哪些内容呢？即对教学图式的形成，哪些经验并没有发生作用呢？

下面这些活动或内容，语文教师未经历或在经历时并未对个体图式起到促进作用，这应就是所缺失的成分。

1.中外文学史、古代汉语、现代汉语、文字学、文艺学、写作学等知识。

教师在大学时代虽然学过这类课程，但当时仅仅将其作为大学课程看待，并未想到其知识跟现阶段从事的中学语文教学、语文学习的关联、衔接和转化。故这种内容对个体的教学图式并未产生实质性的影响。

教师在现阶段的语文教学中不会想到：文章是什么语境和意图？形成篇章的机制是什么？运用什么知识来理解、欣赏和鉴赏？若不考虑这些，教师可能只会关注学生的阅读量太少、阅读方法欠缺、阅读理解过浅等表层现象，而不会了解文章的体制、写作机制、阅读理解的知识究竟如何运用，至少不能将其有目的、适切地落实到具体的一篇课文的学习中，更不能将学生从一个非专业读者培养成一个专业读者或准专业读者。将大学时代所学课程的相关知识，萃取成适宜学生学习掌握的精要、好懂、管用的知识，最终通过细化、转化和充实，从而更新教学图式，这是语文教师进行教学图式更新的应有之义。

2.语境学、修辞学、心理学、言语交际学、篇章语言学、系统功能语言学等知识。

随着语文教学研究的深入，将语文教学定位在言语而非语言上，日渐成为共识。跟传统的文章学、语言学、写作学、文字学等相比，语境学、修辞学、心理学、言语交际学、篇章语言学、语篇交际学、系统功能语言学等跟言语的关联更为紧密，更能贴合学生在具体情境中"学用""言语交际"的特点。

由于缺乏新知识的引入，教师对语文教学中一些顽疾的解决，就缺乏崭新的视角、管用的新的知识和技术，很容易陷入"少慢差费"的困境或多读多练的老生常谈中。面对跟言语相关的诸多学科日新月异的研究发展，如何从中开发和提炼适切学生语文学习的精要，好懂、管用的新知识，从而通过填补空白更新语文教师的教学图式，这无疑是一个充满时代性和挑战性的崭新课题。

3.教育心理学、学习心理学等知识。

在大学阶段，教师学过这类知识，但并无相应的语文教学实践经历支撑，导致学以致用、知识能力转化环节的缺失。步入职业生涯后，备课、上课、做题和开会等占据教师大量的时间，他们少有时间和可能重新学习，故这些知识未能融进个体的教学图式。

起始年级的文言文教学目标是什么？写作过程化指导怎么具体操作？学生读古代诗歌识字不知义，对此该做些什么？个体的教学图式不能给出有效的解决方案，毫不意外。

起始年级是塑造学生语文学习认知和习惯的黄金时期，对于此阶段学生，语文教师应引导其阅读时运用圈点勾画、批注、点评等方法，做题时注重反思和总结以加速元认知能力的发展。然而现实是教师的个体图式牵引着每节课，以讲为主，甚至一讲到底，致使学生错失习惯养成的最佳时机。

此外，个体图式能不能有效地回答以下问题：学生是如何学习知识的？戒除反复超量刷题的套路，用什么教学途径促进学生掌握知识？部分学生为什么厌学？个体怎样设计出"好吃又有营养"的课堂教学内容？这些问题都对个体教学图式发起了挑战，教师在这方面有待及时更新。

（二）创造新型教学活动更新教学图式

图式理论中关于平衡的观点，指出了个体图式在惯例惯性中固守平衡的特性，启示着语文教师应警惕和克服教学图式固化乃至思维定式的流弊。如何克服？这就要改变原来相对固化、单一、封闭的教学实践，引入具有新质、新理念的教学活动。

来自英语阅读教学的实证研究表明，基于图式理论的背景知识教学一定程度上能提高高中生的英语阅读能力。在阅读教学中，教师要注重背景知识的介入时机，并充分利用多媒体进行背景知识的输入，同时教师应不断更新教学理念，增加个人的知识储备。①

在一定程度上，这也启示着语文教师要自觉地更新教学图式。那么，语文教师应如何自觉更新教学图式呢？根据语文教师的教育生活语境以及教学行为惯习，可从创新语文教学及其研究的活动入手，在创新体验中更新教学图式。

1.引入教学解读新论。

引入文学批评的某种新理论并反复实践，形成解读课文的具体操作技术系统，丰富教学解读的陈述性知识、程序性知识和策略性知识；针对课文选择三五个鉴赏点，分别写成文艺随笔或小论文，也可加工成篇幅较长的文章投稿发表，丰富文学批评的陈述性知识和程序性知识，最终实现个体的教学图式更新。

2.系统化的教学设计。

将教材中的课文视为一个系统，作整体性教学设计；按照加涅等人所研究的系统化设计技术，针对一篇、一个单元等课文进行系统化设计。同样是备课，但这跟原来的教案撰写活动可能就拉开了距离。这使教师的程序性知识和策略性知识发展迅速，能够加快个体教学图式的迭代。

3.开展个人同课异构。

语文教师大多承担两个班级的教学任务，可以开展一课两案、同课异构，根据教学效果逆推教学方法和教学内容的关联、总结处理预设与生成的教学智慧，形成教学设计、教学操作等多方面的程序性知识和策略性知识。一个人的同课异构，同样可以磨课磨人、锤炼成长，加速个体的教学图式的更新。

4.教学反思写好札记。

教学反思是对教学的解读、设计、方法、过程等进行的反思。教师及时写下教学札记，改进思路，针对困惑还可以请教师友，查阅图书文献。在此过程中能够大量沉淀并提取语文学科的教学知识，推动个体教学图式的更新。

5.选定一点深入研究。

从学习科学、阅读教学、写作教学等方面，选定一点并将其作为个人的课

①董洁.基于图式理论的背景知识在高中英语阅读中的应用研究［D］.信阳：信阳师范学院，2021.

题，搜集论文、著作等文献资料，在研读中实践观察，推进研究。若有机会参加省市县的课题申报，自然是水到渠成。若能两三年做好一点研究，收获一些研究成果并将其转化为课堂教学成果，久而久之自然可以连点成线、连线成面乃至连面成体。尤其是针对课堂教学的课题研究，可全方位地推进个体教学图式的升级。

6.凝练个人教学主张。

教学主张是个人对语文教学的理解，用课堂教学的行动作诠释。这能有效地引领个体凝练语文教学的实践方向，聚焦研究的领域，主动学习理论并身体力行，最终形成具有鲜明特色的个人教学风格。用教学主张牵引，从教学解读到教学设计，再到教学实施和教学评价等知识，能极大地促成个体教学图式的更新。

7.开展专项课程建设。

根据语文课程的特点，结合班级学生实际学情，可开展阅读、写作等分文体、分手法和分构思等微型课程，在课程建设和实施中充实和优化课程知识和学科教学知识。这能够加快个体教学图式的发展。

当然，整理积累自己的课堂作品、搜集研究名师的课堂作品等，均可省察、监控并丰富个体的教学图式。例如，关于阅读图式的形成与建构，郑桂华认为"教师借助典型的阅读材料，通过有目标、有过程、有指导的阅读教学过程"，"经历一个典型的学习阅读的过程，学习一定的阅读策略，再与其他阅读活动产生关联，建构阅读图式"。[1]这种建构阅读图式的思路，对学生和教师均适用。在教师专业发展中，语文教师不断阅读理论专著并实践其理论，就可以达到检验并更新阅读教学图式的目的。其实，不论从哪种途径入手更新教学图式，都离不开个体的提高站位、积极追求和主动投入，即所谓"功崇惟志，业广惟勤"。

五、余论：语文教师教学图式更新是系统工程

语文教师的教学图式是一种关于知识、经验和技能的系统化结构，既有同

---

①郑桂华.以结构化的教学内容促进阅读图式的建构［J］.语文建设，2020（15）：26.

化的多种形式，也有顺化的伴随互动。由于教学图式是扎根实践又有理论意蕴的系统化结构，涵盖教学解读、教学设计、教学实施以及教学评价等层面的亚图式，其更新也是一项系统性的工程。这意味着教师必须创新性地开展丰富多彩的教学活动，才能对原有图式构成挑战和刺激，使之顺化而创建新的图式。

用图式理论解释，语文教师的专业化发展，其实就是语文教师的教学图式的发展。研究个体教学图式，可为语文教师的专业化发展提供多方面的启示。例如教师的言语图式、学情认知图式等，都可以得到深刻的观照，从而形成某种系统化的提升思路。尤其是对解决语文教师成长高原期、语文教学生活单调枯燥、语文教师思维定式等问题，根据教学图式的解释，我们可以找到其心理学层面的症结，从而展开针对性的改善策略，促使语文教师较为妥善地解决终身教学与终身发展的互动问题。

（原文发表于《中学语文》2022年第31期，收入本书时有改动。）